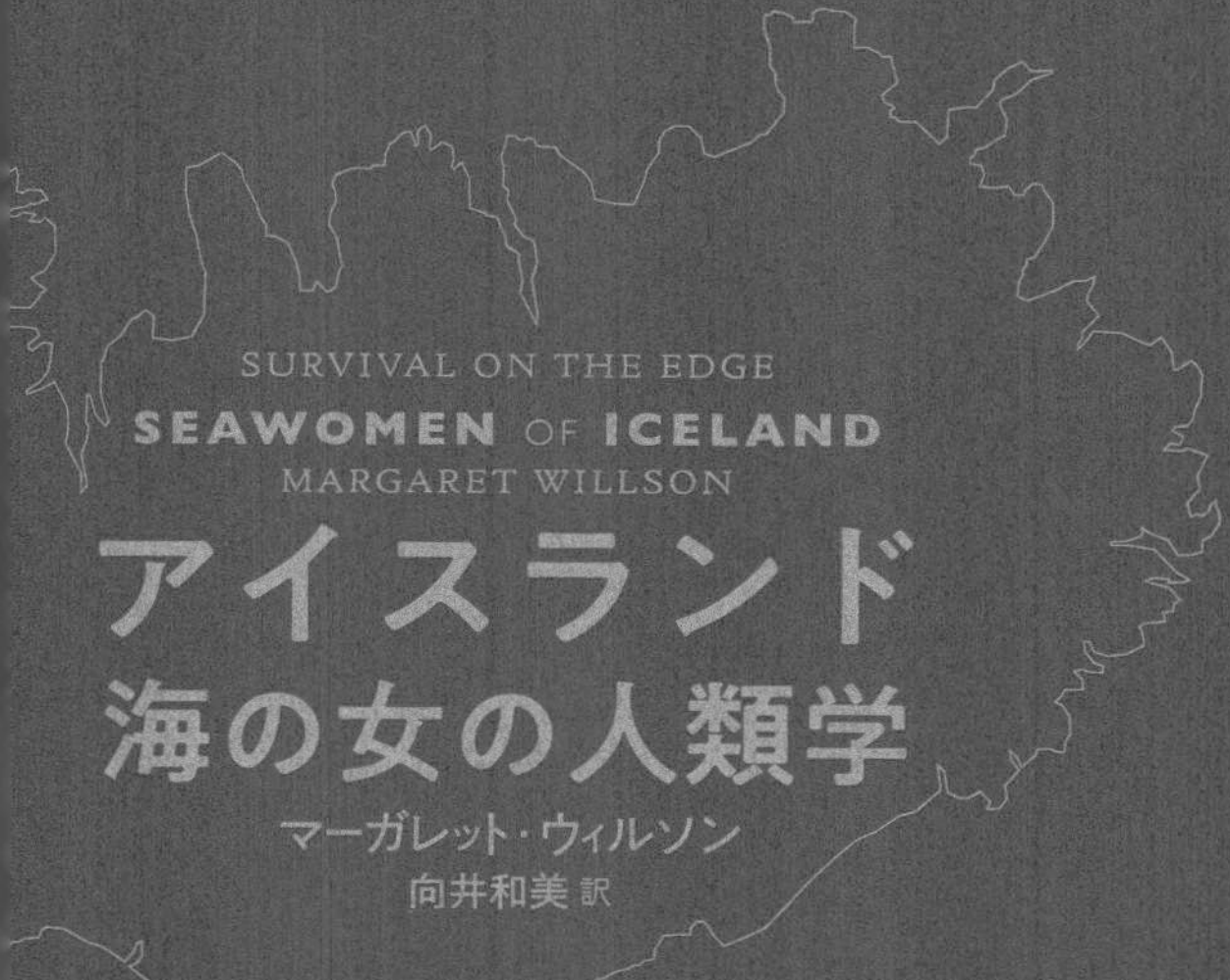

SURVIVAL ON THE EDGE

SEAWOMEN OF ICELAND

MARGARET WILLSON

アイスランド 海の女の人類学

マーガレット・ウィルソン

向井和美 訳

青土社

現在と過去のアイスランドの海の女たちへ

赤い髪をした波よ
その水面をはげしく泡立たせる
高慢なる海の女神たちよ
どうかわたしをお守りください

ビョルグ・エイナルスドッティル
北アイスランド、一七〇〇年代半ばの海の女、詩人

アイスランド　海の女の人類学

目次

謝辞

多くの本がそうであるように、本書が出来上がったのも、たくさんの人たちやグループが支援し協力してくれたおかげである。

ウェンナー・グレン人類学研究財団からの援助と、ナショナルジオグラフィック協会からのフィールドワークや研究への援助、そして全米女子大学協会から執筆助成金をいただいたことに深く感謝している。

アイスランドの人たちはたいてい、オープンで寛容で、わたしが調査をしたり本書を執筆したりしているあいだ、とても親切にしてくれた。ほんとうは全員にお礼を言いたいくらいだ。まずは、海の女たち。多すぎて名前を挙げられないが、みな喜んで自宅に招いてくれ、わたしを信頼して思い出や冒険や智恵を語ってくれた。本書はだれよりも彼女たちに捧げたい。親友のアウグスタ・リオンズ・フロサドッティルは、アイスランドについて多くのことを教えてくれた。歴史、政治、社会の複雑な構造。彼女にはほかにもずいぶんお世話になった。親族のだれもが、わたしをまるでアメリカ人の親戚のように受け容れ、もてなしてくれたのだ。おかげで、実りの多い時間を過ごすことができた。

研究に協力してくれた友人や知人たちは、さまざまな局面でわたしに寄り添い、海の女たちに文字どおりコネクションを作ってくれた。アンナ・アンデルセンとアウルフルン・シーグルゲイルスドッティルは初期の調査に協力してくれた。その力添えにお礼を言いたい。ビルナ・グンロイグスドッティルは現地調査アシスタントとして、もっとも多くの調査に携わってくれた。数々の冒険や旅行にも同行して、アイスランドの歴史や、コミュニティと住民との複雑な関係についても教えてくれた。ソウラ・リリヤ・シーグルザルドッティルは、歴史を調べ、古文書をあたり、図書館での文献調査を手伝ってくれた。この調査ができたのは、彼女が関わってくれたからであり、調査や整理の能力にたけていたおかげでもある。ヘルガ・トリグヴァドッティルは、アイスランドの海の女に関して、あらかじめ統計に基づいた資料を集めておいてくれただけでなく、本書に必要なデータをさらに収集、整理する手伝いをしてくれた。そして、アイスランド海事局のスタッフにもお礼を言いたい。わたしたちのために時間を割いてデータを提供してくれたおかげで、統計的に分析できた。航海学校の校長、ヴィルベルグル・マグニ・オウスカルソンも、時間を割いていろいろなことを教えてくれた。また、アイスランドの漁の歴史や遠隔基地での暮らしについて、知識を授けてくれたヨウセフ・ホウルムヤウルンにも、心から感謝している。地方のコミュニティでは、地元図書館の司書や博物館の学芸員、公文書館の史料保管員にもお世話になった。ビルナとともにアイスランドじゅうを訪れた際、彼らはかなりの時間を割いて、ほかの場所では見ることができない地元の資料を探し出してくれた。同じように、コミュニティでも、ひとりひとり名前を挙げられないほど多くの人たちが、地元の古い出来事を教えてくれた。レイキャヴィークのシーグルロイグ・グンロイグスドッティルとギルヴィ・パウル・ヘルシルは自宅の部屋を貸してくれた。おかげで、わたしはふたりと親友にもなれた。パトレクスフィヨルズル滞在中は、マルグリエト・ブリニョウルフスドッティルが、見も知らぬ研究者であるわたしを自宅に泊め、世話をしてくれた。ホプンではフラプン・ヘイミソンも、ビルナとわたしが地元の海の女たちと話せるよう気を配ってくれた。

アイスランド大学では、各部署の人たちがきわめて協力的で、知識や気づきを与えてくれたし、コネクションも作ってくれた。わたしがこの調査を始めたとき、ギスリ・パウルソンがいち早く手を差し伸べ励ましてくれたことは、とても力になった。感謝している。そして、テリー・グンネルもつねに惜しみなく知識と時間を与えてくれた。ソルゲルズル・エイナルスドッティルは、わたしがこの調査を始めたとき、アイスランドにおけるジェンダーと女性について書くよう指導してくれた。多くの知識を授けてくれたカトリン・アンナ・ルンドとアンナ・カールスドッティルとは、共同研究者になり友人にもなった。ウンヌル・ディース・スカフタドッティルとクリスティン・ロフツドッティルも親しい友人になり、本書に必要な記事やそのほかの資料を見せてくれた。そして、わたしがかなりの時間を過ごし、何杯ものコーヒーを飲んだアイスランド大学のカフェのスタッフたちにもお世話になった。彼らはみな流暢な英語が話せるのに、わたしとアイスランド語で話すようにしてくれた。アークレイリのニールス・エイナルソンも、多くの知識——と笑い——を授けてくれたし、アイスランドや他国の複雑な漁業政策についても教えてくれた。ラグンヒルドゥル・ブラーガドッティルは、アイスランドの海の女に関する自身の未発表の作品を見せてくれた。レイキャヴィーク海洋博物館のスタッフも、わたしが最初に訪れたときからきわめて協力的で、船舶や漁業の歴史に関するさまざまな事例を説明してくれた。とくに、イーリス・ギダ・グズビャルガルドッティルとアルマ・シグルン・シーグルゲイルスドッティルは、海の女に関する収集資料を見せてくれた。イーリス・ギダ・グズビャルガルドッティルが見つけ出してくれた古い写真は、本書にも掲載している。スタッフのみなさまに深く感謝したい。

ワシントン大学出版会の編集長ローリー・ハグマンはだれもが憧れる編集者だ。彼女はわたしを励まして方向性を指し示し、本が出来上がるまでずっとサポートしてくれた。そして校正者のアシュリー・シェルビーが校閲作業をしてくれたおかげで、本書はぐんとよいものになった。マンチェスター大学とディーキン大学のセミナー、またアイオワ大学の経済危機会議で、アイスランドの海の女に関する研究発表を行なった際、参加してくれた人たちからきわめて有益な意見をいただいたことに感謝している。そして、本書の草稿段階で各章を読んでくれた多くの人たちにもお礼を言いたい。温かいコメントや、修正箇所の指摘や、ありがたい意見のおかげで、アイスランド人でないわたしは、つい犯してしまいそうな間違いをせずにすんだ。読んでくれたのはおもに次のかたがたである。アウグスタ・リオンズ・フロサドッティル、ジョン・リオンズ、シーグルロイグ・グンロイグスドッティル、ビルナ・グンロイグスドッティル、ニールス・エイナルソン、インガ・ファニー・エイイルスドッティル、ヴァルゲルズル・イングヴァドッティル、スンナ・ニャウルスドッティル、シーグルズル・ギルヴィ・マグヌソン、ドン・クーリック、ジョイス・モルク・オブライエン、イーリス・ギダ・グズビャルガルドッティル。ほかにも原稿を読んで有益なコメントをくれた人たちに感謝を伝えたい。

イギリスで本書の最終稿に取りかかったとき、親友のアレックス・アクスブリッジとスージー・デ・パオリスから気づきを与えられ、親切なもてなしを受けた。シアトルでは、ダンス仲間と、なめらかにダンスフロアを滑る喜びを分かち合った。彼らはつねにわたしを励まして笑顔にし、執筆し続ける力をくれた。シアトルのマディソン通りにあるエッセンシャル・ベーカリー・カフェは、わたしの第二のオフィスになったほどで、スタッフのおかげでくつろいで過ごすことができた。ワシントン大学のヘンリー・M・ジャクソン国際問題研究大学院におけるカナダ研究センター北極・国際関係と、その代表ナディン・ファビからの貴重な支援に感謝している。また、ヘンリー・リーの知性、プロとしての熱意、励ましにも助けられたし、家族や友人同士の小さなグループにもつねにサポートしてもらった。本書ができたのは文字どおり彼らのおかげである。

そして、わたしを理解しつねにサポートしてくれるジェームズ・エンに、いつものように深い感謝を捧げる。

海の女による詩の翻訳は、アウグスタ・リオンズ・フロサドッティルの協力を得て行なった。本書の内容に関して、もし間違いがあればそれも含めて、責任はすべて筆者にある。

アイスランドの言語、名前、地名について

本文中の人名および地名は、標準的な表記を使い、アイスランド人以外の読者が発音し理解し、記憶できるようにした。地図の地名もローマ字を用い、本書で言及される地名の位置を、アイスランド人以外の読者にもすぐ見つけられるようにした。海の女たちがかつて暮らし、働いていた場所については、細かい地名まで書くとわかりにくくなるため、おおまかな説明にとどめた。ただ、正確さや歴史的情報という点から、可能なかぎり「注」のなかに、農場やフィヨルドの正確な場所を記し、詳しい名前もアイスランド語のアルファベットで記しておいた。というのも、もしかしたら読者のなかには、海の女が働いていた農場を知ることで、自分がその子孫だとわかる人がいるかもしれないので、アイスランド人読者にとっては重要な情報だからである。参考文献についても、すべてアイスランド語の原書を掲載した。アイスランド語の話者でない読者のために、発音の手引きを以下に記しておく。

Þ　thin の th
Ð (ð)　either の th
æ　Simon の長い i

全編を通してあらわれるアイスランド人の名前の多さと複雑さのせいで、本書はまるでロシア文学のように思われてしまいそうだが、これでもわたしが出会った過去と現在の海の女たちのほんの一部

にすぎない。読者がわかりやすいよう、「付録」には本書で取りあげた昔の海の女たち（一九〇〇年以前に生まれた女性）の名前と略歴を記しておいた。「付録」の人名は、アイスランドのやりかたにならい、ファーストネームを先に挙げている。本文中ではファーストネームで言及されることが多いので、そのほうが見つけやすいはずだ。海の女たちのファーストネームは同じか似ている場合が多いため、二度や三度取りあげる場合は、その人物のことをいくぶん詳しく説明して、ほかと区別できるようにした。アイスランド人の姓は、父のファーストネームを受け継ぐ「父称」なので、娘には「-dóttir」、息子には「-son」が付く。たとえば、ヨウン・エイナルソンという名の男性に子どもがふたりいて、グズルンとカールだとすると、名前はそれぞれグズルン・ヨウンスドッティル（ヨウンの娘）と、カール・ヨウンソン（ヨウンの息子）となる。ヨウンはアイスランドではいちばんよくある男性名なので、この父称の人はとても多い。場合によっては、子どもが父ではなく母のファーストネームを受け継ぐこともあるし、両方から少しずつ受け継ぐこともある。まだ珍しいものの、近年では増えつつある。

昔の人の名前や、出版物に取りあげられていた名前は原則としてフルネームで記載した。わたしが話を聞いた海の女たちは、おおむねファーストネームだけを用い、身元はまったく明かしていない。そして、ごく少ないが、本人の希望によりプライバシーを考慮して仮名にしているケースもある。アイスランドは小さな国だ。だから、女性たちはたいてい、きわめてオープンに話してくれたが、それもプライバシーが守られるのを信頼してのことだ。女性たちへのインタビューはほとんどの場合、英語で行なった。引用は本人の言葉そのままだが、翻訳した部分も少しある。歴史的な資料や出版物のインタビューはほぼすべて、もともとアイスランド語で書かれたものを翻訳している。

イーサフィヤルザル
デュープ
イーサフィヨルズル
フラーテイリ
シンゲイリ
ビルドゥ
ダールル
パトレクス
フィヨルズル
タウルクナ
フィヨルズル
ブレイザフィヨルズル
スティッキスホウルムル
オウラフスヴィーク
グレンダルフィヨルズル
ドリトヴィーク
アルナルスタピ
ヘルナル
ホウルマ
ヴィーク
ビルドゥダールル
ボルガルネス
アクラネス
レイキャヴィーク
ガルズル
サンドゲルジ
アウルフタネス
グリンダヴィーク
レイキャネス半島
ソウラクスホプン
セルフォス
エイラルバッキ
ストックセイリ
スカーガス
トロンド
ソイズアウル
クロウクル
シグルフィヨルズル
オウラフス
フィヨルズル
ダルヴィーク
ホウラル
エイヤフィヨルズル
グレニ
ヴィーク
アークレイリ
フーザヴィーク
ランガネス
ヴォプナ
フィヨルズル
ボルガルフィヨルズル
エイイルスタジル
セイジス
フィヨルズル
ネスコイプ
スタズル
エスキフィヨルズル
ファウスクルーズ
フィヨルズル
ストズヴァル
フィヨルズル
ブレイズダルスヴィーク
デューピヴォーグル
パーペイ
ヴァトナヨークトル
ホプン
ヘクラ
スルツエイ
エイヤフィ
ヤトラヨークトル
ミルダス
ヨークトル
ミルダル
サンドゥル
スケイザルアウルサンドゥル
ディルホウラエイ
ヴィーク
ヴェストマン諸島
スルツエイ
大西洋
N
0 10 20 30 40 50ml
0 20 40 60 80km
地図 1　アイスランド

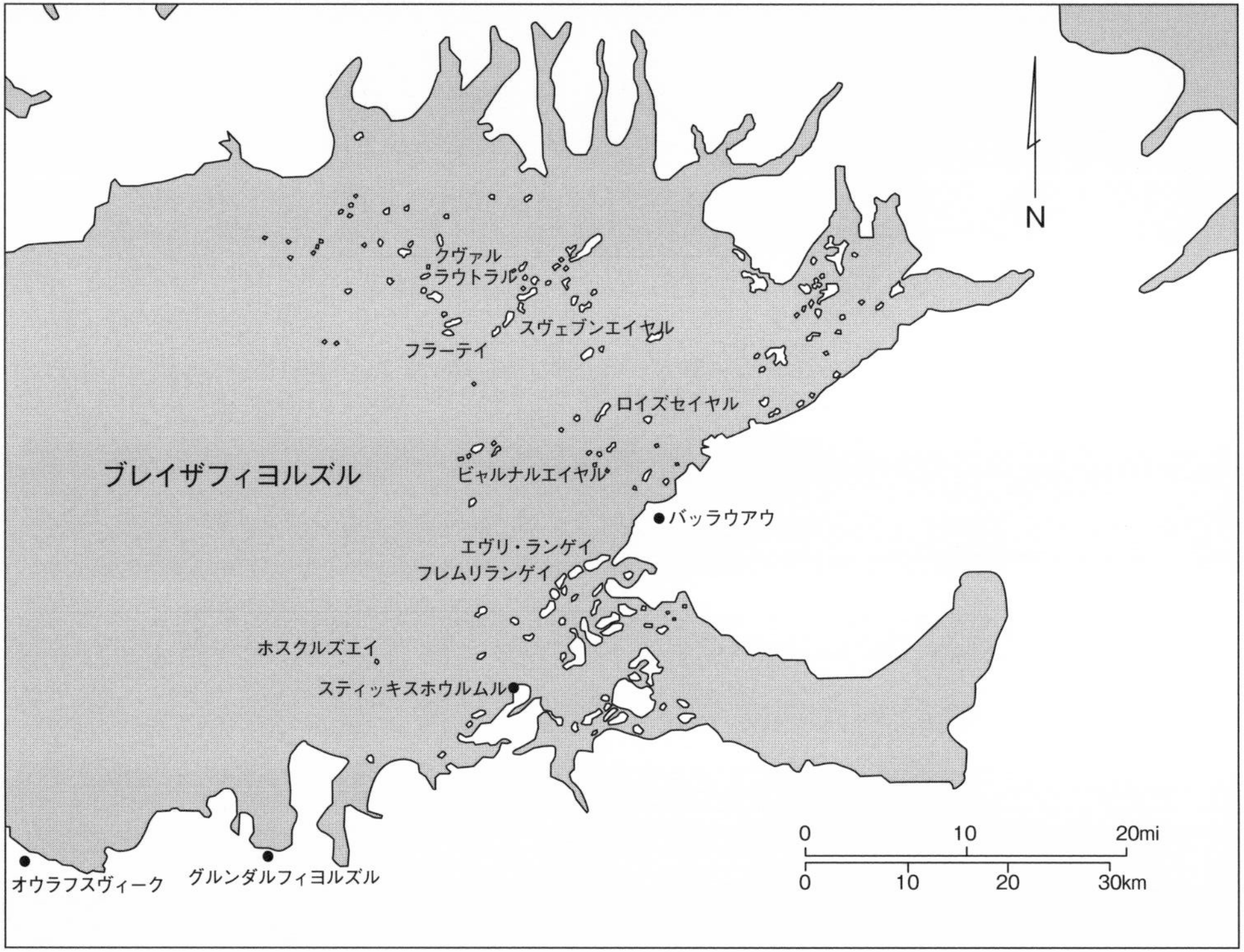

地図２　ブレイザフィヨルズル

はじめに　漁を知る旅へ

雨も風も強い九月のある朝、わたしは一一時半出港のフェリー乗り場に到着した。目的地は、アイスランド本島の南に位置するヴェストマン諸島だ。残念ながら、高波のせいでそのフェリーはいまだヴェストマン諸島からこちらに向けて出発できずにいた。操縦に秀でた船長が案じているのは海そのものではなく、本島の港の入り口が狭いことで、その船の幅より文字どおり数インチの余裕しかない。時間が経過するなか、本島のフェリーターミナルにいるわたしたちは、三〇フィートの波が港の入り口に打ち寄せては砕けるのを見ていた。どんな船であれ、あそこを通過するのは無茶に思えた。

アイスランドの南岸は、まともな港湾がないことで知られており、わたしは土砂降りの雨のなか、目の前の小さな港を見ながら、フェリーはどうやって入ってくるのだろうと考えていた。以前、ヴェストマン諸島行きのフェリーが着く港はソルラウクスホプンにあった。ここよりずっといい港で、レイキャヴィークにも近い。ただし、好天のときでさえフェリーで三時間半もかかる。その時間を短縮すべく（壊滅的な金融危機が起きた二〇〇八年より前で、資金が潤沢だったこともあり）、政府はヴェストマン諸島から一直線の場所に、新しい港を造ることを決めた。ここならフェリーでたった三〇分だ。たしかに理論上ではすばらしいアイデアだったのだが、港が完成してまもなく、アイスランドの悪名高い火山エイヤフィヤトラヨークトルが噴火した。噴火による火山灰や沈泥が、強い沿岸流に乗って堆積したため、それ以来、港は度重なる火山灰の除去や閉鎖に頭を悩まされてきた。そのうえ、フェリー

──ずっと広かった元の港で使っていたものが今も使われている──は、新しくできた港とほぼ同じくらい大きいのだ。

その日の午後遅く、わたしたち全員が見守るなか、フェリーが波しぶきを上げて姿をあらわし、凪いだ港に入るとぴたりと止まった。車が次々と下船したあと、新たな車が乗船していき、数少ないわたしたち乗客も乗り込んだ。港を離れれば、船はまたも砕ける波のなかを進まなければならない。もしこの無鉄砲な冒険で死ぬことになるなら、わたしはせめてこれから起きることをしっかり目に焼き付けたいと思った。

ここで伝えておきたいのは、危険な行動を取り締まることについて、アイスランド人がどう考えているかだ。わたしの生まれたアメリカとはずいぶん違う。アメリカでは、そもそもこんな狭い港をフェリーが出入りするなどありえないにしろ、ドアはすべてロックして、変わり者が甲板に出ていかないようにはしておくだろう。けれども、アイスランドでは身の安全は自分で守るのが常識である（わたしは本書を書いていた二〇一四年にようやく気づいたのだが、観光名所の滝や高熱の温泉では、周囲を少なくともロープで囲うようになった。そのわずか二、三年前まではそんなものさえなかったのだ）。ヴェストマン諸島行きのフェリーでも同じだった。船が港を出ると、わたしは施錠されていない外側のドアを開けて、甲板の屋根のある部分に出た。ここなら、船が港を出るところを見届けられる。ほかにも、アイスランド人の船乗りだという男性三人が来て、四人でドアのそばの柱にしっかりつかまった。わたしたちが見守るなか、フェリーは白い水の壁に突進していった。港の出口を通り抜けるとき、水は緑色に変わり、ちょうどわたしたちの頭上で砕け散って屋根に当たった。そして──大きな波をくぐって泳いだりサーフィンをしたりしたことのある人ならわかるはずだが──船は波を抜けて別世界へ、きわめて荒いながらも広々とした海へと出た。

そこからの航海は、それまで経験したなかでも群を抜いて荒々しいものだったが、わたしは自分にこう言い聞かせた。「だって今はまだ九月で、この航路は一二月まで使われるのだから、船員に任せておけば大丈夫」。押し寄せるうねりや大波は、さながら冒険小説のワンシーンのようで、船は巨大な山のような水面を文字どおり登っていき、頂に達すると今度は向こう側へと滑り落ちていく。船が上昇するときには両脚を持ち上げるのも重いほどだったが、下りるときには床から浮き上がりそうになった。乗客の大半はベンチで横になり、船に酔った人たちの多くが床に座り込んでいた。

わたしは壁にしがみつき、波が甲板を洗うのを見ていた。いったいなぜ自分はこんな状況にいるのだろう。ここまででさえじゅうぶん特殊だったのに、もしかしたらこの調査旅行はさらに特殊なものになるかもしれない。

*

わたしがアイスランドと最初に出会ったのは一九九九年。アイスランド航空はシアトルからレイキャヴィークへの直行便を——またも——売り込もうとしていた。この便は驚くほど格安だ。わたしはあまりお金がなかったものの、行く時間と理由だけはあった。アイスランド人の友人ディーサが、奨学金を得て自国で科学研究をしており、遊びにこないかと誘ってくれたのだ。以前、ディーサはシアトルで何か月かわたしの家を間借りしていたのだが、今はレイキャヴィークで来客用寝室のあるアパートメントに住んでいるという。

だったら行くしかない。そんな無謀な思いを抱いて、わたしは航空券を予約した。

そうした衝動的な決心が、往々にして人生を変えることになるのはなぜだろう。もしかしたら、日常を逸脱した行動だからかもしれない。決まり切った日々から一歩踏み出せば、自分を開放できる。まったく新しい経験をすることで、小さなできごとに幾重もの意味があることに気づくのだ。そうして、研ぎ澄まされた神経が平凡な日常を変える。

アイスランドへのこの旅でも、きっと同じことが起きるに違いない。

これまでこの国を訪れたおおぜいの観光客と同じように、わたしもアイスランドに恋をしてしまった。わたしが暮らすシアトルでは、長い夏の夜明け前、地平線の近くで太陽が昇るとき、色合いが鮮明になる瞬間を待ったものだ。そのとき、影が深みを増すように見える。大気そのものが変化し、流れているように感じられるのだ。アイスランドでは太陽が昇っているとき、いつもこの光が見られる。

その年の五月、わたしは午前三時に人と雑談を交わす経験をした。ここでは「夜遅い」という言葉が意味を持たない。いつ果てるとも知れない黄昏の光が、赤みがかったオレンジ色から深紅色まで縞模様となって色合いを変えていき、コバルト色の影があらわれる。やがてどこかの時点で、いつのまにか黄昏は暗闇にではなく、新たな一日の明るい光へと変わっていく。「夜」の定義には柔軟性があることを、わたしは学びつつあった。

ディーサが自分の生まれた国を見せたいというので、ある晴れた寒風の日に、わたしたちは車でストックセイリという沿岸の小さな村へ出かけた。二〇〇八年のアイスランドで金融危機が起きるまで、レイキャヴィークでは無邪気な富裕層が差し迫った危機にも気づかずに浮かれていたものだが、[1]ストックセイリのほうはすでに寂れているように見えた。数少ないモダンな建物が草むらのなかに散り散りに立っている。村の中心部にある大きな箱形の建物は、以前、水産加工場だったが今は廃業し、がらんとした広大な空間に小さな土産物屋が二軒入っているだけだ。ここを見つける観光客が、いったいどれくらいいるだろう。

海岸沿いに低い防波堤が築かれている。海の景色は見えるものの、岩の多い海岸は見えない。ディーサによれば、これまで何度か海水が村に流れ込んだという。至るところにある黄色い若草や、早咲きの花々が、すべて地平線のほうへなびいている。村が寂れているように思えるとわたしが言うと、ディーサはこう答えた。「アイスランドは、すごく古いコミュニティが集まった場所で、今あなたが見ているのはストックセイリの生き残りなの。一四〇三年にペストで国民の半分が亡くなって、一七〇七年には天然痘で四分の一が亡くなった。そして、一七八三年は噴火による火山灰雲で、夏が訪れない一年になったの。羊の八割と馬や牛の半数以上が、飢餓やフッ化物中毒で死んだのよ[2]。食べるものがなにもない飢饉の春だった。国民の四分の一がその年に亡くなったの」。ディーサが防波堤に目をやると、カラスが一羽だけとまっていた。「幽霊たちの春ね」

人けのない道を歩いていくと、黄色い家々に混じって、窓のない石造りの小屋があった。背の低い芝葺き屋根も、草むした石造りの壁も、見るからに荒れ果てている。

「あれはなに?」

「あそこに案内板があるわ」ディーサはそう言って小さな石板のほうへ歩み寄り、アイスランド語を翻訳しはじめた。「これは、アイスランドの偉大な漁船船長、スリーズル・エイナルスドッティルの冬の漁師小屋を再現したものである。彼女は一七七七年から一八六三年まで生き、ストックセイリから手漕ぎ船で漁に出ていた。漁獲量の多さと、漁業に携わっていた六〇年間ひとりの乗組員も失わなかったことで、高く評価されている」

「ちょっと待って。彼女？　この有名な漁船の船長は女性だったの？」静かなおののきが両腕から指へと伝わっていった。わたしの目の前に驚くべき物語があるのだ。

「そう。わたしの祖母もよくこの人の話をしてくれたわよ」

「なんと」わたしは言葉を失った。「今はどう？　アイスランドには今も女性漁師がたくさんいるの？」

「さあ」とディーサが言った。「聞いたことはないわね」

＊

シアトルへ戻る飛行機のなかで、わたしはディーサと一緒に偶然見つけた質素な漁師小屋と、その持ち主だった女性、スリーズル・エイナルスドッティルのことを考えていた。彼女の話が、わたしの心に強く響いていた。というのも、二〇代はじめのころ、わたしも海で働いていたことがあるからだ。

わたしは一八歳のときアメリカを離れ、旅の資金を稼ぎながら、そして未知なるこの世界を冒険しながら、南太平洋を旅していた。そうして最後はタスマニアにたどり着いた。オーストラリア本島の南に位置する島で、アイスランドとは対極の場所にある。わたしは一文無しになっていたため、漁の仕事をしようと決めた。これはなかなかいい考えだ。なぜなら、船に乗った経験があるし、漁はよく稼げると聞いていたから。漁をする女性の姿は見当たらなかったが、ホバートの南にある小さな漁村で、わたしは仕事を探して埠頭を行ったり来たりしていた。男たちはわずらわしそうな視線を向けてきたり、わたしの顔を見てばかにしたように笑ったりした。それでも諦めず粘っていると、困ったようすをしたサメの刺し網漁船の船長が声をかけてくれた。「うちの甲板員がまだ来ないんだ。きみ、今すぐ出られるか？」わたしは駆け足でユースホステルに戻り、服をいくつか掴んで、すぐさま船に乗った。

その船は一九七〇年代の小さな刺し網漁船で、乗組員は六人ほど。わたしが最初に乗り込んだとき、男たちは全員が黙って一列に並び、こちらをにらみつけてきた。わたしが船長から割り当てられたのは、あとで知ったのだが新米の甲板員向けの仕事で、たとえば網をウインチつまり船の後方にある大きな巻き上げ機に送り込む作業だ。網は海面から出て、ウインチに巻き上げられていく。ウインチが自動で巻き上げていくので、甲板員の仕事は網がきちんとウインチに巻き上げられるようにすること。これは素手で行なわなければならない。なぜなら万一、指（手袋をしてもしなくても）を網の下や回転盤の端に巻き込まれてしまったら、指がちぎれるか、もしかしたら腕がちぎれるかもしれないからだ。海には小さな電気クラゲもたくさんいるので、手はつねに腫れてヒリヒリしている。それでも、わたしは楽しく仕事をした。腕に力がみなぎる感じや、波に揺られている感じが大好きなのだ。船酔いもまったくしなかった。

四、五フィートほどのサメたちが、網に入ったまま船の脇まで引き寄せられてくると、この仕事を何年もやっているベテラン甲板員たちは、暴れているサメを二本の長い魚鉤《うおかぎ》（先端にフックのついた長い棒）に引っかけ、たった一度のなめらかな動きで甲板に放り投げる。こうした動きをするには技術も体力も必要で、わたしは飽きずにずっと眺めていた。とはいえ、甲板には暴れまわるサメがいるのだ。捕獲したサメのなかにはノコギリザメもいて、これは人間の脚ほども吻が長いことや、ギザギザの歯があることから、その名がついた。わたしに与えられた罰当たりな仕事は、捕まえたサメを野球のバット（あるいは似たようなもの）で一頭ずつ殴って気絶させること。そうして気絶したサメを解体係ふたりが掴み、すぐさま頭を切り落として殺す。そのあと、彼らはサメを引きずって甲板の内蔵処理台に置く。取り出した内蔵は海に投げ（さらにサメをおびき寄せるため）、肉は氷を敷いた船倉に並べる。こんなふうに、わたしは多くのサメを死に追いやった。

仕事は交替制ではなく、網が空になってふたたび海中に戻すまで休みなく続いた。終わると、甲板下にあるキャビンのベッドに倒れ込む。サメの粘液があちこちに付着したままだが、疲れすぎて気にもならない。こうしてわたしたちは数時間眠ったあと、同じ手順を繰り返した。一回の漁はおよそ一週間で、船倉がサメでいっぱいになるまで続く。

わたしはこの仕事が好きだった。最初、男たちは遠巻きにして、わたしがほんとうに働けるのか不信の目で見ていた。けれども、わたしには体力があり重労働もいとわないことがわかると、打ち解けてくれるようになった。卑猥なジョークを聞かされてもわたしがおもしろがるので、みなで軽口を叩き合った。時間がたつにつれて関係が変わっていったのだ。仕事中はだれもが忙しくて、余計なことを気にする余裕はなかった。

ところが、漁を四、五回終えたころ、船長が悲しそうな顔で近づいてきた。「すまないが、きみを解雇しなきゃならない」

「どうして？」

彼は気まずそうに足を動かした。「きみはよく働く。ただ、船で女の子を雇っていることを女房に伝えてなかったんだ。それがバレて女房は怒ってる。だから解雇しなきゃならない」。船長は海に目を向けた。「でも、きみは優秀な甲板員だ。ほかの船で雇ってもらうのに推薦状が必要なら、喜んで書くよ」

わたしは納得して頷き、しょんぼりとその場を立ち去った。雇ってくれる人などいるはずがない。しかし、それは間違いだった。次の日、埠頭でアレックスという名の男性が近づいてきた。「仕事を探してるって聞いたけど」

「ええ」

「たいがいはひとりで仕事をしてきたんだが、甲板員がひとり必要になった」

「奥さんはどう思ってるの？」

「家に来て自分で訊いてみたらいい」

アレックスが別の部屋にいるあいだに奥さんから聞いたところによると、わたしを雇うよう提案したのは彼女だという。アレックスは若いころヒ素中毒にかかったことがあるため、五〇歳になった現在、指に力が入らなくなり、バランスも崩しやすい。それなのに、甲板員を雇うことをかたくなに拒否してきた。奥さんは女性甲板員であるわたしのことを耳にし、たぶん女の子なら夫も雇う気になるのでは、と考えた。なにしろ「ほんものの」甲板員ではないし、一匹狼の男らしさが損なわれることもないだろうから。アレックスはそれを受け容れた。わたしは大喜びだった。

アレックスは、紐でつないだ籠を使ってロブスターを釣る。わたしは甲板で籠に餌を仕込み、籠を揺らせてウインチから船のへりへ垂らし、海中へと次々に入れていく。それから碇を下ろして待ち、そのあと籠を引き上げる。アレックスが舵を取り、わたしはロブスターの入った籠を甲板に下ろし、ロブスターを引き出して、規格サイズに合っているかどうか計測し、生きたまま船倉に投げ入れる。籠をすべて引き上げてしまったら、ふたたび餌を仕込んで、同じ手順を繰り返す。

アレックスの妻は無邪気にも、わたしが料理も手伝うと思っていたらしい。というのも、夫にもっとまともな食事をとらせたかったからだが、困ったことにアレックスは頑としてわたしを厨房に入らせようとしなかった。そのせいで、わたしはひどくまずいホットドッグとスクランブルエッグを食べるしかなかった。その食事に耐えられたのは、漁が一週間続いたときも三週間続いたときも、陸に上がったとき奥さんがいつも作ってくれるおいしい料理を楽しみにしていたからだ。この地域ではインターネットも携帯電話も使えないのに、いったいどうやって彼女がわたしたちの帰る日時を知るのか不思議だった。今思えば、すべての漁師が現在地を知らせてくる無線通信を聞いていたのだろうが、当時は奥さんを千里眼の持ち主だと思い込んでいた。

わたしはしばらくアレックスと漁をしたあと、海岸をさらに北上して小型のアワビ漁船で甲板員として働き、最後には無謀にも、なんの訓練も受けないまま、ポンプから空気を吸いながら海に潜り、アワビを捕った。アワビ捕りは、さながら海底から金を拾ってくるようなもので、思ってもみない稼ぎになった。そのおかげで、あと一年ぶんの旅費と大学の授業料の約半分をまかなうことができた。

あれから二〇年たった今、わたしは飛行機のなかで当時のことを思い出していた。船上で、女性はつねにわたしひとりだったこと、そして漁の仕事が大好きだったこと。その後、人生は別のほうへ、海から離れて大学へと進んでいき、結局わたしは人類学者になった。オーストラリアは男女差別が強いという評判があり、とくに一九七〇年代は、わたしから見てもそのとおりだった。それでも、男らしさの典型ともいえる産業でわたしは働くことができた。いっぽうアイスランドはジェンダーが平等で、男女ともに体力があると言われている。わたしがオーストラリアで漁ができたのなら、そして、アイスランドにはかつてこうしたすばらしい女性の漁船船長がいたのなら、おそらく現在でもアイスランドには女性漁師がいるに違いない。

そんな思いが強い好奇心へと変わっていき、いつまでもわたしの胸を離れなかった。

*

数か月後、ディーサがある本のコピーを持ってシアトルに戻ってきた。アイスランドで女性初の有資格図書館司書だった彼女の母親が見つけてくれたという。スリーズルの死から三〇年後の一八九〇年代、スリーズルの隣人の親戚だったブリニョウルヴル・ヨウンソンがスリーズルにまつわる記事を週刊誌『ショウゾウルヴル』（Þjóðólfur）[3]に連載していた。その連載が一九四一年に編集され、二年後に歴史家グズニ・ヨウンソンによって再発行されたのだ。ディーサとわたしは、長い冬の夜を何日も使ってその本を翻訳した。ディーサが英語に訳して読み上げる文章を、わたしがノートパソコンに打ち込んでいった。その後、ふたりともいろいろなことがあり、プロジェクトは頓挫していた。ディーサはアイスランドに戻った。わたしがこの並はずれた海の女を忘れられず、ようやくアイスランドを再訪したのは二〇〇九年のことだった。

その前年の二〇〇八年一〇月に金融危機が起き、わずか数週間のうちに国家が破綻しかねない状況に陥ったため、わたしが再訪したときには以前とかなり雰囲気が違っていた。ところが、ディーサとともにふたたびストックセイリに行ってみると、そこにはわたしの予測とは違う変化がいくつか見られた。洪水に備えて防波堤を以前より高くしてあった。村を封じ込めているその防波堤があまりに高くて、海を見ることさえできないため、大海原のエネルギーが遮断されてしまったように思えた。アイスランドでは金融危機後に通貨が暴落し、外国からの観光客にとっては国を買えてしまうほどの状況だった。そこで、村は観光客を呼び込もうと妖精《エルフ》と幽霊《ゴースト》の博物館を作り、幽霊のお話を朗読したり、お芝居を見せたりしていた。

スリーズルの冬の漁師小屋は再建され、周囲の石壁も修理されていた。そのうえ、前より大きな案内板が建っており、そこには画家が描いた想像上の肖像画と、以前よりだいぶ長い年譜もあった。

わたしたちはスリーズルについてたくさんの人たちから話を聞いた。民俗学者、歴史家、スリーズルの劇を書いた脚本家。そのほか、地方史の保存、再生活動をしている多くの人たち。彼らはみなスリーズルのことを、ただ「スリーズル船長」（Puríður formaður）と呼ぶ。何世紀ものあいだ、漁船を指揮する人物はそんなふうに呼ばれていたのだ。

スリーズル船長は資産家の両親のもと、ストックセイリ近郊の小さな農場で育った。言い伝えによると、彼女が子どものころ、玄関先で寒さに震えていた孤児を、スリーズルの父親は追い払ったという。それはディーサが以前話してくれた、火山噴火後に訪れた飢饉の春のことで、多くの子が孤児になった。そんなときに玄関先で追い払うなんてあまりにむごい。わたしたちが話を聞いた男性は、その後に少年が死んだ溝の場所を教えてくれた。少年はスリーズル船長の家族に七代先まで呪いをかけたと言われており、スリーズルは自分が生涯呪われていると信じていた。少年はセルス・モウリという幽霊になり、現在でも語り継がれていて、幽霊博物館でもその話を聴くことができる。

当時、海の近くで暮らす農家の多くがそうだったように、スリーズルの父親も魚を獲ることで家計の足しにしていた。子どもだったスリーズルも一緒に海へ出たがり、飢饉の春からわずか数年後の一七八八年、一一歳のとき、波をかき分けて漁に出る木造の小型手漕ぎ船への同乗を父親から許された。

漁に出たのは春で、天気は比較的落ち着いており、スリーズルは兄ビョルンの皮の作業着と漁業用手袋を身につけたが、その小さな手に兄の手袋は大きすぎた。手釣り糸で漁をするとき、船乗りはみな自分だけの釣り糸を持っており、スリーズルも同じようにしたがった。そこで、自分の釣り糸を垂らし、海底まで下ろしていくと、うまい具合にすぐコダラ（ýsa）が食いついた。引き上げようとしたものの、魚の力がまさった。スリーズルは身体が小さいうえ、手袋がぶかぶかで釣り糸を扱いにくい。魚を引くと魚も引き返してくる。格闘するうちに手袋の片方が脱げてしまった。すると、かえって糸を引きやすくなったので、もう片方もはずし、素手で糸をたぐり寄せた。魚を引き揚げると、ふたたび釣り糸を投げ入れ、海底に達するとまたもすぐに魚がかかった。それが休みなく続いたので、漁から戻ると、父親は今後もスリーズルを連れていくことに決めた。だれよりも多いくらい獲っていたからだ。そして、きちんとした作業着を用意してやり、娘が捕獲した量の半分を分け与えた。それが、一〇代の船乗り全員に適用されるルールなのだ。

スリーズルが一三歳のとき父親が亡くなったため、そのあとは彼女と兄ビョルンとで家計を支え、幼い妹を養わなければならなくなった。スリーズル自身まだ一〇代だったが、だれよりも多く魚を獲ることでたちまち有名になった。おかげで二〇歳にならないうちに、一人前の甲板員に与えられる分け前を手にしていた。ほかの乗組員が腹を立てなかったのは、それだけ多くの魚を獲っていたからだ。さらに、乗組員同士のけんかを仲裁する智恵や、細部に目を光らせながらのすばやい行動、ジョークで笑わせたり、周囲の風景を素材に詩を作ったりする言語的才能でも知られるようになった。また、彼女の簡潔な話しかたは、今も地元民に語り継がれているほどだ。これはわたしの故郷シアトルでも使えそうなのだが、スリーズルは郡政委員のソウルズル・グズムンドソンを訪問したとき、コーヒーの好みを訊かれて「熱く、早く、濃く、少なく」と答えたという(4)。

一八世紀から一九世紀はじめにかけて、アイスランド人の多くは飢餓に近い状態で暮らしていた。沿岸には魚が少なく、かといって沖に出られる船を持っている人はほとんどいなかった。そんななか、スリーズルは漁が上手だったおかげで、生涯の大半を不自由なく暮らすことができた。(5) オフシーズンには農場の小作人になり、労働者を雇って働いてもらった。親密な関係になった相手はおもに三人いたと言われている。最初のふたりはどちらも「前途有望」で「しっかりとした」男性だった。スリーズルが二六歳のとき、兄の船で同僚の甲板員だったヨウン・オウラフソンと一五週間暮らしている。(6) その後、一八〇四年のはじめから二年間、エルレンドゥル・ソルヴァルドソンと暮らした。(7) スリーズルの母親ヘルガも同居していた。まもなくスリーズルはエルレンドゥルの子を宿し、一八〇五年に娘のソウルディィスを産んだ。しかし、娘ができてもなお、スリーズルはふたりの関係がうまくいくと確信できるまでは結婚したくないと言っていた。そして一年後、関係は終わった。スリーズルによれば、この別れは他人から中傷されたせいだという。とはいえ、別れたあともふたりの男性とは友好な関係が続いた。

三番目の男性ヨウン・エイイルソンとの関係は、とりわけ興味深い。ヨウンはスリーズルのもとで農場労働者や甲板員として雇われていたが、しばらく働いた二一歳のとき、今後も雇用関係を続けるなら、その条件として結婚してほしいと申し出た。当時、四三歳だったスリーズルはそれを断った。とはいえ、よく働く彼を失いたくなくて結局は申し出を受け容れ、一八二〇年一〇月三一日、ふたりは結婚した。しかし、この結婚は長くは続かなかった。無理やりの結婚にどうしても前向きになれないスリーズルは、ヨウンと一緒に寝るのを拒んだと言われている。二年後ふたりは離婚したが、緊張状態にあってもおかしくないこのときでさえ、離婚は円満に行なわれ、互いに金銭的な要求をすることもなかった(8)。

最近、アイスランド国立図書館で調べものをしていたとき、調査を手伝ってくれた歴史学者のソウラ・リリヤと、偶然にもイーダ・ファイファーという人物の願ってもない日記を見つけた。ファイファーはドイツ人の旅行家で、一八〇〇年代半ばにアイスランドを訪れている。そのときスリーズル船長は七七歳。当時、暮らしがきびしかったアイスランドで、彼女はイーダのガイドを務めていたことがわかった。イーダは自立したたくましい女性だったようだ。彼女は船でハプナルフィヨルズルという海辺の街に到着した。レイキャヴィークまでは、ゴツゴツした溶岩台地を九マイルほど進まなければならない。当時、その道は申しわけ程度のものだったが、乗馬が得意なイーダは、警告をものともせず、馬で旅をすることに決めた。本人の記述によれば、おそらく「シリアで経験した道ほど悪くはないはず」だからである。雇ったガイドがどんな人物かは知らなかったものの、すぐにその人物像を把握し、こう書き込んでいる。

このガイドのなかに、わたしはアイスランドの古きよき面を見た。彼女はここに書きとめておくにふさわしい人物だ。実年齢は七〇を過ぎているものの、髪は豊かなブロンドで、五〇歳そこそこにしか見えない。男のような服装をし、使者として働き、長く困難な旅を引き受ける。熟練した船乗りのごとく巧みに船を漕ぎ、すべての使命を男よりも早く正確に成しとげる。男のように酒のことばかり考えてはいないからだ。彼女が前方を力強く歩いていくので、わたしは小さな馬に鞭を入れてせかさなければならなかった(9)。

ディーサとともに多くの人からスリーズル船長のことを聞き、わたしはスリーズルに強い興味を抱いていたものの、はたしてこの調査が今後どこへ向かうのか、まだ確信が持てなかった。昔であれ現在であれ、スリーズル以外にも海の女がいるかどうかは、だれもあまりよく知らないようだった。しかし、海の仕事を経験したわたしには、スリーズルのような女性が二〇〇年前に存在していたのなら、ほかにもきっといるに違いないと思えた。

そこで、わたしはほかの先進国に海の女がいるかどうか調べはじめた。カナダの大西洋岸では、海で働く女性はいるものの「夫の手伝い」に限定されているし、本人たちもその仕事がとくに好きというわけではない。[10] 欧州委員会の調査報告によると、欧州連合（EU）の漁業依存国（彼らはそう呼ぶ）には、女性の漁師はほとんどいない。なぜなら、女性は漁をしたがらないし、男性漁師も女性が一緒に働くのを嫌がるからだ。[11] オーストラリアでは——わたしの個人的経験は別として——女性漁師がほぼひとりもいないとされているが、それは男性乗組員によるひどい嫌がらせがあるせいだという。[12] アメリカのメイン州は、『わたしは船長、わたしは女』で有名になった船長リンダ・グリーンロウの故郷であるにもかかわらず、海の女はほとんどいないと言われている。[13] それなのに、アイスランドにはいるというのか？　わたしはいると思った。わたしの家族はオレゴン州の沿岸に古くからの友人がいる。漁師の一家も知っており、そこには女性もいて、ずっと前から家族で漁に出ていた。ならば、アイスランドにもいるはずだ。それに、ディーサによれば、船舶機関士になった女性がいるという。

あわよくばどちらか一本は論文が書けるだろうと、わたしは二つの調査に乗り出した。危機における男女の考えかたの違いについて、登山者と漁師を調査し、それを経済危機と関連づけて考察しようとしたのだ。アイスランド人登山家と山に登って死にそうになりながらも、登山者の調査のほうはうまくいったが、海の女のほうはあまり進展がなかった。

静寂の波に乗る

話を戻して、そもそも暴風雨のなか、なぜヴェストマン諸島行きの船に乗ったのかを説明しよう。アイスランドでは、コネがないとわたしの望んでいるような調査はできない。その点は、当時アイスランド大学の院生だった友人のアンナがとても役に立ってくれた。彼女の父親がヴェストマン諸島の出身だというので、わたしたちはまずここから海の女の調査を始めることにした。アンナの父親によれば、ヴェストマン諸島に女性漁師はいないそうだが、アンナの叔母であるエヴァは、とにかく一度来てみてはどうかと言ってくれた。

雨風に翻弄されながらようやく島に到着すると、フェリーの管理会社から、海が静まるまで三日間、出航は中止すると告げられた。そのときわたしははっとしたのだが、こうした状況を、アイスランドの漁師たちは、男も女も、何世紀ものあいだずっと経験してきたのだ。その何世紀かのあいだ、ヴェストマン諸島は信じられないほど豊かな漁場に囲まれていた。そのうえ、ここには独特の歴史もある。一六二七年、アイスランド本島とヴェストマン諸島はバルバリア海賊〔訳注・北アフリカの地中海沿岸地域を根拠地としていた海賊〕に襲撃された。海賊はおよそ三〇人を殺害し、わずかな住人しかいない島々から二三四人を連れ去った。奴隷にされたその人たちのうち、島に戻れたのは約三〇人だけ。アイスランドで「トルコの奇襲」と呼ばれるこの強奪行為は、長きにわたってこの地域を怯えさせてきた。(14)

ヴェストマン諸島でもうひとつ大きな出来事が起きたのは、一九七三年のことだ（急に何世紀も軽々と飛ぶが、こうした例はあとでも出てくる）。いちばん大きな島に火山があり、これは島で唯一の街からもきわめて近いのだが、その火山が噴火して溶岩が街や空港へと流れていったため、島民たちはアイスランド本土へ逃げようとした。この街も、街のある島も、周囲はかなり高い崖になっているため、小さな港が頼みの綱である。だから、港の入り口めがけてやってくる溶岩流は、迫りくる惨事を告げていた。つまり、入り口が閉ざされれば、この島全体がアクセスの手段を失ってしまうのだ。そのとき、島民たちが動き出し、船から、あるいは陸地からホースで海水を撒いて、迫り来る溶岩を文字どおり水で冷やし、海岸で堰き止めたのだ(15)。その結果、現在の港はなんとも驚くべき風景になっていた。目的地に近づくと、船は霧の向こうに見える暗い島々を通り過ぎ、恐ろしいほど切り立った崖を迂回して、港へと入っていった。港は周囲から完全に遮られているため、これほどの強風でも海面はまったく穏やかだ。港の入り口の反対側には、堰き止められた溶岩の巨大な山が残っており、この島々が自然とともにあることを思い出させてくれる。

ヴェストマン諸島に着くと、わたしはアンナと一緒に彼女の叔母エヴァに会いにいき、温かく迎え入れてもらった。海の女について尋ねたとき、エヴァの反応は、それまで話を聞いてきた人たちと同じものだった。最初、島に海の女はいないと答えていたのだ。やがてひとり思い出し、それからもうひとり、そして三人目。彼女がそのひとりに電話すると、その人がほかの人を知っていて、今度はその人に従姉妹がいて……こんなふうにしてわたしは未知の旅へと乗り出し、五年後にそれが実って本書ができあがった。わたしたちが手にした成果は、当初の予想をはるかに超えるものだった。

本書ではジェンダー平等、男らしさと女らしさ、社会的な分断、そしてそれらが交わり合う可能性を扱っている。しかし、もっと大きなテーマもある。本書の題材を集めるなかでわたしが学んだのは、だれもが無理だと言うほど型破りな行ないをするには、男であれ女であれ、自覚と勇気が必要だということだ。本書では、成功とはなにか、欲望とはなにかについても考察している。それは、わたしたち自身が決められるものなのか、それとも社会が決めるべきものなのだろうか。そして最終的には、わたしたちが現実と呼ばれるものをどう構築し、再構築していくのかを考えたいと思っている。

本書の中心になるのは、数百年にわたるアイスランドの海の女たちである。その仕事場は、商業目的の大型トロール漁船もあれば、沿岸漁用の小型船もある。調査にあたって、わたしは辛抱強い現地アシスタントとともに、一五〇〇人以上のアイスランド人女性から話を聞いた。彼女たちは、一九四〇年代から二〇一三年にかけて、さまざまな期間、さまざまなポジションで海の仕事をしていた。また、男性船長とくに女性乗組員を雇ったことのある船長たちからも話を聞いたし、ほかにもアイスランドの船乗りの暮らしをよく知っている多くの人たちからも話を聞いた。そのため、わたしは現地アシスタントとともに国内の僻地にも足を運んだ。また、歴史調査を手伝ってくれたソウラ・リリヤと一緒に、保管された史料や埃っぽい文書を丹念に調べ、はるか昔に海で働いていた女性について、言及箇所や記事やインタビューを探していった。

商業漁船で働く女性を取り上げた文章は、ほとんどが海の女という物珍しさを強調し、それだけで終わっている。けれども、海で働く女性にも、男性と同じように同僚の乗組員たちとのあいだに複雑な人間関係や気遣いがあり、コミュニティや自分自身のことでも悩みがあった。海は多くのアイスランド人を食べさせ、養い、ときに殺してきたがゆえに、もはや彼らの魂の一部になっている。アイスランド人の文章には、海に関する記述が頻繁に見られるし、この国自体が「帆船国家」と呼ばれることも多い。というのも、アイスランドは漁業に依存しており、また船と同じで、周囲を冷たい北極海に囲まれた島国だからだ。

本書に着手したとき、わたしはこの国自体に――アイスランドという土地、多様な地域、地形、そしてそれぞれのコミュニティに、どんな役割を与えようとしているのか、はっきりしていなかった。今になってわかるのは、わたしの書いた文章も、あの女性たちが話してくれた内容も、彼女たちの経験も、アイスランドの大地や海とともに描き出すのでなければ意味がないということだ。あの女性たちの経験も選択も、自分たちの土地やコミュニティや、周囲の海と分かちがたく結びついている。とりわけ女性にとって、アイスランドの海と陸地との境目は、はっきりしていない。だから、海の女を取り上げたこの話はアイスランド自体の話でもあるため、調査の旅に乗り出したわたしたちは、実際にこの国を旅することにもなる。アイスランドは同族国家だとよく言われるし、事実、生粋のアイスランド人は祖先を同じくするひとつの部族に近いのだが、地域が違えば人にも多くの点で違いがあるし、海の女たちの役割も地域によって異なることがわかった。

海の女たちの暮らしや知識や考えかたや経験の多くは、一般的なアイスランド人には知られていないため、わたしはできるだけ彼女たち自身に語ってもらうことが大事だと感じた。だから、本書の骨組みそのものが、この女性たちで成りたっている。まずはわたしが耳を傾けて彼女たちから教えてもらい、そしてふたたび、言葉のなかにあらわれたつながりやテーマや方向性から、一緒に題材を引き出していく。わたしの目的は、彼女たち自身に語ってもらうことなのだ。

女性と海との関わりは、当初わたしが考えていたより、はるかに大きなものであることがわかった。その範囲はきわめて広く、歴史、経済、技術、社会の劇的な変化、政治、アイデンティティの捉えかたはもちろん、アイスランドがなにを大事にしているかといったことがらにまで及ぶ。わたしはアイスランド人ではないので、第三者の目で見ることができるという利点はあったが、同時に、アイスランド人ならふだんの経験をとおして身につけている知識を、意識してたくさん学ばなければならない不便さもあった。そのため、アイスランド人読者ならきっと、わたしが見落としたことがらを見つけてくれるはずだ。わたしが気づかなかった関係性にも気づくかもしれない。その場合はぜひ連絡してもらいたいし、一緒に本書の内容を豊かなものにしていきたいと願っている。

文学の糧

アイスランドでは、古い歴史が現在と直接つながっている。この国にはいたるところに歴史があるのだ。はじめて訪れたとき、ディーサに連れられて有名な「古い」議会を見にいったのだが、わたしはまったくの無知から、それを建物だと思い込んでいた。しかし、もちろんそうではない。この議会は、ヨーロッパで最古の近代民主主義の場であり、中世にあたる九〇〇年代に始まった。アイスランドにとっては原点ともいえる場所〔訳注・世界文化遺産にも登録されているシンクヴェトリル国立公園のこと〕で、そこには巨大な裂け目に挟まれた谷があり、それが天然の円形劇場のようになっていて、その下には大きな渓谷がアクアブルーのシンクヴァトラヴァトン湖のほうまで続いている。わたしはその後も何度かシンクヴァトラヴァトン湖を訪れ、黄金色の秋、吹雪の冬、そして緑あふれる盛夏にも歩いた。あるとき、ディーサが水をたたえて遙かに続く大地の亀裂を見つめながら、以前ここを屈強な男が飛び越えたことがある、と教えてくれた。

「飛び越えるなんて信じられない。それ、いつのこと?」と尋ねた。

「西暦九〇〇年ぐらいのことよ。サガに書いてあったの」

別の機会にまた訪れ、同じ亀裂を見ていたとき、ディーサがこう言った。「ここで溺れた男性がいるの。熟練したダイバーだったらしいんだけど」

「それはいつのこと?」わたしは、その話もサガに記されていたのだろうと思った。

「二、三か月前のことよ。旅行者だったの」

旅行者とサガの英雄との比較はさて置くとしても、こんなふうに軽々と時を超えてしまうことに、わたしはいつも驚かされる。いったい自分がいつの時代にいるのか、わからなくなりそうだ。一三〇〇年代半ばにデンマークの統治下に置かれてから、一九〇〇年代はじめにようやく独立へと至るまで、何世紀もの長い時間は、アイスランド人の記憶のなかで崩壊し、つらい窮乏の時期としてだけ残った。この時期、国内のほとんどの地域で、忍び寄る飢餓という妖怪が、影のようにつきまとっていた。国の人口は少なく、一九二〇年代でもたった一〇万人しかいない。だからこの国の歴史は、よく知っている親族の歴史であり、サガの登場人物たちでさえ、身近な先祖なのだ。そのため、西暦一〇〇〇年にここで泊まり込んで最古の議会を開いた先祖たちについて、ディーサはその名前を知っているし、なにをしたかも知っているのだ。

歴史が身近に感じられるのは、言語が変わっていないからである。アイスランドのサガは八〇〇年以上前に書かれたものだが、アイスランド人なら、表記の対照表でもあれば、今でも読むことができる。英語の話者がシェイクスピアを読むのと同じだ。アイスランド語は、何世紀も閉ざされた環境に守られて変化せずにいたため、現代のアイスランド人は自分たちの歴史をまるで昨日のことのように話すだけでなく、言葉を発するたびに過去が現在に引き寄せられてくる。そして、言語と分かちがたく結びついているのが国土である。最初、この国の土地は荒涼としているように見えたが、実はあらゆるものに満ちている。どの岩にも、川にも農地にも入江にも、生きとし生けるものの存在が含まれていて、たとえ身体は死んでいても、記憶に刻まれた行ないや詩歌を通して、彼らは今なお生きているのだ。アイスランド人にとって、自国の歴史は同時に個人や家族の歴史でもある。貧困を生き延び、親族の絆を強めてきた歴史を考えると、生粋のアイスランド人ならだれでも、まったくのひとりぼっちではないといえる。

貧窮と孤立の状態にあった何世紀ものあいだ、アイスランド人は独立国だった過去の記憶を頼りに、自己意識を保ち続けていた。その記憶を見事な文学として表現したのがサガである。ヨーロッパでは識字率の低い国が多かった時代でも、アイスランド人はほとんどが字の読みかたを学び、少なくとも聖書を読むことはできた。有名なカトリック司教のヨウン・アラソンは、宗教改革の際、ふたりの息子とともに処刑されてしまうのだが、彼は一五三〇年、ヨーロッパで最初期の印刷機を取り寄せた人物でもある。わたしはアイスランドの人たちからよくこんな話を聞いた。昔はたとえ食料がなくても、そして凍える冬のあばら屋には暖房がなくても、ほとんどの家庭に少なくとも一冊は本があった、と。印刷機はおもに賛美歌や聖書のために使われていたが、民間の歴史家が登場すると、農民をはじめふつうの人びともみずからの手でサガや詩歌を書き写し、こうした文学を多くの人たちが読めるようにしたのである。記述したのはほとんどが男性で、彼らは同時代の人びとと語り合った内容や、民衆の暮らしや、地域の人たちが話す日々の出来事を書きとめた。(16)

その結果、アイスランドにはすぐれた庶民史ができあがり、その詳細さは他に類を見ないほどだ。わたしはソウラ・リリヤとともに、何か月もかけてアイスランド国立大学図書館で、何巻もの書物や保管史料を次から次へと夢中で調べていった。そして、かなり散在してはいたが、最古のサガの時代から現在にいたる、アイスランドの海の女に関する驚くべき記述を見つけ出した。それを知ったことで、アイスランドの海の女に対するわたしの認識は、その存在感についても重要性についても、根本から変わった。だから、本書で触れたアイスランド人たちと同じように、わたしもまた過去と現在とを軽々と行き来することになった。なぜなら、昔の海の女がどれほど現在のアイスランドの海の仕事とつながっているかがわかったからだ。彼女たちが漁をしていたフィヨルドは今日でも漁場となっているし、なんといっても、現代の海の女は、昔の海の女の子孫なのだ。当時作られた法律は、たとえ日の目を見なくなったとしても、今もなお大きなインパクトを持っている。

とはいえ、史料の記述はきわめて不平等だ。海の女はなにかしら異常が起きたときにしか取り上げられない。スリーズル船長が人びとの記憶に残っているのは、有名な強盗事件を見事に解決したからだ。死亡記録の場合、女性が掲載されるのは、当時きわめてありふれていた溺死に、ほかとは違う印象的な点があったときだけ。または、なんらかのやりかたで権威に逆らった場合も注目されることがある。(17) 初期の文書を書いていたのはほぼすべて男性なので、海の女が記録に残るかどうかは、書きとめる価値があるほど重要でおもしろいと男性が思うかどうかにかかっている。ある存在が記憶に残るか残らないかは、ひとりの人間に左右されるのだ。ときに、こうした記録が歴史を作ってしまうのは、現在のわたしたちにとって文書に刻まれたものがすべてだからである。

民衆の暮らしを記録した重要な人物として、農民で、民間の歴史家でもあったベルグスヴェイン・

スクーラソンがいる。ベルグスヴェインは一八九九年に生まれて一九九三年に亡くなったのだが、まだ一〇代のころから、西アイスランドに暮らす知り合いやその祖父母から話を聞いては書きとめていたらしい。その聞き書きが丁寧なのは、相手をよく知っていて、その多くが親戚だったからで、彼は自分自身の意見も自由に述べている。同じことを繰り返し言っている場合も多いが、重要なのは、階級も身分も男女も関係なく、あらゆる人たちから話を聞き、書きとめていることだ。人の手を借りることはほとんどなく、西アイスランドの多くの女性の知識や経験を書き残しており、そこに海の女たちも含まれている。国内でも、歴史がこれほど豊かに、男女平等に書き残されている地域はほかにない。そして、少なくともわたしたちの調査にとって幸運なことに、西アイスランドは何世紀にもわたって主要な漁場でもあったため、ベルグスヴェインは一七〇〇年代から一八〇〇年代にかけての、海の女に関する驚くほど詳細な記録を残してくれたことになる。

本書に大きな恩恵をもたらしてくれたもうひとりの作家が、ソウルン・マグヌスドッティルだ。たまらなく残念なことに、わたしがこの調査を始めるわずか数年前に亡くなってしまったため、話をすることもできなかったし、彼女の始めた研究を引き継いだ人間がいると知ってもらうこともできなかった。ソウルンは第二次世界大戦前に育ち、戦後の住宅不足の折りには、五人の子どもたちと、レイキャヴィークのスラム街にある陸軍兵舎やプレハブ小屋（braggi）で暮らした。これらは、戦時中に駐在していたアメリカ兵とイギリス兵が残していったもので、アイスランドはドイツやロシアに対する重要な戦略拠点だったのだ。兵舎の住環境は劣悪だった。暗くて周囲は泥ばかり。ソウルンは組合を結成して会長になり、レイキャヴィークの貧困家庭のためによりよい住宅を求めて闘った。その活動は功を奏し、政府はついに低所得者向け住宅を建設した。

その後ソウルンは学校に戻り、五〇代後半で大学に通いはじめた。教員からデンマーク語を学ぶよう勧められたが、それを断り（独立後まだ数十年しかたっていないのに、いったいだれが旧宗主国の言語を学びたがるというのか）、歴史を専攻することにした。というのも、この国のエリートが作ってきた歴史の穴を埋めたかったからだ。「われわれがサガの国であることをやめてしまったら、自分たち自身の目に、そして世界の目にいったいなにが映るのでしょう」。あるインタビューで彼女はそう答えている。[18]

そしてここから不思議な縁がつながっていく。そしてソウルンの家族はストックセイリ地域の出身で、そこはスリーズル船長が暮らしていた場所だ。ソウルン自身も、インギビョルグ・ヨウンスドッティルという海の女の子孫だった。インギビョルグは一六シーズンにわたり、おもにスリーズルのもとで漁をしていた。[19] ソウルンの祖父は漁師で、スリーズル船長のことを憶えており、少年のころ、はじめて獲った魚をスリーズルにプレゼントしたという。この祖父もまた、海の女たちの名前を丹念に記録していたので、ソウルンはその情報を足がかりに調査し、アイスランドの海の女の歴史を書こうと決心した。[20] それは一九七〇年代後半のことだったが、アイスランドでは女性史に焦点を当てた研究はまだ始まっておらず、海で働く女性についてはなおさらだった。そのためソウルンが大学院の学位取得に向けて、最終論文の案を伝えたところ、アイスランド大学の教授たちは興味を示さなかった。「このテーマで書きたいと伝えたとき、指導教員たちは承諾してくれたものの、別のテーマのほうがいいという意見もあった」とソウルンは書いている。[21] そのほかの教員は乗り気ではなかった。「海で働く女性がこんなにたくさんいて、これがおもしろいテーマであることに、だれも気づいていなかった」。けれども、実際にソウルンが海の男や海の女に会ってみると、きわめて反応がよく、調査に協力してくれたという。[22] これはわたしのときも同じで、最初は警戒していた人たちも、わたしに漁の経験があると知るや、みながほぼ同じ言葉を口にした。「そろそろ、だれかがきちんと目を向けてくれてもいいころだよね」

ソウルンは海の女を「忘却の闇」から救い出すべく[23]、一八九一年から一九八〇年までの期間、海で働いていた女性たちの歴史を書いた。その際取り組んだのはおもに、保安目的で一八九一年に義務づけられた乗組員の業務日誌を丹念に読み込んでいくこと[24]。わたしたちにとっては残念なことに、これらの日誌はおびただしい分量が失われてしまった。その量は、もしこれほどの痛手さえなければ、いっそ笑いたいほどだ。アイスランド西部のアクラネスという街では、日誌が水に濡れて判読不能になり、パトレクスフィヨルズルという村では火事で一部が焼けていた。北部のアークレイリでも、スカーガストロンドでも損傷していたし、南西部のレイキャヴィークでは木造の建物に保存されていたため、虫に食われていた[25]。多くの歴史がそうであるように、もちろん、本書で取り上げた歴史もこの問題と無縁ではいられない。まるで櫛の歯が欠けたようだが、それでも、ほかの国の女性史に較べれば、驚くほど多くの記録が残っている。

とはいえ、過去にもそして現在でも、アイスランドの海の女たちが果たしてきた役割は、ほとんどおもてにあらわれていない。海で働く女性たちは、この数十年でアイスランドの漁船乗組員の一三パーセントにもなっているのに、彼女たちが暮らすコミュニティでさえその存在が知られていない[26]。海の女たちの歴史はというと、スリーズルだけは別だが――ソウルンの調査があったにもかかわらず――自身も海で働いている女性何人かは除いて、わたしが話を聞いたアイスランド人のほぼ全員、海の女などいなかったと思い込んでいた。彼女たちの歴史が語られず、あるいはただ抹殺されてしまったというのは、とりわけそれがジェンダー平等を誇りとする国で、そして何世紀にもわたって漁が主要産業だった国でのこととなると、わたしには不思議に思えてならなかった。

この謎を解いていくことが本書の大きな部分を占めるのだが、その過程は海の女たち自身の経験や知識によってもたらされていく。だから、本書はそれ自体が航海であり、もしかしたら漁業調査旅行のようなものかもしれない。本書ではアイスランドの過去と現在における海の仕事の実態を描き出しているが、独自な点としては、そのすべてを女性の経験や視点から捉えているということだ。

まるでプリズムのように、視点がひとつ変わるだけですべてが変わる。この女性たちと海との関係は、生活のあらゆる面とつながっているため、結果的にこの国自体の記録にもなっている。彼女たちは海での経験を通して、生き延びること、勇気、抵抗、知識などを身につけてきたのであり、そこにあらわれる普遍性は、性別や国の違いを問わず、多くの人にとって意味のあることなのだ。

第１章

瀬戸際で生き延びる

——隠された歴史

溶岩渓谷のけわしい土手を這いおりていく。細かな霧はまもなく雨に変わるだろう。わたしはこれまで、西アイスランドに位置するスナイフェルスネス半島のこの西岸で、一七〇〇年代から一八〇〇年代にかけて漁をしていた女性たちの記録に目を通してきたが、そのなかにもうひとりのスリーズルがいた。スリーズル・ヨウンスドッティルが生きた時代は、ストックセイリの有名なスリーズル船長からわずか数十年後だ。スリーズル・ヨウンスドッティルは、わたしが今歩いている地域、とりわけ、この近くのドリトヴィークの入江をどれほど愛しているか、周囲の人たちによく語っていた。わたしはその場所を、自分の目で見てみたかった。

切り立った岩の狭間を歩いていくと、岩壁はアーチを形作り、霧のなか、地衣類や苔に覆われた石の巨人のように立っていた。そこを抜けると、渓谷はデューパロウンサンドゥルへと開ける。ここは地元でよく知られた溶岩の黒い砂浜で、聞いたところでは、砂浜から二マイル歩けば、スリーズル・ヨウンスドッティルの愛したドリトヴィークの入江に着くという。歩いていくと、およそ半世紀前に難破した船の錆びた残骸があった。しかし、このあたりの海のきびしさを物語るかのように、わずか二年後にわたしが再訪したときには、残骸は砂浜のガラクタとなって散らばっていた。沖合には、溶岩でできた黒く背の高い海食柱が、白い波に打たれて立っている。海の色は沈泥を含んだ青銅色で、周囲にはそぐわない雰囲気がある。さながら、白い波と空の景色に、だれかが溶岩で色を塗ったかのようだ。波はとてつもない大きさになったかと思うと、強い引き波に変わって、黒砂の丘にざぶんと打ち寄せる。わたしはその美しさと力強さに心を震わせていた。

このような海で、海の女や男たちはいったいどんな漁をしたのだろう。彼らが乗っていたのは甲板のない木造の手漕ぎ船で、通常、一隻につき四本から八本のオールを備え、ひとり一本のオールを漕ぐ。ドリトヴィークのような離れた場所にある漁業拠点は遠隔基地（útver）と呼ばれ、人びとが暮らす農場のそばではなく、沿岸に作られていた。そこでは、タラなどの回遊魚が、季節ごとに海岸近くまでやってくる。以前わたしがディーサと一緒に見たスリーズル船長の冬の漁師小屋も、そんな遠隔基地のひとつだ。ドリトヴィークが基地として重要なのは、北の農場区域よりも早く魚が回遊してくるため、春には漁を始められるからだ。海もドリトヴィークのほうがいい。この日は冷たい霧が出ていたものの、ドリトヴィークは暖かくて風の影響を受けにくい局所的気候で知られている[1]。

遠隔基地にいれば稼ぐチャンスが得られるため、労働年齢にある人たちは競って船に乗り、遠隔基地から漁に出ようとした[2]。人びとは漁のシーズンになると、ドリトヴィークのような遠隔基地にやってきて、一回につき何週間か、あるいは何か月間か、質素な住居で暮らしながら多くの魚を獲って干し、終わると家に帰っていく。子どもを預ける場所がない貧しい家庭は、子どもを漁に連れていくこともあった[3]。基地では男も女も一〇代の若者も子どもたちも一緒になり、ひたすら魚を獲ったり干したりしていた。

スリーズル・ヨウンスドッティル（以下、スリーズル・J）はふだん陸地の端、アイスランド人の言う「底」で暮らしていた。つまり、同じこのスナイフェルスネス半島の北岸に位置し、多くの島が浮かぶ広大なブレイザフィヨルズル湾の底にあたる場所のことだ。それでも、彼女は漁の季節になると、ドリトヴィークまで来て魚を獲っていた。[4] 一八〇九年、彼女がドリトヴィークで乗っていた船には、ほかにパウル・エイナルソン船長、パウルの兄弟三人、パウルの娘グズニー・パウルスドッティル、そしてサイムンドゥルという六〇代の男性がいた。評判によれば、パウルとその兄弟たちはすぐれた船乗りだったが、酒を呑みすぎるきらいがあったという。

その年のある日、ドリトヴィークの海岸で、おおぜいの人たちがこんな光景を目にした。ふたりの男が「ピット」——奥まった小さな入江はそう呼ばれていた——の水面に立ち、はげしく殴り合いながら、互いの髪を引っ張り合う姿だった。海岸の人たちは、よく見ようと近づいていった。そして、水面に立つなんてただの人間にはできないのだから、あれはきっと「見えざる人びと」に違いないと考えた。つまり、人がいないはずの荒涼とした山や渓谷に住むといわれる超自然的な存在である。見えざる人びと同士のけんかを、よい兆候と捉える者はだれもいなかった。

翌朝、スリーズル・Ｊはパウルや乗組員とともに手漕ぎ船で漁に出た。そして、戻ってきたときは嵐で、断崖に囲われた「ピット」の入り口がきわめて危険な状態になっていた。ほかの船はほとんど、すぐ近くの黒砂海岸へと向かった。まさにわたしが今立っている海岸だ。パウルの兄弟のひとりが、海岸へ行けば救助の人がいてくれるはずだと進言した。けれども、パウルはこう答えた。「これまでもこのやりかたで着岸させてきた。人の手を借りたことはないし、これからも同じだ」。そうして、まっすぐ入江へと入っていった。

湾の入り口を通り抜けようとしたとき、船は断崖からの引き波に直撃され、岩に衝突した。そして転覆し、乗組員全員が極寒の海に投げ出された。兄弟たちはみな溺れたが、女性ふたりとサイムンドゥルは波に運ばれて岸まで流れ着き、海岸にいた人たちに蘇生措置を施された。女性ふたりはすぐに回復したが、サイムンドゥルはひどい怪我をしており、しばらく意識が戻らず、なんとか家に帰ったものの、一週間後に亡くなった。兄弟のひとりヨウンが裸で溺れているのを目にした人たちは、棒を使って岸まで引っ張ってこようとしたが、うまくいかなかった。その夜、ひとりがヨウンの夢を見た。ヨウンは近づいてきてこう言った。「おまえら、ひどいことをしてくれたな」。というのも、彼らは助けようとして、ヨウンの身体を引き裂いてしまったからだ。[5] スリーズル・Jはそんな恐ろしい経験をしながらも、この入江を愛していると語り、何年にもわたってここに来て漁をしていた。

ある記録によると、スリーズル・Jは「少し不自然と思われる」関係にある生涯の友、クリスティン・エイナルスドッティルと一緒に暮らしていた。クリスティンも海で働く女だ。スリーズル・Jとクリスティンは、未亡人の友グズルン・ヨウンスドッティルに、[6] ドリトヴィークから漁に出るのがどんなに楽しいかを話して聞かせている。みずから九死に一生を得る経験をしながらも、スリーズル・Jはグズルンに漁を勧め、ブレイザフィヨルズル湾のファーグルエイという島出身の、エイナル・パウルソン船長の船に乗れるよう手助けまでしている。[7] 一八二〇年四月一七日、ドリトヴィークでその年の春のシーズンが始まると、グズルンはエイナル船長と四人の男性、そして一〇代の少年、ふたりの女性シグリーズル・グズムンズドッティルとアンナ・ハウコナルドッティルとともに船に乗った。船が「ピット」を出てまもなく、天候が悪化して波が激しくなったため、ほかの船はみな引き返した。

悪天候のなか戻ろうとすれば、引き波を避けながらうまく波に乗って「ピット」に入っていくしかない。何隻かの船が入り口で待機し、ちょうどよいタイミングを見計らっていた。エイナル船長は決めかねて立ち往生し、いつ行くべきか乗組員たちと相談しはじめた。エイナルの弟は、小さな船にたった四人の乗組員と船を出していたが、兄の船に近づいてきて、なぜ行かないのかと叫んだ。なおもエイナルが迷っているあいだに、弟はすばやく行動し、無事、入江に戻った。海岸から見ていた人たちによると、エイナルはようやく決心したものの、そのタイミングが間違っていた。船は断崖に衝突し、砕けてしまったのだ。

海岸の人たちはすぐさまエイナルを海から引っぱり上げたが、彼は頭からも口からも出血していた。そして、ゆっくり海岸に運んでほしいと頼み、そこで亡くなった。人びとはなんとかシグリーズルを含む四人を救助したが、アンナと男性ふたり、そしてスリーズル・Jの友人グズルンは溺死した。海岸の人たちは一〇代の少年のズボンを引っかけて助けようとしたが、ズボンが破れてまた波にさらわれてしまった。なんとかようやく海岸に引き上げたときには、意識がなく息も絶え絶えだったため、岩場に横たえてやると、そこで亡くなった。同じ年ごろの友人が少年のかたわらにひざまずき、信じられないといったようすで声を上げた。「嘘だ。死んでなんかいないよ」。そこで、人びとは意識のない少年を海岸まで運び、服を脱がせてベッドに横たえ、友人に添い寝させた。もしかしたら、友人の体温で暖めれば、冷たくなった身体に温もりが戻るのではないかと期待したのだ。そして実際、この悲しい話にせめてもの喜びがもたらされた。翌朝、ひたむきな友人のそばで、少年は目を覚ましたのである。(8)

＊

雨が強くなってきたなか、わたしは記録に残されたこうした衝撃的な話を思い返しながら、はげしい波音に心を揺さぶられていた。波の裏側はなめらかで、見る者をあやしく魅了し、さあ飛び込んで死ねと誘《いざな》うかのようだ。かつて、甲板のない小型船で海へと出ていった人たち。わたしは彼らの人生に思いを馳せた。この海岸は、少なくとも悪天候の折には、あの頑健な漁師たちを死に追いやった入江よりは着岸しやすいと考えられていた。どちらを選ぶにせよ、これほどの危険を背負わざるをえなかった彼らの人生とは、いったいどんなものだったのだろう。

奴隷状態を生き延びる

アイスランドの歴史は、生への闘いと死、貧困と不平等の歴史であり、その過酷さにわたしは驚きとともに恐怖さえ感じていた。アイスランドを支配したデンマークは、一六〇二年から一七八七年まで独占貿易を行なっていた。そのため、小麦粉から漁の道具にいたるまで、この不毛の大地で生産できないものはすべて、完全な管理下のもと、デンマーク商人から買うしかなかった。一七〇〇年代後半には完全な独占ではなくなったものの、アイスランド人の貿易はきびしく制限され、一八〇〇年代半ばになってようやく緩和されはじめた。(9) イギリス、オランダ、のちにフランスの人たちがアイスランド周辺で漁をし、貿易を試みたが、そうした行為に対しては、アイスランド人も外国人商人もきびしく罰せられた。ごく一部のエリートだけは、コペンハーゲンなどに旅行することができたが、アイスランド全体としては鎖国状態に置かれていた。何世紀にもわたり、アイスランドの人口は五万人を大きく超えることはなかった。(10)

一九三〇年代まで、アイスランド人はほとんどが農業で生活していた。寒すぎて果物や野菜が育ちにくいため、おもな農産物は羊と乳製品で、長い冬に家畜の餌にする干し草もそのひとつだ。もし夏場に干し草を蓄えられないと、家畜も人も（魚が獲れなければ）食べ物がなくなってしまう。

経済的な不平等はすさまじいものだった。わずかな地主や教会が、ほぼすべての土地を管理していた。こうした地主や聖職者やデンマーク商人は上流階級を形成し、労働者から金を吸い上げる。人口のほとんどを占める労働者は、何世紀ものあいだ、みじめな貧困と飢餓に近い状況に置かれていた。上流階級がアイスランド人を管理し、農場に安い労働力を確保するやりかたは、強制労働のシステムをもたらし、それが一八九四年まで続いた。(11) なかには、大地主から土地を借りて小作農家として生活できた人もいるが、このような借地はたいがい狭くて、きびしい天候のもとで家族を養う余裕まではなかった。そのうえ、借地権を得るには、少なくとも雌牛一頭くらいのものを持っていなければならない。(12) 貧しい庶民にとっては、とても手の届かない財産である。スリーズル船長の家族は、幸運にも借地が許された数少ない例だ。とはいえ後年、スリーズルは漁業で成功したため、自分の力で土地を借りることができたものの、農業はうまくいかないことが多かったようで、その損失を漁で埋め合わせなければならなかった。

ともあれ、上流階級とわずかの小作農家を除いて、民衆はほぼ例外なく強制労働システム（vistarbandið）のもと、大地主に仕える農場労働者として暮らしていた。(13) 農場労働者は独立した世帯を持つことも、雇用主の同意なく農場を去ることも許されなかった。彼らは実質上、農場主に所有され、農場主は労働者の産み出した富を享受する。(14) 農場労働者は一年契約で働き、毎年、五月の決まった日に契約を更新する。その日だけは、仕事や暮らしの条件について交渉することができるのだ。(15) 農場が示す条件は実にさまざまで、農場主の寛大さと裕福さにもよるが、往々にして農場労働者も小作人自身も非常に貧しい暮らしをしていた。(16) 基本的に、アイスランド社会は農奴制にきわめて近く、それは一八〇〇年代後半まで続いたのである。

そのうえ、原則として土地を持っていないと結婚できないという法律があったため、大半のアイスランド人は独身だった。[17] 結婚したカップルは大家族になることも多いが、独身のまま子どもを持つ人はほとんどいなかった。加えて、子どもの多くが幼いうちに死んでしまう。[18] 幼児の死亡率の概算は資料によってばらつきが大きいものの、どの数字をとってもヨーロッパのどこよりも高い。悲しいことに、その原因のひとつは、アイスランド人には母乳を与える習慣がなかったことだ。[19] 独身女性は子どもを産もうとすると、きびしく阻止された。

小作人として生きようとする家族は、頭を押さえつけられることになる。市当局（hreppsnefndir）が家族をばらばらにして、自分たちの労働だけでは生きられないようにするからだ。家族を引き離し、両親や子どもたちを別々の農場や遠く離れた農場へ送って強制労働させるのである。[20] 同じように、一七五〇年代以降、もし独身女性が子どもを産んだり、両親が離婚したり死別したり、あるいは貧困から子どもを育てられなくなった場合、市当局はたいてい子どもたちを引き離し、農場主に育てさせて、ごく小さなうちから農場で働かせる。一八四五年になると、アイスランド人家庭の実に四分の一が養子を育てていた。二五年後の一八七〇年でもその数はあまり変わらず、五軒に一軒の家庭に養子がいた。養子の生活環境は概して惨めなものだった。一八〇〇年代後半になっても養子にはほとんど人権がなく、なかでも身寄りのない「物乞い」の子どもはひどい扱いを受けた。[21] ひとりで生きられない人たち——子どもだけでなく大人も障害者も——は「オウマガル（ómagar）」と呼ばれた。[22] 地方自治体は養育費として農場主にわずかな給付金を支払い、それは借金としてオウマガル自身が負うことになった。彼らには保護してくれる人もいないため、過剰労働させられたり、無給だったり、食べ物をほとんど与えられなかったりする場合が多く、なかには性的虐待を受けたり殴られたり、栄養失調になったりすることもあった。つねに見下される存在だったのだ。

こんなにも過酷な社会の歴史は、同時に多くのアイスランド人にとって家族の歴史でもあり、現代でもなお人びとの経験に染みついている。ある晴れた日、都会的なレイキャヴィークで、友人が祖父のことを語ってくれた。彼女の祖父は、これを書いている時点でまだ存命なのだが、その昔「オウマギ（ómagi）」だったという。祖父の両親は貧しく、子どもが一三人もいたため、市当局は祖父を含む子ども何人かを家族から引き離し、遠くの農場に送った。祖父は預けられた農場で、「自分の足で立って」生きられるようにしてもらえたので、運がよかったのだという。しかし、別の農場に送られた妹は、ひどい扱いを受けた。里親家族からつらくあたられ、犬たちと一緒に寝させられた。驚くことに、これほど壮絶な経験によって健康を損ね、発育に障害が残って人生を台無しにされてもなお、彼女は打たれ強くやさしく、だれからも好かれる人間に成長したという。

農場労働者で海の女でもあったインギビョルグ・ヨウンスドッティルは一八四八年に生まれ[23]、幼いころ、西アイスランドに位置する広大なブレイザフィヨルズル湾沿いの家に養子に出された。一九二二年の記事には、彼女の子ども時代が生き生きと描かれ、農場労働者たちがどんな環境で暮らしていたかよくわかる。「両親が亡くなると、わたしたちきょうだいはばらばらになって、それぞれの道を歩みました。わたしはブレイザフィヨルズルに送られることになったのです。そこには母の実家がありましたが、わたしはその家ではなく、別の家庭にやられました……ブレイザフィヨルズルでの暮らしはわたしが育った地域とはまったく違って、階級意識が強く、住民のあいだにもはっきりとした分断がありました。ブレイザフィヨルズルの農場主はまるで王様のようで、だれもがひれ伏す存在でした」。インギビョルグによれば、教会でも農場主や上流階級の人たちは特別な席に座り、出入り口も農場労働者など「一般の人たち」とは別だったという[24]。

*

アイスランドでは何世紀ものあいだ、干し草の栽培と羊と酪農がおもな産業だったが、漁業もまた自給と貿易の重要な手段になっていった。ところが、デンマークが独占貿易を行ない、一七〇〇年代後半以降も貿易制限が続いたせいで、たとえばスリーズル船長のように、農場労働者ではないため自由に漁ができたとしても、獲れた魚を売ったり物々交換したりする相手はデンマーク商人に限られた。こうした法律は実質的に裕福な地主を守るためのものだ。というのも、往々にして地主は政治権力をも握っていたからである[25]。そのうえ、アイスランド本島の内陸部はほぼすべて、基本的に居住不能な高原地帯なので、国民は全員と言っていいほど、海から数マイル以内に住んでいた。しかし、だからといって数世紀前のアイスランド人がみな海岸にアクセスできたわけではない。漁船が接岸できる土手の低い海岸や入江はますます重要になっていたものの、そこを利用する権利もまたきわめて不平等だった。たとえば一七八六年には、国民のたった一五・八パーセントしか海に出られなかった[26]。漁業の価値はどんどん上がっていたので、沿岸の地主や教会は、自分たちが所有する農場だけでなく、漁船のためにも人手が必要になった。そのため、とりわけ西アイスランド沿岸の農場主は農場労働者――男であれ女であれ――に、農場での仕事に加えて漁船でも働かせようとしたのである。その収益はもちろん農場主のものだ[27]。歴史家のソウルン・マグヌスドッティルはこう記している。「農場でも漁船でも、大事なのは男か女かではなく、どれだけ働けるかなのだ[28]」

一八六三年、一五歳になったインギビョルグが農場労働者として働きはじめると、農場主からは、海で働く意志と能力のある人を探していると告げられた。「当時はそれが農場労働者のおもな仕事だったのです」。とはいえ、彼女は「農場主の言っていることがよくわかりませんでした。わたしが生まれた谷間の小さな村では、海を見たことがほとんどなかったからです」と言っている。農場主からは漁業を学ぶよう言われた。「すべては海にかかっているのです。だから、女の働き手でも船を漕げないとたいして価値はないので、海の仕事以外のことは、料理の腕もなにも問題にされませんでした」(29)

すさまじい貧困状態にあった農場労働者は、子どもであれ大人であれ、そこから抜け出すチャンスはまずなかった。(30)農場主はたいがい、大人の労働者に対して最低限の部屋と食事と服を与えるが、賃金はめったに与えない。労働者たちは共有の居間か屋根裏部屋で眠る。農場労働の一部として漁船に乗ると、獲れた魚の分け前は雇用者に行ってしまう。

女性は男性よりもはるかに待遇が悪かった。服も食料も少ないし、賃金をもらえるときでも、男性の三分の一から半分にすぎないのだ。(31)農場でも海でも、女性は労働者としてなんの力も持っていない。だから、本人の技術や能力がいくらすぐれていても、農場主や船長の言いなりになるしかなかった。船長が酔っ払いでも無謀な男でも、従うしかなかったのだ。そのことをインギビョルグは率直に吐露している。「農場主と労働者との格差は信じがたいほどで、とくに農場で働く女性は差別されていました。わたしたちは社会の最下層にいて、まるで家畜のようでした。農場主ばかりか男性甲板員にまで従わなければならず、たとえ無意味な命令であっても、聞き入れるしかありませんでした。階級は上から農場主、男性甲板員、女性甲板員の順です」(32)

＊

広大なブレイザフィヨルズル湾は特別な場所だ。ブレイザフィヨルズルに浮かぶ草深い島々は、農場として比較的豊かな土地で、ほかの地域よりもはるかに飢餓の恐れが少なかった。西アイスランドと南アイスランドでは、海水も北や東の区域に較べて温かい。一七八三年に火山が噴火したあと、国土の膨大な範囲がほぼ居住不能となったため、小作農家も地主も労働者も、土地や魚を求めていっせいにこの地域へ移住した。当時、アイスランドでは果物も野菜もほとんど栽培されておらず――壊血病は深刻な問題だった(33)――多くの国民にとっては、乳製品とごくたまのラム肉が唯一の食料だった(34)。だから、そこに加わった魚はもってこいの栄養源となった。

二世紀以上にわたって、ブレイザフィヨルズルの島々は社会的にも経済的にもこの地域の中心であり、スヴェフンエイヤル（眠る島々）、ビャルナルエイヤル（クマの島々）、フラーテイ（平坦な島）や、そのほかの島々でも人が暮らしている。ブレイザフィヨルズルの島々はどれも小さいため、男であれ女であれ、船という移動手段や周辺知識がないと、動きが取れなくなる(35)。しかし、おおぜいが甲板のない小型船で島々を行き来したため、頻繁に悲劇が起きた。この地域の主教会はフラーテイ島にあり、人びとは船を漕いで礼拝に向かう。危険な航行のせいで、多くの男や女や子どもが溺れた。定員オーバーの船、酔っ払った船長、吹きすさぶ風。そんななかを進めば往々にして死者が出る。なかには、船を所有する裕福で運のいい女性たちもいたが(36)、大半は雇われ甲板員として海に出ていた。

クリスティン・オウラフスドッティルは一八五五年に生まれ、一〇年以上漁に携わっていた。彼女は一九三三年のインタビューで、島の農場での暮らしや漁について語っている。

生まれたのはスティッキスホウルムル（ブレイザフィョルズルの南の村）です。九歳のとき父を亡くし、母とわたしたち五人のきょうだいは、とても貧乏になりました。働ける年齢になると、子どもたちはみずから生活費を稼がなければなりません。わたしは脚を骨折し、障害が残ってしまいました。当時は子どもが怪我をしても医者になど行きません。だから、治療など思いもつかず、骨が曲がったままになったのです。堅信礼の年（一四歳）、農場労働者としてビャルナルエイヤル諸島へ行くよう言われました……当時は、出港に合わせていつでも出られる者でないと雇ってもらえませんでした。わたしは体力がなく、脚も曲がっていたものの、海に行かざるをえません。最初はひどい船酔いをしましたが、「荒療法」で治りました。船に酔うと、頭を（冷たい海のなかに）沈められたのです。これは効きました。いつのまにか船酔いもしなくなりましたが、あのやりかたはひどいものです……当時は手漕ぎ船しかなく、一隻に五、六人（の乗組員）が乗っていました。夏には女性しか乗らず、天候に関係なく出航しなければなりませんでした。ほぼ一年中、大漁でしたが、わたしにはたいして関係ないのです。もらえるのは年に一度、洋服ひとそろいだけ。ソックス、古い上衣に合わせた新しいズボン。その年の終わりになっても、自分用の枕カバーさえありませんでした。漁に出られない冬は、牛や羊の世話をしたり、厨房で働いたり、編み物をしたり。あのころ、一〇代の子どもを守ってくれる人などいません。頼れる大人がいない子どもは、食べるものと着るものがあるだけでも感謝するしかなかったのです。[37]

一八〇〇年代半ばまで、アイスランドではほぼすべての漁師が木造の手漕ぎ船で漁をしていた。[38] 船の構造は地域によってさまざまだが、だいたいはオールの数によって形が決まる。こうした船は甲板のないオープン型なので、船員は漁の道具やジャケットなどを床に置いておくことになる。[39] 風やみぞれや寒さから逃れる場所がないため、身体を守ってくれるのは衣服だけ。当時、木造船はたいへんな貴重品だった。というのも、アイスランドにはほとんど樹木がなかったので輸入に頼っていたのだが、デンマークによる貿易制限には造船用の木材も含まれていたからだ。漁に出るとき、船員は食料を持っていかない。実際、何人かに聞いた話によると、船に食料を積んでいくのは不吉であり、沈没を招くと考えられていた。だから彼らは出航前に朝食をとり、肝油を飲んだ。

一八〇〇年代になると、帆船が少しずつ普及してきた。船自体は完全なオープン型のままだったが、天候などの環境に合わせて、漕ぐか帆を使うかを選べるようになった。記録によると、女性は帆船にも手漕ぎ船にも乗っていたという。ブレイザフィヨルズル地域の人びとも、帆がなく小型で軽めの船を使って羊や牛乳を島から島へ運んだり、日々の仕事をこなしたりしていた。そのような船は「女の船」(konubátar) と呼ばれることがあった。船員がすべて女性ということも多かったからだ。[40]

タラとオヒョウは商業的にはもっとも価値のある魚だが、日常食としては、ダンゴウオ (grásleppa) と呼ばれる、脂肪が多く丸々とした魚が重宝された。この魚は沿岸を泳いでいるので、沿岸の農場から手軽に船を漕いで獲ってこられるのだ。長いあいだ、ダンゴウオは生活に欠かせない食料だった。この魚は無駄にするところがまったくない。骨がすごく柔らかいので、アイスランド人は頭から尾まで丸ごと食べる。女性はとりわけダンゴウオを獲るのがうまいと言われ、一八世紀から一九世紀にかけて、女性の農場労働者はダンゴウオをはじめ沿岸魚を獲る船に同乗したり、ひとりで漁に出たりすることも多かった。とくに夏場は、男たちの多くが遠隔基地に出かけていたからだ。[41]

小さくて赤いオスのダンゴウオ（rauðmagi）は、現在でもアイスランドで食べられている。一度、ディーサが地元の魚屋で一匹買い、夕食に味見をさせてくれたことがあった。料理の腕がよいおかげで、とてもおいしかった。少し脂肪分があって甘いのだ。メスのダンゴウオは、今日ではアイスランドで「貧者の食べ物」とされ、食用にされることは少なく、おもに春の珍味として用いられている。しかし、数世紀前までは生きるためにみな喜んでこれを食べていたのだ。

衣服の力

農場で働く女性は、衣服も食料も男性より割り当てが少なく、海に行くときでさえ同じだった。それでも、男女を問わず海に出る者には欠かせない作業着があり、革のコートもそのひとつだ。なかでも牛革が最良の素材とされていたが、大半の漁師は羊革を使っていた。コートは必需品とみなされていたので、甲板員は通常これなしで海に出ることは許されなかった。実際、アイスランドの偉大な詩人ヨウン・ステファンソンの小説では、登場人物が文学と恋愛に気を取られて革のコートを忘れ、低体温症で死んでしまう場面が描かれている。[42]

コートがこれほど重要であることを踏まえれば、カトリン・ウーナドッティルという女性のケースは奇跡のように思えてくる。一八七八年にカトリンが生まれた農場は、南アイスランドの悪名高いエイヤフィヤトラヨークトル火山のふもと（アイスランド人は「下」と言う）にあった。二〇一〇年に噴火した際、ヨーロッパで航空便が何日間か混乱したあの山だ。カトリンはフィヤトラサンドル

(Fjallasandur)へ漁に出かけた。ここは、とりわけ居住不能な海岸が多い南部の荒涼とした地域で、湾もほとんど見当たらない（フィヤトラサンドゥルのすぐ西側に、現代のアイスランド政府が厄介な港を造った。以前、わたしとアンナがヴェストマン諸島へ向かったのはこの港だ）。カトリンは一〇人きょうだいの末っ子として貧しい家庭で育った。一九〇〇年ごろ――一八九四年に農場労働者法が廃止されてまもない時期――カトリンの姉は近くで農場を営み、牛一頭だけで子ども三人を養っていた。カトリンは漁で姉を助けようと、農場近くのスティナル（岩場）という、いかにも魚の獲れそうな名前の土地に引っ越してきた。このころ、カトリンはすでに魚を多く獲る海の女として評判がよかったので、すぐ仕事に就けた。革のズボンと必要な用具は持っていたが、革のコートはなかったため、船を目の前にして乗組員からこう告げられた。きちんとしたコートがないなら、連れていくのは無理だ。

カトリンはがっかりし、ズボンを腕に抱えたまま海岸沿いを東に歩きはじめた。これでは、姉にないも持っていけない。ところが、たいして歩かないうちに、波間になにかが見えた。水をかき分けて歩いていくと、なんとそれは漁師用の革コートだった。彼女はそれを掴んで駆け戻り、まさに出航しようとしていた船に飛び乗った。

カトリンはこの奇跡のような出来事を、なにか大きなものの力だとずっと信じてきた。この件を記録した当日の乗組員は、コートを拾ったのがカトリンのように誠実で勇敢な人物でよかったと書いている。彼の推測によれば、最近このあたりで難破は起きていないので、もしかしたらコートは沖合で操業していたフランス人船員のものだったかもしれないという。しかしその日、風は陸から海へ吹いていたので、なにかが海岸に流れ着くとは考えにくい、とも記している。経緯がどうあれ、カトリンはその後もしばらく奇跡のコートを着て漁を続けることで、姉の家族を助け、のちに姉の夫も漁に加

わった。(43)

命を守るのに欠かせないこの革コートの下に、女性はウールのセーターを着たり、ふだん着の上にショールをはおったりしていた。(44) 習慣として、女性はズボンではなくスカートを二枚重ねて穿いていたが、これは濡れると重くなりやすい。そのため、海に落ちると男性よりも危険が増してしまう。スカートの下にはニットの下着を身につけた。柔らかい編み地のものを下に、分厚いものを上にして。(45) もし可能であれば、男女を問わず理想的な海の服装は、革のコート二枚と革のパンツ（あるいはウールのスカート）二枚だ。漁師はその革を魚油や肝油でこすり、柔軟性や防水性を保たせる。極寒の北極圏では、ウールのズボン下を身につけることも多かった。足には特別な手入れを施した革の靴。ウールの靴下は薄めの上に厚めのものを重ね穿きする。(46)

このような作業着を女性が持っていない場合——あるいは、奇跡によって手に入れられなかった場合——だれかに借りることもあった。たとえば、スリーズル船長がはじめて漁に出る際、兄のビョルンから借りたように。一八四七年に生まれたソウルン・ギスラドッティルの場合は、必要な衣服を借りるのに苦労した。彼女が暮らしていたのは、レイキャヴィークの南に位置するレイキャネスで、現在の国際空港に近い場所である。ソウルンは漁がうまいだけでなく、非正規ながら腕のいい医師や助産師としても敬われる存在だった。若いころは父親とふたりで漁に出ていた。二〇歳のとき、父親と同じ船で乗組員として働いていた兄が重病に罹った。やがて家族はその死期が近いことを知る。兄が死ねば、家族はそのぶん船の仕事と魚の分け前を失ってしまう。そこで、ソウルンは兄の大切なコートを身につけ、仕事を受け継いだ。その見事な漁の腕を裏づけるように、彼女は働きはじめてまもなく船長になった。(47)

女性たちがズボンを穿いて海に出るのはふつうだったとする記録も二、三あるが、大多数の記録では、ズボンを穿く女性はとても珍しいとされ、その特例としてスリーズル船長と、もうひとり北アイスランドの有名な漁師で、詩人でもあったビョルグ・エイナルスドッティルが挙げられている。[48] スリーズルは海でズボンを穿き、後年は陸でも穿き、そのまま集会にも出かけていき、赤さび色のコートとシルクハットでも知られるようになった。歴史家のソウルン・マグヌスドッティルによれば、スリーズルがズボンを穿いたのは、習慣にとらわれず自分で考え行動する能力があったから、そしてどんな状況に陥っても智恵を働かせたからだという。そんな例としてマグヌスドッティルが挙げているのは、一八一一年、スリーズルが三〇代半ばの出来事だ。悪天候のせいで漁獲量が減り、人びとは飢餓に陥って、とりわけ大多数の貧民が苦しんでいた。そこでスリーズルは地域の貧しい子どもたちに「ゲーム」と称してシレネ・アカウリスとアルメリアの根を掘り出させ、濃厚で栄養価の高い——だれも食べたことのない——シチューを作ったのである。[49]

女性がズボンを穿きたいと思っても、慣例の壁があるせいで難しかった。一八世紀から一九世紀にかけて、デンマーク政府の命により、女性がズボンを穿くには許可証を購入する必要があったのだ。記録によると、当地の行政官はスリーズルに許可を与える代わりに、ある犯罪事件の捜査に協力させたという。

一八二七年、観察眼の鋭さを伝え聞いた行政官はスリーズルを呼び出し、ある金持ちが銀貨を盗まれた事件を解決してくれるよう依頼した。この犯罪は現場となった農場にちなんで「カムの強盗事件」として知られ、スリーズルが現在でも語り草になっているゆえんである。[50] スリーズルはデンマーク当局に力を貸すことに乗り気ではなかったようだ。行政官からこの強盗の件で話したいと「要請」

されたとき、彼女は船にタールを塗っていた。使いの者が早くとせかすので、着替える時間もなかった。ここで重要なのは、彼女がいつもどおりズボンを穿いていたことだ。

行政官の事務所に着くと、スリーズルは服装について謝罪した。「着替えをする時間がなかったのです。でも、たとえ急いでいたとしても、こんな格好でお目にかかるべきではありませんでした」

「周知のことだが」と行政官は答えた。「きみが日ごろから男の身なりをしているのはわたしも聞き及んでいる。しかし、それには許可証の申請が必要だ。もし、カム農場の強盗犯捜しに協力してくれるなら、許可証を与えよう[51]」

もはやスリーズルは協力するしかなくなった[52]。カム農場の現場に行ってみると、遺留品が見つかった。当時、漁をする農家ならどこでも作っていた鮭皮のスリッパ片方と、窃盗に使われた金属棒だ。このふたつから、彼女は犯人の農家を特定した。シャーロック・ホームズを地で行くように、前もって農家それぞれの縫いかたを細かく観察しておいたおかげで、そのスリッパがどの家のものかすぐにわかったのだ。また、この農家の鍛冶場で使っている金床には特徴的なへこみがあって、それが強盗に使われた金属棒にあらわれていることにも気づいた。

スリーズルの観察眼によって有罪判決を受けたのは、よりによって地元では気立てのいい家族として知られる父と息子たちだった。わたしが話を聞いたある男性は一〇〇歳に近く、ストックセイリで育ったという。周囲の人たちの話によると、強盗犯を捕まえたとき、スリーズルは驚いていたそうだ。なぜなら、その家の息子たちはみんなから好かれるハンサムな青年だったからだ。「いまや、善良な人間でさえ物を盗むようになった」とスリーズルは話していたという。

有罪判決が出ると、当局は父親の両手両足を倉庫の台に縛りつけ、衣服一枚のまま食べ物も与えず、責め苦として、本人の好きなタバコを、ぎりぎり手の届かない場所に置いた。強盗の首謀者とみられたシーグルズル・ゴットヴィンソンは拷問を受け、デンマークの凄絶な強制労働所での終身刑を科せられた。そして、約三年後に死んだ。そのいきさつには諸説あったが、どうやら絶望から自殺を図ったらしい[53]。

スリーズルも窃盗が重大な罪だと認めてはいたものの、この裁判でデンマーク当局が下した判決には深く心を痛めた。判決のあと飲酒を始めたという記録もある。いずれにせよ、いまや公式の許可が得られたので、あえてズボンを穿くことはやめなかった。ズボンを穿き続けたことをはじめ、スリーズルの行動はその多くが、社会の因習に真っ向から逆らうものであり、本人の強い自信をあらわすものでもあった。どの記録にもあるように、彼女は海でも陸でも、これが正しいやりかただと思えば、他人がどう言おうと気にしなかった。一八五三年、七〇代半ばのとき（イーダ・ファイファーのガイドを務めたころだ）、スリーズルは秋期の羊の駆り集めに出た。服装はもちろん、いつものズボン姿だ。アイスランドでは何世紀も前から放牧のやりかたが決まっていて、羊に印をつけたあと、夏のあいだ自由に歩かせ、ハーブや野草を食べさせる。そして秋になると駆り集めるのだが、そのためには現在でも、苔と岩だらけのほぼ垂直の山腹を飛び回らなければならない。スリーズルがいつもどおりとはいえ女性には珍しいズボンを穿いて駆り集めに加わっているのを見て、昔なじみの男が、おまえは男《おとこ》女《おんな》（tvítóla「両性具有」）か、とからかった。すると彼女は、それなら服の下がどうなっているか見にくるといい、と切り返し、性的嫌がらせを受けたとして、ただちに相手を告訴した。その後、牧師の取りなしにより、男が公式の場で素直に謝罪したため、それを受け容れた[54]。

スリーズルがみずからの人権を守ろうとしたのは、法廷で争うことが自分のためにもほかの人のためにもなると考えていたからだ。たいていの場合は彼女が勝訴した。それは、裁判に臨む本人の頭のよさだけでなく、たとえ原告が女性でも、裁判はあくまで法に従って行なわれたからでもある。要するに、女性は裁判を起こすにも知識や地位や意志の強さが必要だったということだ。

ある法律が残したもの

ソウラ・リリヤと一緒にアイスランドの歴史書や、漁をはじめとする生活の記録文書に目を通していたとき、デンマーク王フレデリク四世による古い法律を見つけた。一七二〇年六月一三日に制定されたこの法律は、干し草刈り、泥炭の掘削、「船漕ぎ」——アイスランドで漁業を意味する——など、特定の「男の仕事」をした場合、女性にも男性と同じ賃金を支払うと定めている。わたしたちは驚いた。アイスランドの海の女について、この法律が意味するところは、昔も今もきわめて大きい。特別なケースに限るとはいえ、驚くほど早い時期から男女平等が実践されていたのだから。[55] 一七七五年になると、この法律が分け前の記録簿（búalög）にもあらわれ、乗組員は男女の区別なくひとりぶんの分け前を受け取り、一八歳以下の子は、これも同じように男女の区別なく、半分の分け前を受け取った。子どもは働きが少ないとみなされていたためだ。[56] 大きな船の船長には追加として船長手当（bátshlutur）が与えられた。[57] もちろん、何世紀にもわたる強制労働のあいだ、労働者がどれだけ分け前をもらっても結局は雇い主である農場主に行くのであって、働いた本人のものになるわけではない。それでも、海での働きには女性も同じ分け前を得ていたという事実は、現在までずっと海の女たちに影響をもたらしてきたのである。
そして、同じくらい画期的なのが、この法律がたいてい守られてきたらしいことだ。スリーズルも漁を始めた一〇代のころは、決まりどおり半分の分け前しかもらえなかった。やがて腕を上げ、早めに一人前を稼げるようになったとき、仲間に動揺が起きたのは、彼女が女性だからではなく、男女を問わず大半の同僚乗組員よりも若かったからだ。その後、スリーズルが船長になると、船主のヨウン・ヨウンソンは船長手当を払い渋った。すると彼女はたちまちこの件を法廷に持ち込み、正規賃金の不払いと名誉毀損でヨウンを訴えた。賃金法の威力を証明するかのように、スリーズルは勝訴して、船長の正規賃金を認められ、二リクスダラー（デンマークとアイスランドで使われていた通貨）と四八シリングス（skildinga）の未払い賃金を受け取った。[58] そのうえ、彼女の評判を汚したとして、ヨウンはさらに四八シリングスを貧しい人たちに施し、自身の言葉を公式に撤回した。しかし、訴訟のあともスリーズルはヨウンの船で長く船長として働き続けた。これもまた、彼女の人格と船長としての価値を見事に証明している。[59]
農場主は、女性雇用人が得た魚の分け前をすべて自分のものにしたうえで、そのごく一部を、しかも男性よりも少ない量を報酬として与えた。ただ、場合によっては労働者が追加の報酬を得られることもあった。[60] そのひとつが、「大当たり」（happadráttur あるいは ábati）と呼ばれ広く認められていた特別報酬だ。漁船の乗組員であれば、男女を問わず、たとえばオヒョウ（lúða）のように貴重な魚を釣り上げると追加の分け前を与えられ、それをみずから売ることができたのである。これは農場労働者の場合も同じだったので、女性（男性）雇用人でもほかの人より多く稼ぐことは可能だった。農場労働者ではないスリーズルがまだ乗組員だったとき、我が身のみならず母親をも養える稼ぎがあったのは、

大当たりの魚を獲る腕前があったからでもある。(61)

曲がった脚で漁をしていたクリスティン・エイナルスドッティルの場合も、ついに農場を出て新たな船に乗ることで、特別な報酬を手にし、人生を切り拓くことができた。それは、ちょうど一八〇〇年代後半に農場労働者法が変わろうとしていたという事情にもよる。

ビャルナルエイヤル諸島で九年間働いたあと、わたしは自立したいと思うようになりました。そこにいては将来がないとわかったからです。ホスクルズエイ島で甲板員として雇われ、二年間漁をしました。豊漁でした。オヒョウが多く獲れ、わたしは自分の分け前を村でラム肉やバターと交換しました。「アウバティ」とはなにかとお尋ねですね。ホスクルズエイ島の決まりで、オヒョウを獲ればだれでも追加の分け前をもらえました。それをアウバティと呼んでいたのです。オ島を出るころにはベッドや寝具をはじめ、たくさんのものを持っていました。(62)

農場に雇われた海の女——貴重な財産

燦然と輝く女の魂はきれいだ　Faldasunna sál var heið,
縫い物をするときも、糸を紡ぐときも、船を操るときも　þær saumuðu, spunnu, stýrðu skeið,
女たちは海峡や難所を乗り切るすべを知っている　þeim var kunnug láar leið,
広い浅瀬で船を操るすべも　lögð yfir grunna svæðin breið.

女たちはたくましい手で道を拓く　Öllum stundum starfsamar
一日じゅう働きづめに働き　styrkum mundum konurnar
波音とかけ声に合わせてオールを漕ぎ　ýttu á sundin árarnar,
牧草を束ね、干し草をかつぐ　öxluðu og bundu sáturnar.
——オウリナ・アンドレスドッティル、一九二四年、子どものころに見たブレイザフィヨルズルの女たち(63)

雇用人が獲得した魚の分け前は農場主のものになるため、腕のいい労働者は重宝された。歴史家のベルグスヴェイン・スクーラソンによると、ブレイザフィヨルズルでは労働者として女性が引く手あまただったという。なぜなら、漁がとびきりうまく、根気も体力もあったからだ(64)。そんな労働者のひとりが、一九〇〇年前後に漁をしていたグズニー・シグリーズル・マグヌスドッティルだ。一九二〇年代に陸でグズニーと魚の塩漬をしていたグンナル・マグヌソンという男性が、彼女と話したことを文章に残している。若いころ、グズニーはブレイザフィヨルズルの北に位置する西部フィヨルド地域で農場労働者として働いていた。グンナルによれば、彼女は体力があり、陽気で、ふだんは陸でも海でも男性用の服を着ていた。漁の腕はもちろん、山を走って登ったり、通るのも難しい崖を歩いたりすることでも知られていた。

グズニーは農場労働者として、沿岸の農場から漁に出ていた。そこは彼女の雇用主が下請け契約を交わした農場で(65)、本拠の農場からは少し離れていたため、グズニーは海沿いの崖道を毎日歩かなければならなかった。しかも、早朝や漁を終えたあとの暗い時間がほとんどだ。詩人のマグヌス・マグヌソン（マグヌスはよくある名前で、マグヌソンやマグヌスドッティルという姓もよくある）は家庭教師の仕事で同じルートを、その一部はガイドの助けを借りて通っていたらしく、日記にこう書き残している。「これほど険しい道は経験したことがない。片側からは波が迫るし、もう片側は氷と石の崖がそびえている。道はごつごつしていて、雪が積もっているので非常に歩きにくい」。無事に通り抜けられるよう、マグヌスは自分のために賛美歌を作ったという。こんな道をグズニーは毎日歩いていたらしいが、マグヌスは日記にこう書いている。「（グズニーの本拠地である）農場の人たちは、こんな天候で僕が無事にこの道を歩いていることに驚いていたし、もうひとつの農場（グズニーが漁に出ていた農場）が、よそ者である僕を、こんな天気のなか、（部分的に）ひとりで通らせていることにもびっくりしていた」[66]

　マグヌスが最初にこのルートを歩いていてグズニーと出会ったのは、彼が二三歳で彼女が二六歳のときだった。周囲の人たちによれば、マグヌスは「きりりとした眉」と繊細な顔立ちをした青年で、心根が明るくいつも微笑んでいたという。はじめての出会いで、マグヌスはグズニーのことを「仕事熱心」で「苦労をものともせず働く」と表現していた。その後、グズニーへの敬意を記し、そのたくましさや、秋にも冬にも漁に出て周囲から一目置かれていることや、険しい崖道を歩くすべにも言及している。

　はじめて家庭教師先を訪れたとき、マグヌスはいろいろな物語を聞かせ、詩を朗読した。家族はみな彼を好きになった。翌朝、出かける準備をしていると、北東から冷たい風が吹いてきた。凍える寒さだが雪は降っていなかったので、沿岸のきびしい崖道を歩いていっても大丈夫だろうと家族は考えた。ただ、危険ではあるので、ガイドがいたほうがいいと判断した。マグヌスもこのときのことを日記に残している。「恐ろしい道で、嵐のなかを歩くのはたいへんだった。はげしい波が、すぐ足もとの岩に打ちつけている。開けた道路までできたところで、グズニーと別れた。僕は先へと歩き、彼女は戻っていった[67]」

彼女のことを文章に残していた同僚のグンナルに、グズニーはこのときのことも話している。

歩いているときはいい天気で、霜が降りていた。氷のように冷たい強風が北東から吹いてくるなか、海沿いの岩道を越えるのは骨が折れた。わたしが案内したのは、いちばんの難所だけ。わたしたちは手をつないで互いを支え合い、何度も休憩した。彼はいろいろ話していたけど、それが事実かどうかはわからない。なんでも、グズルンという名の女性が好きで、相手は彼のことを待っているのだとか[68]。好きな女性はたくさんいて、彼女たちも彼が好きだとか。彼はおもしろくて知識も豊富だった。わたしにはそんな気はないものの、すぐにほかの男たちより好ましく感じるようになった。わたしたちは道を登り続け、ようやく難所が終わった。彼はさよならと言ったけど、とても温かい言いかただった。キスもしてくれたし。嵐が来そうだったので、わたしは道を引き返した[69]。

グズニーはそれらの農場で長く働き、やめたのは農場主がほかへ移っていくときだけだった。その間、彼女が得た魚の分け前はすべて農場主の手に渡っていたため、グズニーはとても重宝されていた。追加分の分け前まで持ってきてくれるからだ。グズニーはこう話している。

たしかに、農場主たちは、わたしが獲ってきたものを収入にしていた。わたしはたくさんの分け前を農場に持って帰ったから。（農場主は）わたしの分け前を手にし、わたしは農場労働者としての賃金と、服を二、三枚与えられる。それとは別に、ときおりプレゼントや漁の作業着ももらった……革のズボンとか……牛の角の嗅ぎタバコ入れとか。わたしが嗅ぎタバコを切らすとくれたりもしたけど、わたしはちびちびと使っていた。水に濡れて寒い船上では、タバコは必須栄養素のようなものだから。奥さんは買い物に行ったとき、刺繍入りの下着を買ってきてくれた。その農場をやめるとき、緑色の羊革に白のステッチが施された靴を贈ってくれた。今でも大事なときに履いている。(70)

グズニーが漁をしていた一八〇〇年代後半、強権的な働かせかたがようやく変わりはじめた。それでも、グズニーが語った経験からは、農場労働者として海の女が担わされた価値や期待がうかがわれるし、彼女たちが搾取されていたようすもわかる。とはいえ、評価の高い働き手には、気分転換として遠隔基地に出るという手段があった。ここでわたしは、この章の冒頭で浮かんだ疑問に戻っていく。アイスランドの漁師たちをかくも危険な海の冒険に駆り立てていたものはなんなのだろう。

遠隔基地に逃れる

風の強い一一月のある日、友人のヨッビが昔の遠隔基地に連れていってくれることになった。そうした場所に人が住み、そこから漁に出ていたようすを教えてくれるという。わたしたちが訪れた遠隔基地は、レイキャヴィークの南、レイキャネス半島の南端に当たる粉砕溶岩の海岸にあった。[71]ヨッビは長く漁業に携わり、冒険家でもあるので、わたしをどこへでも連れていってくれる。彼の運転するジープで溶岩の道路を走っていくと、まもなく小径があらわれ、やがてその道もなくなった。車体を大きく揺らしながら行き着いたのは、黒い溶岩砂の海岸だった。レイキャネス半島の一部はひどく荒涼としていて、アメリカが初の月面着陸に向けた野外訓練地のひとつにアイスランドを選んだことも頷ける。

わたしにはどれも同じに見えて区別がつかなかったのだが、溶岩の山のひとつでヨッビはジープをとめた。そして、暴風とみぞれに備えて厚着をし、溶岩の丘をよじ登っていった。小さな尾根に沿って進むと、地面が落ちくぼんだ場所に出た。溶岩に縁取られた窪みが、かろうじて風から守ってくれる。「これが遠隔基地だ」

＊

あらかじめ仕入れていた知識によると、一七〇〇年代、入江や遠隔基地にアクセスできる沿岸地を支配していたのは少数の地主で、彼らはそうした場所へのアクセス権を「賃貸」するようになった。[72]「部外者」でも借りられた遠隔基地は、そのほとんどが、たとえばドリトヴィークのように、ブレイザフィヨルズルの南、スナイフェルスネス半島地域や、レイキャヴィークの南に位置するこのレイキャネス地域にあった。船を所有する農場主は、農場労働者を遠隔基地に派遣して漁もさせた。[73]そのため、ブレイザフィヨルズルのような地域では、あとに残った女性が地元での漁をほぼすべて担っていた。[74]

一八〇〇年代後半まで、土地を持たない者はだれでも、農場労働者として農場主に拘束されるのが規則だった。それでも女性たち、とりわけ腕のいい女性は、漁の季節になると農場そばの「本拠地」(heimver) から離れ、ドリトヴィークや、あるいはヨッビとわたしが今いる場所のような遠隔基地へ出向きたいと交渉することができた。本拠地は、直接漁へ出て日帰りができるので、日々の食料調達や農場収入を得る場として利用された。ダンゴウオは本拠地で獲れる魚の代表だ。貴重なタラやオヒョウも季節によっては本拠地で獲れるが、ほとんどは遠隔基地で獲る魚とみなされていた。木造の重い船を、石の多い海岸に人の手で引きずり上げなければならないため、遠隔基地として望ましいのは、土手の低い小さな入江か、浮魚《うきうお》が浅瀬まで来る海岸である。

遠隔基地によっては、地形や距離のせいで危険な長旅をせざるをえないこともある。行きは船に食料や生活必需品を積み、帰りは魚を積んで戻る。そのような場所への航海は、はげしい海流や、フィヨルドの崖に打ち寄せるうねりをともない——天候や距離にもよるが——四、五時間から二日もかかった。だから、海難事故が起きても驚くにはあたらない。一八一九年六月一七日、数隻の漁船がブレイザフィヨルズルの南側にある本拠地へ戻ろうとして、悪天候に遭遇した。現在のグルンダルフィヨルズルという漁村の近くである。二隻の船の船長、ピエトゥル・ピエトゥルソンとグズムンドゥル(姓は記されていない)は、ある島の裏側に避難できる場所を見つけた。ふたりは帆を下ろし、どうすべきか話し合った。グズムンドゥルはしばらく待って天候を見定めようと提案したが、ピエトゥルのほうは、まだ時間が早く明るいので先へ進むと言い、「引きとめても聞こうとしなかった」。

グズムンドゥルはピエトゥルとその乗組員——ピエトゥルの弟、グズルン・エイヨウルフスドッティルという女性、その兄ビョルン——が嵐のなか「死の旅に出ていく」のを、視界から消えるまで見送ったという。ビャルナルエイヤル諸島の漁師がのちにその船を発見したが、残っていたのは、ロープにからまったピエトゥルの遺体だけだった。なんとか助かろうとしたらしく、衣服も膝も肘もぼろぼろになっていた。乗組員として唯一見つかったのはグズルンの遺体で、のちにビャルナルエイヤル諸島の海岸に打ち上げられたという[75]。

これほどの危険があっても、ビャルナルエイヤル諸島はブレイザフィヨルズル地域の遠隔基地に向かう中継地としてよく利用されていた。事故は頻繁に起きたが、そのすべてが完全な悲劇に終わったわけではない。一八四〇年のイースター前の木曜日、船長のアンドレス・ビョルンソンは、フラーテイ島の農場からドリトヴィークの遠隔基地へと向かっていた。船には六人の乗組員がいて、マルグリエト・ヨウンスドッティルもそのひとりだった。遠隔基地をめざすほかの船と同じように、アンドレスもビャルナルエイヤル諸島のひとつに立ち寄った。しかし、そのときにはすでに、ほとんどの船が姿を消していた。アンドレスの船が島を離れたときはまだ風も穏やかだったが、まもなく強く吹いてきたため、別の島に避難することにした。けれども、天候がふたたび変わり、船はその島からも風で遠ざかっていった。このとき、別の船の船長ピエトゥルも、同じ風と苦闘しながら船を進め、海岸に近づこうとしていた。岸が近くなったとき、アンドレスの船が突然「風の塊」に襲われ、見えなくなった。ピエトゥルはすぐさま船に積んでいたものをすべて投げ捨て、アンドレスの乗組員を助け上げられるようにした。乗組員たちは全員、転覆した船の竜骨につかまって浮いていたのだが、やがてひとりが手を離し、沈んでいった。マルグリエトは水中でもがいていたが（重いウールのスカートを穿いていたと思われる）、ピエトゥルの乗組員がかろうじて身体をつかみ、そのあと残りの乗組員も救助した。この事故のあと、アンドレスは二度と船長として海に出ることはなかった。周囲の人によれば、彼は変わってしまい、乗組員をひとり亡くした自分をぜったいに許さなかったという。[76]

こうした危険がありながらも、女性を含む多くの人びとがシーズンになるたび遠隔基地への長旅をしていたのである。

＊

ヨッビと一緒に粉砕溶岩の丘を歩きはじめたとき、最初は遠隔基地の跡らしきものは見つけられなかった。強風に身構えながら尾根をよじ登っていくと、溶岩を積んだ円い壁の残骸があらわれた。

「ここに住んでいたの？」

「いや、違う」とヨッビ。「ここだと外気にさらされすぎる。漁師たちが住んでいたのは洞窟だ。ここは魚を干す場所だよ。だから、つねに風が通っている必要がある」

それから尾根の端まで歩き、奥まった場所へと入っていった。ヨッビは洞窟の跡を見つけるべく、反対側の壁を調べた。「ここだ」。わたしはすぐそばに来るまで、見分けることができなかった。洞窟の入り口に岩が積み上げられ、風や雨や雪から人間を守っている。積み上げた岩の向こう側には、奥の壁に沿って、石を削り取った台が見えた。内側の壁を伝って落ちる水で溶岩が光り、足もとには水たまりができていた。薄っぺらな台にふたたび目をやると、ようやくその正体がわかってきた。

「あれはベッドなの？」と訊くと、ヨッビが頷いた。「でも、びしょ濡れよ」

「天井はフェルトや芝でできていたんだ。濡れるけど、それでもいくらかはしのげる」ヨッビの説明によると、こうした遠隔基地でのキャンプはその場しのぎなので、寝泊まりができればよい。地域によっては、窓のない簡単な石造りの小屋（sjóbúð）が建てられ、芝かフェルトの天井が付いている。

たとえば、ストックセイリで再建されていたスリーズルの冬の漁師小屋のように。そして、わたしが今いる場所のように条件がよりきびしい場合、人びとはともかく手持ちの材料でできる避難所を作ったのだ。(77)

わたしたちは、その横にある広々とした洞窟へ移動した。こちらの床は広く、砂っぽくて、雑草まで生えている。「ここで料理をしていたのね」。水が勢いよく岩の表面を流れていく。早い午後の薄闇が、たちまち暗さを増していった。わたしならこんな暮らしをするだろうか？　そう自問してみた。すぐに否定的な反応が湧き上がったものの、いやそれは残りの人生がどうなるかによる、と思い直した。もしこの寒い洞窟が自由への近道なら、考えてみてもいいかもしれない。

ヨッビによれば、船が遠隔基地に接岸すると、乗組員は火をおこし、その日の食事を準備する。肉のスープ、魚かレバー、そのあとたいていはコーヒー。アイスランドでは一七〇〇年代半ばからコーヒーは必需品であり、もてなしのしるしでもあった。(78)もし夕食の調理係が女性なら、魚の運搬など陸の仕事は免除される。しかし調理係が男性の場合、魚を陸揚げしなくてもよいが、分け前ぶんのはらわたを取る作業は自分でしなければならない。調理当番は乗組員の回り持ちで行なわれていたようで、調理をした人もしていない人も、分け前は全員が平等に受け取っていた。(79)

尾根まで戻ると、ヨッビは波の高い海を見ながら、そのずっと先の岬を指さした。「彼らの農場だ。あそこではなく、もうひとつ先の岬。魚が来ると、ここは最高の漁場なんだ。だから、彼らは船を漕いで漁をしにくる。漁のシーズンである一月から五月はここにいて、半干しにした魚を馬に積んで運ぶ。シーズンが終わると、また船を漕いで農場へ戻っていくんだ」。わたしは彼の言葉が聞き取れるよう身体を傾けながら頷いた。しっかり立っていないと、強風に足をすくわれそうだ。わたしはふたたび、遠隔基地への航海中や漁での海難事故を取り上げた文書を思い出していた。みぞれが頬に当たり、最新型の頑丈な防水ジャケットとレインパンツが身体に張りついた。あの人たちがここで暮らし、甲板のない船で漁に出ていたのは、今よりもっと冬の遅い時期で、当時、気候は今よりはるかに寒かったのだ。でも、風は今とまったく同じだったに違いない。

＊

ヨッビと一緒に訪ねた南部の遠隔基地の寂れたようすを思い出しながら、わたしは二マイルの小径に沿って岩の多い岬を歩き、人びとに愛されたドリトヴィークの入江を目指した。黒い砂浜はもちろんすばらしいが、わたしは実際にドリトヴィークを目にしたとき、なぜ人びとがこれほどこの地を愛したのかがわかったし、海の女スリーズル・ヨウンスドッティルがヴィークという愛称で詩を作ったわけもわかった。

ヴィークから漕ぎ出すのは人生の楽しみ　Í Vík að róa víst er mak,
高潔さにおいてヴィークはなにものにも代えがたい　Vík er nóg af dyggðum rík.
ヴィークでは神はつねに上機嫌　Í Vík á drottinn vænt ítak
なぜならここはまさしく天国だから　Vík er Paradísu lík.[80]

ドリトヴィークに着くと、高く切り立った悪名高い溶岩柱ふたつが、さながらふたりの衛兵のように立ち、三日月型の小さな入江――「ピット」――の入り口を守っているかに見えた。外の波に飛ばされてきた船が行き場をなくし、溶岩柱のどちらかに衝突するようすが目に浮かぶようだ。ピットの背後には深いクレバスがあり、エメラルドグリーンと黄緑色の苔が生えていた。入江の水はこんな雨の日でさえインディゴブルーに光っている。風からしっかり守られたドリトヴィークには、隠れ家のような独特の雰囲気がある。建物がひとつ残っていたので、そのあたりを歩いてみると、丘の中腹に建物の土台がいくつか見つかった。石壁にはかつてフェルトか芝の天井があったのだろうと今ならわかる。

海の女たちの記録からわかったことがある。遠隔基地にいれば「大当たり」の魚や追加の分け前がもらえるほか、とりわけ女性にとって有利なのは、ここにいれば魚をたっぷり食べられるということだ。農場で女性に与えられる食料は、とても飢えを満たせる量ではない。また、ヨッビと一緒に訪れた遠隔基地で感じたのは、彼女たちにとっては自由も大切な要素だったということだ。記録された女性たちの話によれば、農場ではたいがい農場主とひとつ屋根の下で暮らしているが、遠隔基地でならその管理から抜け出せるという。そのうえ、ほかの場所を見にいくチャンスが与えられるのだ。女性たちの証言によると、シーズン以外の期間を過ごす農場よりも、遠隔基地のほうが目新しく自由で楽しい暮らしができたという。[81] また、船では力を合わせて働くので、女は男と同等であり、敬意を持って接してもらえる。遠隔基地では、女性の大きな貢献を無視することはできないため、ひとりの人間としてきちんと評価されるのだ。[82] そうした理由があったからこそ、たとえばスリーズル・Jのように、すでに本拠地の農場主を漁業で潤し重宝されていた女性たちは、農場主との契約の際、遠隔基地へ出向くことを条件にしたのである。[83]

女性がドリトヴィークでの漁を許可してもらうには、みずから声を上げる必要があった。とはいえ、これは決して珍しいことではなかった。そんな女性のひとりが、ブレイザフィヨルズルのグズルン・エイナルスドッティルだ。彼女は一八一四年に生まれ——「島の人間ではない」牧師の、いかにもあやしげな言葉を除いてほぼ全員が証言しているように——一〇〇歳まで生きたという。当時まだ子どもだった歴史家のベルグスヴェイン・スクーラソンはグズルンのことをはっきり憶えていて、何度か文章にも記している。グズルンは早くから海に出たがっていたという。一一歳くらいのとき、クジラが何頭か島に近づいてくると、人びとは船に石を積み込みはじめた。おそらくバラストとしてか、あるいはクジラに投げて囲い込むためだ。グズルンはそれを手伝いながら、こういう漁には子どもは連れていってもらえないだろうと察し、船が出る直前に飛び乗った。乗ってしまえば、もう引き返す時間はないからだ。仕方なく、船長は連れていくことにした。

乗組員たちがクジラを仕留めて水揚げしたあと、船長はグズルンにも分け前を与えた。乗組員たちが異議を唱えると、船長はこう言った。いや、「少女のグズルン」といえども自分の仕事をしたのだから、分け前を与えられるべきだ。のちにグズルンは、このときほど誇らしく感じたことはない、と語っている。(84)

グズルンは、はじめてドリトヴィークに行った経緯についても話している。まだ若いころ、スヴェプンエイヤル諸島のエイナル・エイナルソン「老人」のもとで農場労働者として働いていた。エイナルはすでに海の仕事を引退し、息子のヨウンを船長にしていた。ある春のこと、農場労働者たちは居間（baðstofan）に集められた。グズルンが「ボス」（húsbóndi）と呼んでいたエイナルは、居間に入ってくると、そわそわと行ったり来たりしはじめた。やがて、実は息子のヨウンが困っている、とみなに伝えた。乗組員のひとりが病気になったため、だれか女の子で行ってくれる人はいないかというのだ。

グズルンはすぐさま手を挙げたが、あとになって、あまりに出しゃばったようで恥ずかしいと言っている。そして、「ほかの女の子と同じように働きたい」けれど、自分はそれほど頑健ではない、とも。エイナルはグズルンを見てにこりとした。「どうしても女の子というわけではなかったが、きみが行ってくれるなら嬉しいよ」と言い、グズルンなら助けになれるだろう、と付け加えた。

「漁師にしては痩せすぎだとヨウンに思われるかもしれません」

「まあ、おれに任せろ」とエイナル。「きみが行きたければ行けばいい」

そして、グズルンは漁に出た。最初の一年ほどはもうひとりの女性シーグルリンと一緒だった。グズルンによれば、シーグルリンは自分よりずっと力があるという。ふたりの漁は大成功だった。グズルンは七シーズンにわたって漁を続けた。最後のシーズンにグズルンは妊娠し、ドリトヴィークから帰ってわずか二週間後に出産した。[85] その子は同じく海の女になり、ずっとあとになってこう語っている。母は出産によってほんとうに強くなりました、と。

ドリトヴィークの浜辺を歩くミヤコドリを眺めながら、わたしはじっと座ったまま、グズルンの決意に思いを馳せ、人びとに愛されたこの遠隔基地のかつての活気を感じていた。そよ風に包まれていると、今にもたき火のはぜる音が聞こえてくるようだ。やがてわたしは立ち上がってズボンの砂を払い、しつこく続く雨にフードの紐をぎゅっと締めた。このときはまだ、現在でも海の女が多く存在するのかどうかわからなかったが——なぜわからないのか、それ自体が問題だという気がした——アイスランドの歴史に刻まれた強い海の女のことをもっと知りたい気持ちはたしかだった。彼女たちは何者だったのか。どんな人生を送ったのか。そして、スリーズルのように漁船の船長になった女性は、ほんとうにアイスランドの歴史には数少ない存在なのだろうか。わたしは少なくともあとひとり知っている。死にゆく兄のコートを着て海に出ていたソウルン・ギスラドッティルだ。でも、ほかにはいるのだろうか。頭に浮かんだのは、過酷なまでの不平等さだ。アイスランドでは何世紀ものあいだ、ひと握りの人間がほぼすべての富を握り、民衆は信じがたいほどの貧困にあえぎ、雨や極寒に耐え、つねに飢餓の脅威にさらされていた。そういえば、アイスランド人はデンマークの支配下で貧窮状態にあった何世紀ものことを、めったに語ろうとしない。語るのは中世の誇らしき独立時代のことだ。そして中世からいきなり、比較的新しい独立のときへと飛ぶ。二〇世紀から二一世紀は、豊かな先進国へと急速に発展した時代である。人びとが軽々と時を超える事例をわたしは目にしてきたが、それは集団的忘却だったのだとようやく理解できた。

苦しみによってできた傷は、時間だけで癒えるものではない。今では、少なくとも表面的には、きわめて均質で平等な国になったように見えるとしても、もしかしたら、その傷は現在のアイスランドの政治にもいまだ大きな影響を及ぼしているのかもしれない。わたしは急な坂道を登ってドリトヴィークを離れ、丘の斜面を上までよじ登った。強い風が身体に当たって一瞬よろめいたが、すぐに体勢を立て直した。だれにでも消してしまいたい記憶や歴史はあるものだ。

羊が一匹、苔むした溶岩に身を寄せて佇んでいた。あの羊はなぜひとりでいるのだろう。

ヴァリー　現代の農家兼海の女

はじめてヴェストマン諸島を訪れたとき以来、現代でも海の女が存在することは耳にしていたが、そのひとりがヴァリーだった。ヴァリーが暮らしているのは、ブレイザフィヨルズルの北岸よりかなり標高の高い場所にぽつんと存在する農場だ。近代的になった現在のアイスランドでさえ、ヴァリーが夫と経営するその農場へ行くには、冬には雪で通れなくなる砂利道を何時間も運転するか、あるいはブレイザフィヨルズルの南側からフェリーに二時間半乗ったあと、車を少し走らせるかのどちらかしかない。

農場を訪ねていくと、ヴァリーが出迎えてくれた。一緒にあらわれたのは、人なつこい犬と、その犬をやんちゃな愚か者と見ているらしい猫だ。ヴァリーは四〇代半ばで中背、ブロンドのショートヘアをしたにこやかな女性だった。部屋に入ると、彼女がコーヒーを出してくれた。石造りの家はシンプルで、床はパーゴフロア、装飾はごくわずかだ。犬は外に出され、敷居のところでジャンプしながら、窓越しに自分も会話に加わっているかのようだ。わたしたちはダイニングルームのピクニックテーブルに腰を下ろした。目の前の窓は、広大なブレイザフィヨルズルの南側に面している。反対側の窓からは、雪をいただいた山頂が実に神々しく見えて、その存在感が部屋に満ち満ちている。なるほど、これほどの景色があれば部屋に装飾はいらないはずだ。

ヴァリーが父親に連れられてはじめて釣りにいったのは一九六五年、二歳のときだ。その後について、彼女は詳しく説明してくれた。六人きょうだいの長女だった自分は、物心ついたときから、父の船のまわりで遊んでいたし、父から学んで早く漁に出たいと思っていた。父親はすぐれた漁師で、自分もそうなりたいと願っていたという。「母のような女性になってほしいと父は思っていたようですが、わたしはいやでした」。一二歳か一三歳のとき、母親は漁に行くことを許可してくれたが、父親のほうは一六歳になるまで乗組員に加わらせなかった。一九歳になったころには、父ともうひとり一七歳の少年と一緒に船を操っていた。

ヴァリーは大きな窓から外を眺めながら、コーヒーを飲んだ。「あるとき、その少年が海に落ちてしまって。船に引っ張り上げることができて、命は助かったのだけど、わたしにはつらい出来事でした。そのことがいつも頭から離れなくて、一時期、船に乗れなくなったのです。その後、夫と一緒になら乗れるようになりました」

夫と農場で暮らしはじめたときは、牧羊をしていたという。「アイスランドでは牧羊は儲かりません」。だから生活はきびしかった。「以前、月の明るい夜に一〇〇頭ほどの羊が海岸へ海藻を食べにいって、満潮ですべて溺れてしまいました。そのなかの一頭は、ずっとわたしのお気に入りでした」。ヴァリーはしばらくなにも言わず、風の吹きつける灰色の海面に目をやっていた。「いつもそうなんです。好きになった羊が最初に死んでしまうの」

およそ一五年前、夫婦はようやく小さな船を手に入れ、その後大きめの船を、そして三番目も購入した。この一二年間は定期的にタラなどの魚を獲っている。「漁はすごく経済効率がいいのです。牧羊なら一年かかるぶんを一〇日で稼げるときもありますから」。八～九年前、昔の漁業に戻って彼らもダンゴウオを獲りはじめた。この漁を始めたきっかけは、夢に祖父が出てきたからだという。「わたしと祖父が海岸にいて、海は荒れていて大きな波が迫っていました。わたしたちは、巻き上げられた網とブイを守ろうとしていたのです」。夢のなかで、祖父はダンゴウオ漁を始めるよう言った。どこに網を下ろせばいいか尋ねると、祖父はこう答えた。「ああ、それはおまえが知っているはずだ」。そして一年後、家族は五月から八月まで、ダンゴウオも釣るようになった。とはいえ、今は食用としてではなく、高価な魚卵が目的で、アジアの市場向けに販売しているという。家族が所有する三隻の船には、ヴァリー、夫、娘、息子、そのガールフレンドが乗っている。「夏のあいだ、みんなが漁をしにこの家に来るんです。もう大騒ぎ。家じゅうに人がいて、いろんな遊びをして、シーズンが終わるといっせいにいなくなるのよ」

深みのあるヴァリーの言葉に、わたしは耳を傾けていた。彼女のような洞察力や自信は一世代で築けるものではない。それは、何世紀にもわたる苦しみや、生存の闘いで培われてきた智恵なのだ。ヴァリー自身も、みずからがブレイザフィヨルズルの遺産を受け継いでいることをよく知っている。「この地域では千年も前から女性が漁をしてきたのです」

湾の向こうでは風が向きを変え、急速に上昇していく海面の頂から頂へ、白波が走る。「ひどく荒れた日は家に籠もっています」。空を走り過ぎる雲を見ながら、彼女は言った。「そして『海には二度と出ない』と思うのですが、少したつと海岸へ出て『明日の天気はどうかしら』と考えてしまう。どうやらこれは先祖から受け継いだ性質のようね」

わたしは無言でコーヒーをかき混ぜながら、話の続きを待った。彼女の言葉には、畏怖の念から生まれる喜びが感じられる。コーヒーをそのままにして、ヴァリーは海を見つめていた。「漁が好きなんです。へとへとになって、汚れて、血まみれになって、ばたんきゅう。実に気持ちがいい。漁は三位一体です。人間と神と自然との。天国なんて嘘だと思います。獲れた魚を船に積んで帰るときの気分は、なんともいえません。大事なのはお金ではなく、なにか別のものなのです。フィヨルドがきらめき、太陽が昇ると、ものすごく大きな贈り物をもらった気分になります。そういうときに、天国はここだとわかるんです」

第２章

血のなかにあるもの

——海の知識を受け継ぐ

さまざまな書籍や記事や保存史料を当たっているうち、アイスランドの初期の海の女に関する資料が豊富にあることがわかってきて、歴史学者のソウラ・リリヤもわたしも非常に驚いた。多くの人がそうだったように、わたしたちも以前は海の女などほとんどいないと思っていた。ところが、海の女に関する記録が何十も、そして言及箇所が何百も見つかったのだ。とりわけアイスランド西部と南部ではきわめて多くの――何百人もの――女性が海で働いていたということが、少しずつ明らかになってきた。実際、一七〇〇年代から一八〇〇年代後半にかけて、女性が海へ出るのはきわめて「ふつう」のことだった。[1] 一七二二年にアイスランドを訪れた男性ふたりの手記によれば、ブレイザフィヨルズルでは女性が男性と同じく日常的に船で海に出ていたという。[2] そして歴史家ベルグスヴェイン・スクーラソンとソウルン・マグヌスドッティルは、それぞれ数年間にわたり、そうした女性への調査やインタビューを記録してきたが、ふたりともブレイザフィヨルズル地域では女性は少なくとも漁師の三分の一はいたと記している。この地域の死亡記録にもそれがあらわれており、頻繁にみられた溺死事故の場合、乗組員の半分かそれ以上が女性のこともあった。[3] ソウラ・リリヤとわたしの調査でも同じ結論に至った。これは驚くべきことだ。世界中どこを見ても、これほど多くの女性が海で働いていたことを史料が示している国はない。[4]

とはいえ、記録のほとんどは、海の女に関して悔しいほど短くしか触れられていない。ただ、何人かについては、さまざまな書籍や記事のなかに何度も出てきたり、長い記事が見つかったりした。それをつなぎ合わせていくと、彼女たちひとりひとりの人生がスナップ写真のように浮かび上がってくることもあり、そこには海の知識や乗組員仲間との人間関係が見て取れた。大半の女性が、農場労働者として海に出ていたが、隷属する立場であるにもかかわらず、多くの記事が彼女たちを賞賛している。記事では、その専門知識や頑強さや判断力が挙げられ、つねに同僚の男性乗組員と較べて好意的に書かれているのだ。また、驚くほど多くの女性が、船を指揮する船長としても働いていたことがわかったし、熟練した女性操舵手の記事や、帆船の普及後は、帆の扱いがうまい女性を褒める記事も見つかった。そうした記録からわかるのは、時間と空間を超え、つまり中世から一九〇〇年代はじめにかけて、国じゅうで知識が受け継がれてきたということである。

力強い海の女たち

一八二九年に生まれたイーサフォルド・ルーノウルフスドッティルは東アイスランドの、現在でいうヴォプナフィヨルズル近くの辺鄙な農場で育った(5)。家族はみな並はずれた体力の持ち主で、イーサフォルドも仲間内でいちばんの力持ちとして知られていた。腕っぷしの強さは知らぬ者がないほどで、アイスランドの伝説のような形で、地域の民族伝承にも取り上げられた。それによると、彼女はとても頭がよく、背が高く、体格もよく、端正な顔立ちで表情を崩さず、勇敢で仕事熱心で、言葉を惜しまず、思ったことは恐れず口にした（ときおり、少々荒っぽい言葉も使った）ので、たいていは海でも陸でも英雄として見られていた。

イーサフォルドが海に出たのは「かなり若いころ」で、最初は父のルーノウルヴルとともに船を漕いでいた。やがて、彼女にとって漁がおもな収入源となった。ひとりで漁に出ることも多く、「彼女と張り合えるのは、かなり頑張った漁師」だけだったという。記録に残る多くの海の女がそうであるように、イーサフォルドの場合も、人びとに記憶されているのは漁の腕よりむしろ人柄と驚異的な力強さによってだ。たとえば、重い木造船をひとりで陸に引っ張り上げたと言われている。これは前代未聞の力業だ。ある若い漁師もその力業について話している。ふたりの乗った船が海岸に近づいたとき、波が荒れて転覆しそうになった。するとイーサフォルドは海に飛び込み、青年を抱えて、海岸の安全な場所まで放り投げた。そして船を岸まで引っ張り上げたという。もうひとつの記事によると、男たちが一〇〇ポンド〔訳注・約四五キロ〕の袋をひとりひとつずつ船から下ろしていたとき、イーサフォルドは「あんたたち、たいしたことないね」と言い、袋をふたつ掴み、両手にひとつずつ持ったという。(6) それほどの力があったのは、いつも魚油を飲んでいたからではないかと言う者もいたが、いずれにせよ、男女限らず、イーサフォルドにかなう相手がほぼだれもいなかったのは間違いない。(7)

また、イーサフォルドはレスリングやグリマと呼ばれる武術〔訳注・アイスランド独特のレスリング〕でも飛び抜けた技と力を発揮した。ノルウェーからの初期入植者たちが伝えたグリマは、中世には男も女も神々も興じ、戦士に必須の武術と考えられていた。一八〇〇年代には依然として人気があり、イーサフォルドがグリマの名手だという評判も高まっていたため、多くの男たちが腕試しにやってきた。なかには村いちばんの選手もいた。けれども、気づいたときにはだれもがイーサフォルドに負け、家畜小屋の「牛糞」の上にうつ伏せに倒れているのだった。ところがあるとき、イーヴァル・ヨウンソンという「体格でも力でもずば抜けた」男が挑戦しにきた。ふたりの闘いは「長く拮抗した」が、「経験を積んだ選手」であるイーヴァルがついにイーサフォルドを倒し、本人も負けを認めた。それでも、イーヴァルはこう断言したという。「あとにも先にもこれほどの相手と闘ったことはない」(8)

イーサフォルドは自立した女性で、そのうえ魅力的でもあったらしく、性的関係を迫る男たち(たいがいは外国人だったという)を撃退した話は、村人に喜ばれていたようで、さながら寓話のように繰り返し語られている。そうした話はいつも状況の説明から始まる。まず、どうしようもなく愚かな男、あるいは男たちがイーサフォルドにちょっかいを出す。あるとき、彼女は父のルーノウルヴルと船に乗っていた。父が船長とともに甲板を下りていったとき、イーサフォルドは上で待っていた。すると、乗組員たちは彼女をからかいはじめ、なれなれしく腕を掴もうとする男もいた。別の記事では、イーサフォルドが屋根裏部屋でひとり羊毛の仕分けをしていたとき、「酔っ払った外国人漁師」が、女性がひとりでいると聞き、乱暴目的でやってきた。階段を上がり、挨拶をする。イーサフォルドは微笑み、部屋に招じ入れる。男が軽口を叩きだすと、彼女も冗談で話を合わせる。男は距離を詰め、だれかに見つからないうちに「さっさと楽しもう」とする。三番目の記事では、イーサフォルドが糸車を買うため父親と商店に入っていく。糸車を見るため、イーサフォルドが倉庫のある二階に上がっていくと、デンマーク人の大工が一緒に上がってきた。イーサフォルドが口も力技も達者だとみな知っているので、「店にいた人たちは顔を見合わせてにやりと笑い、この男がどんな目に遭うかと想像していた」

どの記事でも、この段階まで来るとだれかがイーサフォルドの父親のところへ走っていき、娘の危険を知らせている。しかし、父は毎回動ずることなく、おれの「かわいい娘」は自分で対処できるから、と答える。そして娘も毎回、完璧に対処してみせる。船上のケースでは、逃げた男たちもいたが、残りは「次から次へとタラップを転がり落ちていった」。あとふたつのケースでは、どちらも、うなだれた男が彼女の片腕に抱えられて階段を下りてくる。彼女と「楽しもう」とした男の場合、男はズボンを足首まで下ろしたまま、叫んだりわめいたりしながら、イーサフォルドの片腕に抱えられて下りてきた。イーサフォルドは男を抱えたまま家を出て海岸へ向かい、にやりと笑って海に投げ入れた。すると、見ていた人たちの笑い声が「響き渡った」という。男は水をかき分けて陸に上がり、歩きながらズボンを引っ張り上げ、こんな目に遭わせた彼女を大声で罵った。その後、男は長いあいだ人前に姿を見せなかったという。どの記事でも、最後は村人たちがイーサフォルドに感謝し、あの男たちは自制心がなく、「以前から女性を困らせていた」と言っている。

イーサフォルドはすぐれた身体能力でわが身を守っただけでなく、スリーズルのような海の女と同じように、みずからの権利のために立ち上がり、はっきりと意見を述べた――場合によってはかなり無作法なやりかたにもなった。たとえば、あるときイーサフォルドは教会で牧師の説教に不愉快な感じを抱いた（残念ながら、記事には牧師の言葉は書かれていない）。聖餐式が終わると、彼女は牧師より先に外に出て、扉のそばで用を足すような格好でうずくまった。そして牧師がそばを通るときこう声をかけた。「聖餐式は無駄だったかもしれません。パンと葡萄酒はもう身体の外に出てしまいましたから」

イーサフォルドはのちに一家の農場を受け継ぎ、姉の死後、その子を養子にした。悲しいことに、最初の恋人は病気で亡くなった。彼女は深い雪とブリザードのなか、歩いて助けに向かったのだが、無駄だった。その後、結婚して息子をもうけ、サガの英雄「ウルヴァル・ザ・ストロング」にちなんだ名前をつけた。イーサフォルドにはまれにみる力強さと漁の腕前のほかにも、生薬を煎じたり、傷を治したり、手術をしたりする技術もあった。養子にした息子が事故で指を二本切り落としてしまったときも、うまくつないでみせた。地元の牧師によると、イーサフォルドは力強さを保ったまま「老女」になり、一九〇一年にはまだ農場で暮らしていたという。(9) 別の情報では、長生きしたことはたしかだが、一八七〇年に父親が亡くなったあと、農業をやめて海沿いの家に引っ越したとされている。(10)

イーサフォルドの話は華やかでおもしろいが、忘れてならないのは、風や波に逆らって船を操る能力と腕力がなければ、無事には帰れないということだ。アイスランドの初期のサガにもそうした技術を持った女性が出てくるものの、男性ほど華々しく取り上げられてはいない。「ギスリ・スールソンのサガ」のなかで、ギスリは敵に追い詰められ、ブレイザフィヨルズルまで逃げて、友人のインギャルドゥルにかくまわれる。ギスリの居場所を嗅ぎつけた敵は、一五人が船に乗り、湾の向こう側へと漕ぎ出す。そのころギスリはインギャルドゥルとその奴隷ふたりとともに二隻の船で釣りに出かけていた。奴隷は男がスヴァルトゥル、女がボウトヒルドゥルという名だった。ギスリは敵の船を見つけると急いで場所を変え、スヴァルトゥルと服を交換した。スヴァルトゥルとインギャルドゥルの船はその場から離れていった。ボウトヒルドゥルと同じ船に乗っていたギスリは、友人インギャルドゥルのよく知られた「頭の弱い息子」のふりをした。インギャルドゥルとスヴァルトゥルは近くの島へ向かった。いっぽうボウトヒルドゥルは敵のほうへと船を漕いでいき、同乗者はインギャルドゥルの友ではないと思わせ、敵に別の船を追いかけさせ、ギスリの命を救った。敵がだまされたと悟ったときには、ボウトヒルドゥルはすでに遠くまで来ていた。しかし、敵は漕ぐ人数が多いため急速に迫ってくる。ボウトヒルドゥルは早く漕ぎすぎたため「力が尽きて」しまいギスリをなんとか上陸させたのは、追っ手が追いつく直前だった。ギスリは感謝を込めてボウトヒルドゥルに金貨を与え、ボウトヒルドゥルだけでなくスヴァルトゥルも自由の身にしてやるよう、友人夫妻に頼んだという[11]。

海で働くにあたってはつねに力強さが重要で、並はずれた力持ちは広く知られるようになった。たとえば、中世の重い船を陸に引きずり上げる女性たちが、サガには登場する[12]。しかし、その後はあまり見られなくなり、ふたたび取り上げられるのは、一七〇七年〜八年に天然痘で人口の四分の一が失われたときだ。その悲惨な時期、女性たちは船で遺体を運んで埋めた[13]。その後、一九〇〇年代はじめに船の構造が変わるまで、女性も乗組員と協力して船を陸に引き上げていた。一九〇〇年代半ばになっても、海沿いの農家では、女性も含めて船を海まで引きずっていた。ウンヌルという海の女（一七四ページ右上の写真の人物）が、一九五〇年代の若いころを思い出してこう言っている。

船についての最初の記憶は、春、クジラの肋骨の上を滑らせて船を海まで運ぶのを手伝ったこと。海岸に船をつないでいるドラム缶があり、巻かれたワイヤを少しずつ緩めていくんです。同時に、船がまっすぐになるようおおぜいで支えます。船が前に進むと、うしろの肋骨を一本抜いて船の前に置き、そのたびに海岸に近づいていくのです。船が海面まで来ると、肋骨はすべて拾って納屋にしまいました。

史料には、何世紀にもわたって、力強い女性の漕ぎ手のことが書かれている。たとえば、女性たちは記録的な距離を——風の助けなしに——記録的な早さで漕いだ[14]。七〇代の海の女が二〇代の屈強な息子に音を上げさせた[15]。女性の漕ぎ手が優秀だったおかげで、遭難者を救助できた。早漕ぎ競争に参加した女性たちは、競争相手たちが追いついてこられるよう、漕ぐリズムを調整していた。史料にはこうした女性たちの冒険が数多く描かれている。そのひとりが東アイスランド[16]の海の女ヘルガ・シーグルザルドッティルだ。一八二三年に生まれたヘルガは九〇歳近くまで生き、漁業のほかに農場も営んで、干し草と牧羊を手がけていた。グズニー・シグリーズル・マグヌスドッティルと同じように、ヘルガも山を走り回っていた。しかも、地面が凍ったり雨が降ったりしないかぎりは、裸足で走った。春と秋には漁に出ていたし、力で自分と釣り合う漕ぎ手をつねに探していた。ただ、それはなかなか難しそうだった。グズニーの腕前が人びとの記憶に残ったのは、彼女の船と仲間の船が猛吹雪に遭遇したときである。彼女が猛烈に船を漕ぎ、仲間の船をも励ましたからこそ、どちらの船も全員無事に帰り着くことができたという。[17]

天気を読む者たち

海で働く人ならだれにでも当てはまるが、とりわけ極北の海では天気の知識はなにより重要である。実際、アイスランド国民にとって天気はつねに大切な話題なのだ。天気の知識についてソウラ・リリヤとともに文献を調べていたとき、海の女の能力を褒める記事が多く見つかった。歴史家のベルグスヴェイン・スクーラソンによると、ブレイザフィヨルズルには、だれより天気を読むのがうまいと評判の女性がおおぜいいたという。そのひとりとして挙げられているのが、シグリーズル・グズムンズドッティルだ。一九〇〇年代はじめ、この地域で乗組員をしていたシグリーズルはあるとき、まもなく天気が荒れるから急いで帰るべきだと船長に警告した。しかし、船長はその言葉に注意を向けなかった。水平線に見えるのは小さな雲ひとつだけだったからだ。しかし、それからすぐ船は突然の嵐に襲われた。なんとか戻ってこられたのは、海岸のごく近くにいたからにすぎない[18]。また、一八七〇年に生まれたディルレイヴ・エイナルスドッティルは、息子たち全員に海の知識を授けたという。長男はこう言っている。「天気がどうなるかは、直感でわかっていたようです[19]」。スリーズル船長も天気を読む能力で知られていた。ほかの漁師たちが悪天候を予測したときでも、彼女が海に出るとたちまち凪いできたという[20]。同じように、一見穏やかな天気でも、彼女は突如として岸に戻ることがあった。そんなとき、彼女は無事に帰り着いたが、近くで操業を続けていた漁師たちは突然の嵐に遭い、溺れてしまったという。海岸にいた人たちは、愛する人がすぐそこで風や波と闘っているのに、近づくことも助けることもできなかった。こうして、だれもが教訓を受け容れるようになった。もしスリーズルが戻ると決めたら、ほかの者も戻らなければならない。

もうひとり、天気を読む能力で知られていたのは、ブランスルーズル・ベノウニスドッティルだ。一八三一年に生まれたブランスルーズルは、東アイスランドのフィヨルドで暮らしていた[21]。そこは、とんでもない寒さになる場所で、冬にはホッキョクグマが氷を渡ってやってくることもあるほど。詩人でもあったブランスルーズルは優秀な船乗りで、本人も海の仕事をなにより楽しんでいた。若いころ、ある青年と出会い、ふたりは将来を約束し合った。しかし、残念ながら青年は亡くなってしまったため、ブランスルーズルはもうだれとも恋をしないと誓い、兄のマグヌスと生涯ともに暮らすことを選んだ。ふたりはよき乗組員同士だった。どちらも天気を読む能力がずば抜けており、漕ぎ手としても同等とみなされていたが、いつもブランスルーズルが帆を操り、船を操縦していた。というのも、彼女のほうが船乗りとしてすぐれていたからである。

ふたりは、自分たちの農場からセイジスフィヨルズルの村まで、定期的に船を出し、危険な海を渡っていた。そこへ行くには岬を通り、大きな波を避けながら、四本のオールで六時間漕ぎ続けなければならない。無事に行って帰ってくるには、二、三日先まで天気を読む知識が必要だが、兄も妹もこれまで失敗したことがないので知られていた。一八九八年のある秋の夕方、ブランスルーズルが六七歳のときのこと。ステファンという知人がセイジスフィヨルズルの埠頭にふたりの船がつないであるのを見かけた。きょうだいは出港の準備をしていた。暗くなってきたことに気づいたステファンは、他人のリスクには口出ししないアイスランド人には珍しく、今から六時間の船旅をしても大丈夫かと尋ねた。すでに時間も遅いし、とりわけ今夜は月もない。すると、きょうだいはこう答えた。明日がいい天気かどうかはわからないが、今夜は天気がいいはずだし、星明かりがあればじゅうぶんだ。「神の助けがあれば帰り着ける」。そして、ステファンはふたりが正しかったことを知る。その夜は天気がよかったが、翌朝はひどく荒れ、だれも出港することができなくなったのだ。[22]

ブランスルーズルは身体が許すかぎり船を漕ぎ続けた。八月のある日、彼女が亡くなる少し前のこと、天気がよく、兄マグヌスの息子たちが船を出そうとしていると、ブランスルーズルは最後にもう一度だけ海に出たいと頼んだ。息子たちは喜んで連れていったが、彼女はすでに身体が弱っていたため、船まで背負って行かなければならなかった。漁場まで来ると、彼女は最後の釣り糸を垂らし、魚がかかるのを待った。一匹かかったものの、引き寄せる力がないので甥たちに頼み、魚を逃がさないようにと声をかけた。引き上げてみると、それは大きなオヒョウで、最後にふさわしい獲物であり、その夏キョウルスヴィークで獲れた唯一のオヒョウでもあった。[23]

外からの助け——海の女と超自然的な力

アイスランドでは、昔も今も、ある資質を持った人たちがいると考えられてきた。そういう人たちは魚を「おびき寄せる」と言われ、近くにいる漁師に獲物がないときでも、つねに魚が獲れる。このような人物をアイスランドでは「フィスキン（fiskin）」あるいは「ヴェイジン（veiðin）」と呼ぶ。「これは特別な資質で、説明はできないけどたしかに存在するのです」と現代の海の女が笑いながら教えてくれた。アイスランドではこの資質は差別なく授かり——フィスキンには女も男もいる——いくつかの形で中世から現在まで存在し続けてきた。入植の記録である『植民の書』によると、スリーズル・スンダフィッリルという女性が、九四〇年ごろ息子とともに西部フィヨルドのボールンガルヴィークに入植した。スリーズル・Sは自然界のことも超自然界のこともよく知っていたので、ノルウェー北部が初期の飢饉に襲われたとき、この知識を利用して、あらゆる入江を魚で満たしたという。その後、彼女はスンダフィッリルという名で知られることになる。この名前には「入江を魚で満たす者」という意味がある。また、彼女はイーサフィヨルズルにクヴィーアルミズという漁場を設立し、その費用として地元の農家から角のない雌牛を一頭ずつ徴収したという。[25]

ビョルグ・エイナルスドッティルは、アイスランドではスリーズル船長に次いでよく知られた海の女で、彼女もフィスキンだ。一七八九年に亡くなったあと、生まれ育ったアイスランド極北部のラウトラストロンドにちなんで、ラウトラ・ビョルグとして知られるようになった。[26] スリーズルなどと同じで、ビョルグが有名になったのは船の操縦術というより、ほかの資質によるものだ。ビョルグの場合は、詩作に並はずれた能力があり、ある人の言葉によれば、「海からできた塩よりみごとなできばえ」[27]だったという。なかでも、海を歌った詩は最高だと評されることが多い。洞察力に富み、荒々しく、楽しく、美しい[28]。たとえば、本書の最初に引用した詩も、彼女が嵐のなか船を漕ぎながら創作したものだ。

ラウトラ・ビョルグはどちらかといえば名家の出身で、祖父母や曾祖父母には聖職者や地方長官もいた。父親は大学教育を受け、漁業でかなりよい暮らしをし、地方長官の助手も務め、きびしい物言いで知られていた。両親はラウトラストロンドの農場でしばらく暮らしたあと引っ越していったが、ビョルグはその地に残り、農場で働く人たちとともに、まだ子どものころから海に出るようになった。とびきり背が高かったこともあり、屈強な男たちに混じってオールを漕ぎ、やがていちばんの漕ぎ手として知られるようになった。いつも乗組員をせっついて海へ出ると、大当たりの魚オヒョウをみずから頻繁に釣り上げ、ほかの人たちがなにも獲れないときでも魚をおびき寄せることができた。船を漕ぐ男たちの腕が自分より劣ると見るや、からかうような詩を即興で作り、その場で朗唱してみなを楽しませた（もしかしたら、そのからかいに気分を悪くした者もいたかもしれない）。今も残っている詩のひとつがこれだ。

さあ、もっと漕げ　Róðu betur, kæri karl,
漕いでも海は傷つかない　kenndu ei brjóst um sjóinn-
できるかぎりの力を尽くし　harðar taktu herðafall-
もっともっと腕を動かせ　hann er á morgun gróinn.

——ビョルグ・エイナルスドッティル、北アイスランド、一七〇〇年代半ばの海の女、詩人[29]

ビョルグはフィスキンであることに加えて、驚くほど正確で洞察力のある詩を作る稀有な才能まであったため、超能力の持ち主と評判になった。彼女が魔術で魚をおびき寄せていると信じられていたのだ。獲物をおだてる力——あるいは呪う力——があると考えた人びとは、彼女を尊敬し恐れもした。やがてビョルグは恋をした。恋の相手については記録によってさまざまだが、どうやら相手は外国人で、とてもハンサムな青年らしい。おそらくフランドル地方かフランス出身者で、この遠いラウトラストロンドまで船でやってきたという。記録によっては、彼がビョルグの婚約者だとしているが、ほかの記録には別の女性ふたりと関係を持ったとあり、ひとりは未婚、もうひとりは既婚と記されていた。彼がアイスランドを去るとき、ビョルグは沖で待っている船までみずから漕いで送っていき、別れの詩を作った。

帆の高い鹿に乗れば道は開ける　Farið þið nú rétta rás á reiðadýri,
フランドルの雌馬に乗れば海は穏やか　Flandrískri á flæðarmeri,
さあ行きなさい、恐れを知らぬ勇敢な心で　Fullhugar hvals á veri.(30)

四〇代のとき、ビョルグは放浪生活者になった。かなりの名家に生まれたことを考えるとこれは珍しい顛末で、本来なら住む場所などわりと簡単に見つけられたはずだ。放浪生活のあいだ、農場労働者として束縛されることも、貧困者支援を受けることもなく、詩と引き換えに食べ物と寝る場所を与えられていた。めったに断られることがなかったのは、みな彼女を尊敬していたからで、怒りを買いたくなかったからでもある。ビョルグは親切なことでも知られていた。亡くなる数年前、彼女は何人かと一緒にフィヨルドを渡っていた。嵐が来ると、ひとりの青年がひどく怖がった。彼を安心させるためビョルグは詩を詠んだ。その詩を彼は憶えていて、子どもや孫たちに伝え、それがまただれかに伝わって、文字に書きとめられた。興味深いことに、この詩は現在でもアイスランドでかなりよく知られているのだが、作者はほかの人物だと思われていることが多い。

どんな危険が迫っても笑っていよう　Ég að öllum háska hlæ
荒れ狂う海に放り出されても　á hafi kólgu ströngu.
浜へたどり着こうが着くまいが　Mér er sama nú hvort næ
わたしにはどうでもいい　nokkru landi eða öngu.(31)

一七八五年の春、六九歳になったビョルグは死が近いことを悟ると、故郷の家へ帰った。当時はまだ飢饉のさなかで、一七八三年に火山が噴火した影響が魚にも及び、漁師は魚を食べた人が病気になることを恐れると同時に責任をも感じていたようだ。やがてビョルグは船でフィヨルドを渡ってオウラフスフィヨルズルへ行き、ある農家でひと晩の滞在を乞うた。朝になると農場主のニクラウスに「そろそろ行きます」とだけ告げた。その言いかたから、もしかしたら彼女はここから去るのを恐れており、ほんとうはしばらく滞在したいのではないか、と農場主は感じた。彼は、湖で釣りをしてくるので、「もし魚が釣れたら、一週間ここにいてくれてかまわないよ」と言った。ビョルグは最後にもう一度詩の力を発揮し、ニコラウスがマス（silungur）を釣り上げる詩を作って、フィスキンの能力をニクラウスに分け与えた。そして実際にその日、ニクラウスは多くのマスを釣り、ビョルグをひと月も滞在させることができた。[32]

フィスキンとは、海について深い知識を持っている人のことだ。この知識は理性を超えて、すべてを包み込むと考えられている。それは理性を超えた神聖さのあらわれであり、身体に染みついたものであり、海と空を融合し神々へとつながるものなのである。現代の海の女ヴァリーは海の知識――あるいは海の知覚――のことを、海との暮らしから育まれる理解だと言っている。わたしたちはある冬の日、グルンダルフィヨルズルの海辺を歩きながら、そういう話をした。その冬、ヴァリーがそこに滞在していたのは、子どもたちを地元の高校に通わせるためだ。「だれにでも素質はありますよ」歩きながら彼女はそう言った。「なにかに興味を持てば、第六感が得られるものです。ときにはそれが夢だったりひらめきだったり……鳥は魚の居場所を知っています。そのためには、すべてに目を向けなければ。なにもかもが一緒になっているときもあります。羊たちはどこへでも行くし、魚はどこにでもいる。羊や鳥はそこらじゅうを動き回る。漁をするときは、あらゆるものに注意を向ける必要があるのです。そうでしょ?」

このような鋭い知覚は、夢を通してあらわれることもある。[33] 冬の闇夜や夏の白夜に、わたしはアイスランド人の友人と何時間も夢の力やその意味について話したものだ。この種の直感的な知識は、アイスランドの船乗りにとって重要であり、それは男も女も変わりがない。荒涼とした風景のなかでは、手つかずの自然に紛れて不思議なことが起き、夢がたやすく現実にまぎれ込んでくる。

一九三〇年代、西部フィヨルドのビルドゥダールル[34]に生まれたグンフリズル・ログンヴァルズドッティルはひとりで漁をし、ときおり兄とも海へ出ていた。海の女の例に漏れず、彼女も子どものころ漁を始め、一二歳にしてはじめて漁で金を稼いだ。魚を獲り、塩漬けにし、干物にして売る。あるインタビューによると、彼女の村には、夢のお告げによって嵐が近いことや、魚がどれくらい獲れそうかを漁師に伝える女性たちがいたという。[35]

熟練した船乗りにとって――アイスランドでは、そこにいつも女性が含まれていたことはすでにわかった――海の知識は多岐にわたる。あらゆる情報を検討し、観察や直感や天気を読む技術によって理性的に判断することはもちろんだが、夢にあらわれる超自然的な力を借りることも必要なのだ。ヴァリーがこんな話をしてくれた。「冬の終わりに、わたしは息子と夫が荒天のなか漁をしている夢を見ました。わたしにとって、天気が荒れ、海が荒れる夢は大漁を意味します。海藻の夢も大漁。だから、今年はいい年になるとわかりました。そして、そのとおりになった。あらゆるものに注意を払わなければなりません。夢を見ているときでさえ。寝ているときも目覚めているときも、心を開放している必要があるのです」

アザラシ猟をする海の女

アイスランドでは、何世紀も前からアザラシは貴重な獲物で、肉も脂肪も毛皮も大切に使われていた。春にアザラシが一頭獲れれば、文字どおり一家が飢えから救われる。アザラシ猟には、銃で撃つ方法と網をしかける方法がある。ブレイザフィヨルズル地域で網をしかけるのに最適な場所は岩礁――干潮時にあらわれ、満潮時に沈む――の上で、アザラシの大人も子どももよくそこで休んでいる。

ほかの漁でもそうだが、女性はアザラシ猟の名人として尊敬されていた。比較的最近の一九一五年〜二一年にも、ブレイザフィヨルズルでアザラシ猟に出ていた男性がこう言っている。「アザラシ猟にどれくらいの人数が出ていたかは憶えていないが、そのほぼ半数は女性だった」[36]。実際、船に女性がいると幸運がもたらされると考えられていたし、妊婦はとくにそうだ。彼女たちがアザラシをおびき寄せると信じられていたのである。[37]

ロウサムンダ・シグムンズドッティル、通称ロウサは一八〇〇年代後半から一九〇〇年代はじめにかけて、ブレイザフィヨルズル諸島で有名な女性だった。彼女は漁の腕も人柄もよく、とりわけアザラシ猟の名人として知られ、フィスキンでもあった。「魚がスカートに寄ってくる」し、漁から戻ると、ほかの漁師がほとんど獲れないときでも、つねに魚をたくさん積んでいたという。[38]歴史家のベルグスヴェイン・スクーラソンは彼女に敬意を抱いていたらしく、一章ぶんをまるまる彼女の記述に当てている。[39]

ロウサの人生は決して恵まれた滑り出しではなかった。一八六八年にブレイザフィヨルズルの島で生まれたとき、彼女は「短い洗礼式」を施された。長く生きないと判断された虚弱な赤ん坊がよく受けるものだ。両親はロウサが生まれるとすぐ、洗礼父のひとりに彼女を預けた。そして三歳になると今度は別のだれかに預けられた。彼女のような身分の子どもは「オウマギ（ómagi）」と呼ばれた。[40]前章でも触れたが、いちばんの弱者であり、社会的に虐げられやすい立場である。彼女は身寄りがないとみなされ、自分でもファーストネームしか使ったことがなかった。

ロウサは「船の上で育ち」、海の知識と技術は早くから周囲に知られていた。また、陸地や海辺で野生の食材を採る方法も知っており、人びとは彼女のことを詩にした。成人後は、ともに成長してきた同年代の夫婦と一緒に暮らした。やがて彼らはロウサの雇用主になったが、階級の違いを超えて、ロウサはふたりを呼び慣れたニックネームで呼んだ。子ども時代は苦労が多かったものの、ロウサは歌手でもあり、人を笑わせることが好きで、ときにはジョークを言ってからかったり、周囲の人をジョークのネタにしたりしていた。なかでも「自分を彼女より上に見せたがる」女性はからかいの的にされた。

魔力が弱まると彼女は苦しんだ。海でそうした状態になると、「意識を失ったまま何時間か横たわっていたので、仲間の乗組員が帆布をかけて」やり、必要とあらば「魔力が戻ってくるのを待った」という。しばらくすると、「ロウサは鋼のばねみたいに飛び起き」仕事に取りかかった。さながら「見逃したことはなにもない」かのように。そして、魔力については心配しなくてもすぐ「元に戻る」から、と周囲に話していた。医者からは、年齢とともに魔力は衰えると告げられ、ベルグスヴェインの記述によれば、たしかに衰えていったらしい(41)。しかし、魔力が衰えてもなおロウサは引っ張りだこの乗組員であり、腕のいい漕ぎ手であり、「びっくりするほど」力強く、「つねにじゅうぶんな食べ物を持っていた」という。その言葉からうかがわれるのは、多くの女性が飢餓に近い状況で育ってきたという過酷な事実である。一九一九年の春、ロウサはほかの船から落ちた船長を助け上げた。船長は泳ぐことができたので——アイスランドでは当時、命を守るため水泳の授業に力を入れていたからだろう——ロウサは「猛烈に」船を漕ぎ仲間にもハッパをかけて救助に向かった。そうして船長を船に引っ張り上げ、命を助けた。また、ロウサは時代によって変わる船の技術にもうまく適応し、新型の帆船が地元にやってくると、その技術をたやすくマスターしたという。また、波のうねりの高さを計算できたし、あらゆる岩礁についても知り尽くしていた。ベルグスヴェインの記述によれば、おそらくロウサはどこへ行っても有能な船乗りとして活躍しただろうが、それでも本人はずっと故郷の近くで働くことを好んだという。

ロウサがベルグスヴェインに語ったところによると、アザラシ猟についてよく知っているのは、アザラシ猟師たちの何世代にもわたる経験に学んだからだという。風向きによって、どこに網をしかければいいかも、どの岩礁に母アザラシが子どもを連れてあらわれるかも彼女は知っていた。アザラシは赤色に、とりわけ赤い服を着た女性に引き寄せられると信じられていた。ロウサもこう言っている。「とくに赤ん坊のアザラシは無垢で好奇心が旺盛で、人間の赤ん坊みたい」。だから、猟をするときはいつも赤い服を着た。また、アザラシの鳴きまねをしておびき寄せたり、網に入るよう「話しかけたり」もする。子アザラシを網からすばやく取り出すことでも知られていた。これをうまくやれる人はめったにいない。大事なのはアザラシを傷つけたり出血させたり、網を傷めたりしないこと。彼女はときに乗組員の不手際に苛立つこともあり、船長が手こずっているときは、網をみずから引き受け、きちんとやってのけた。船長より巧みに仕事をこなすとなると、たいがいは嫌がられるものだが、アザラシを網からうまく出し、網を無傷のまま手渡せるロウサの手腕があまりにすぐれていたため、船長はいつもこう言っていたという。「ロウサ、きみなしにはやっていけないよ」

ロウサはアザラシに親近感を抱いていた。だから、だれもが知るアイスランドの民話にアザラシを喩える。たとえば、紅海で溺死してこの世に戻ってきたファラオの戦士に。「わたしたちは多くのゴーストを食べてきたのです。ファラオの息子はアザラシよりも美しかったと思いますか？　もしこのありがたいアザラシがいなかったら、わたしたちは友人の農場でいったいなにを食べればいいのでしょう。アザラシたちを見てください。人間にそっくりよ」。ときには、アザラシを友人や知人になぞらえることもあった。ヒゲはあの人に似ている、丸々とした姿はあの人に似ている、などと。「ほら、目はわたしに似ているでしょ」。そして、この動物が貴重な食料になる現実を思いながら、死んだアザラシをなでた。「ありがとうね。もうすぐ解体されて食べられるのよ」[42]。ロウサは一九四二年に七四歳で亡くなったが、亡くなるほぼ直前まで漁を続けていた。ベルグスヴェインを相手に、笑いながら語ったところによると、「かなり年老いた」ときの漁でもまだ、アザラシの網のもつれをほどくために、不器用な船長に代わって作業していたという[43]。

*

ベルグスヴェインを通してロウサが教えてくれたのは、アザラシ猟が一見、安全でたやすいように思えても、実は違うということだ。実際、非常に危険なこともある。アザラシはその多くが巨体で、猟師に襲いかかる場合もあるからだ。網をしかける岩礁はとりわけ危ない。岩礁の位置をよく憶えておき、周囲の潮流をわきまえていなければならない。妊娠中でもドリトヴィークから猟に出ていた前述の女性、グズルン・エイナルスドッティルは、ロウサやこの地域の海の女たちと同じように、アザラシ狩りもしていたのだが、岩礁で危ない目に遭ったという。グズルンの娘グズルン・トルヴァドッティル（彼女も海の女で、ややこしいことに母と同じ名前だ）によると、本人も母親もフィスキンで、なかでもダンゴウオに関しては不思議な力があったという[44]。

一八〇〇年代後半のある年の春、母のグズルンはケワダガモとアザラシの網を確認しにいった。同行したのはふたりの農民で、ひとりはヨウン（グズルンと一緒にドリトヴィークへ行ったのと同じ人物と思われる）、もうひとりはソウラリンという「あまりよい友人ではなかった」人物だ。彼らは二隻の船に分乗した。ソウラリンはカモを確認しにいき、グズルンとヨウンは水面から出ている岩礁の場所まで船を漕いでいった。すると網にアザラシがかかっていた。しかし、網がアザラシにからまっていたため、ふたりは岩礁によじ登ってほどこうとした。ところが、きちんと留めておかなかったせいで、船はふたりをその場に残し、流れていってしまった。やがて、海面が上がりはじめ、岩の頂上へと迫ってきた。ふたりは助けを求めて叫んだが、だれかの耳に届く可能性はまずない。しばらくすると、ヨウンはグズルンに、叫ぶのをやめて祈ろうと言った。それなら、あなたは祈っていればいい、わたしは叫ぶ、と答えてグズルンは岩礁から浮き上がるまで叫び続けた。そしてついに、ソウラリンがふたりの声を耳にした。はじめは冗談かなにかだろうと思って応じなかったが、叫び声が続くので、思い直して確認に来た。そのときには凍てつく海水が腰の高さまで来ていた。のちに、このときは怖かったかと訊かれてグズルンはこう答えた。「いいえ、その場では。でも、夜になって悪夢を見たのを憶えています[45]」。同じような例はほかにもある。一九〇〇年ごろ、男性船長がふたりの若い女性を岩礁に残してその場を離れた。ひとりはクリスティンという名で、アザラシから網をはずし、別の網も次々と確認していった。船長が戻ったときには岩礁は海面の下に隠れていた[46]。女性はふたりとも溺れ死に、その岩は「クリスティンの岩」と呼ばれるようになった。もし船の責任者が女性だったら、こんなことは起きなかったのではないかと思わずにはいられない。

わたしは海をゆくやさ男たちのキャプテン　Sjálf ég stýri Sundhana,
ヨウンは横に座って網揚げを　situ Jón í austurúma,
ラッリ、あなたは船底の水を掻き出す　Lalli austu laglega,
スティーナ、あなたは休んでいなさい　liggðu Stína miðskipa.

——グズリーズル・ピエトゥルスドッティル、ブレイザフィヨルズルの船長、一八〇〇年代半ば[47]

島国であるアイスランドでは、人びとの暮らしもアイデンティティも海と深く関わってきた——裕福になる可能性もあれば命を奪われる可能性もある——ため、ほぼすべての家庭において、海の存在は大きい。漁がきわめて重要なものである以上、船を指揮する仕事は——おそらく詩人ほどではないにせよ——この国ではもっとも賞賛される役割のひとつである。「スキッパー（船長）」という言葉は、二〇世紀から使われはじめ、大型船の指揮者を指す。スキッパーほど華やかではないが、「フォアマン（職長）」はそれ以前の時代に漕艇や帆船を指揮した高い位であり、詩にもよく登場する。

海の女の多さに驚いていたソウラ・リリヤとわたしがさらに驚愕したのは、中世から一九〇〇年代はじめまで、史料のなかに女性船長の記述が多く見られたことである。史料に名をとどめたこの女性たちは、その熟練技によって深く尊敬されていた。なかでも、西アイスランドは女性船長がごくふつうに存在し、海では男性と同等と見られていたため、女性乗組員の場合も同じだが、どうやら、よほどの行動をしたか、並はずれた特質でもないかぎり、史料に取り上げられることはなかったようだ。[48]

史料からわかるのは、船長になった女性は農場労働者ではなく、自立した地位にあったということだ。たいがいは本人あるいは家族が農場を経営していたか、なんらかの方法で農場での強制労働をせずにすむ立場だったのである。そうした女性はひとりで漁をするか、もしくは船長として、ときには夫を含む乗組員たちを指揮していた。女性船長はあまりにも数が多いので、ここではわずかしか取り上げられない。これは残念なことだ。というのも、どの女性にも目を見張るような物語があるからで、そのいくつかはとくに際立っている。

九世紀には早くも、オイズル・デュープウーガ〔訳注・「深慮のアウズ」などの名で「ニャールのサガ」をはじめ複数のサガに登場する〕という女性が、スコットランドのヘブリディーズ諸島から南アイスランドへ、そしてブレイザフィヨルズルへと自身が所有する船を指揮してやってきた。[49] ノルウェーで魚をおびき寄せていたスリーズル・スンダフィッリルも、「男たちを従えて」船でアイスランドへ渡ってきた。[50] 一六〇〇年代からは、船の責任者を務めた女性の記述がいくつも見つかった。ほとんどが船の所有者だが、女性船長を取り上げた記事の大半は一七〇〇年代と一八〇〇年代のものだ。これは当時、漁がますます大事な意味を持つようになっていたことと、この時期がもっとも女性船長が多かったことのあらわれといえる。ブレイザフィヨルズルでよく知られた女性船長のひとりが、一七五〇年ごろ生まれたハルドウラ・オウラフスドッティルだ。文学作品には、「内反足のハルドウラ」として取り上げられていた。興味深いことに、ハルドウラはいつもこのニックネームで呼ばれていたものの、どの記録にも足の奇形らしきことについてはひと言も書かれていないし、なにかの障害があったとも記されていない。ハルドウラは漁に出ると、島からであれ遠隔基地からであれ、必ず魚を獲って帰り、七〇歳になっても船を漕いでいたという。兄のエッゲルトは船を三隻所有し、自身とハルドウラと次男トウマスがそれぞれ舵を取っていた。エッゲルトのニックネームは「金持ちエッゲルト」で、これはハルドウラのリーダーシップと漁の腕前のおかげだった。海へ出るにあたって、ハルドウラは女性乗組員ばかりを雇い、つねに兄たちと競った。[51] ハルドウラとエッゲルトは漁の技術だけでなく、気前のよさでも知られ、飢饉の数十年間は、食べ物に困っている人たちに魚を分け与えていた。[52]

この家族には、ハルドウラ以外にも力強い海の女がいた。兄トウマスの娘として一七六九年に生まれたマリア・トウマスドッティルで、彼女も海の女として有名になった。父親は誇らしげにこう言っている。「うちのマリアより強い漁師がいたら見てみたいもんだ」。マリアは七〇歳のとき、フラーテイ島で礼拝に参加したあと、帰りの船漕ぎレースで青年ふたりを負かしたことでも有名だった。そしてマリアの孫娘も海の女になった。ハルドウラのことは、歴史家のソウルン・マグヌスドッティルも、先駆者として誇りに思うと記している。[53]

それから何年後かの一八一五年、ストックセイリのスリーズルは海で二七年働いたあと、ようやく船長になる。[54] 乗組員から慕われたスリーズル船長は、さまざまな困難を解決し、適切な助言をすることで知られるようになった。[55] ハルドウラ船長と同じように、スリーズルも女性乗組員を雇った。そのうち、少なくとも五人の名前がわかっており、ソウルン・マグヌスドッティルの先祖インギビョルグ・ヨウンスドッティルもそのひとりだ。[56]

女性船長の記録が存在するのは、並はずれたことをしたか、あるいはソウルン・ソルステインスドッティルのように、恥ずかしいことをした証拠である。一七九五年に生まれたソウルンは、[57] 一八〇〇年代前半に、西アイスランドに位置するスナイフェルスネス半島の、今日でいうオウラフスヴィークに近い岬から漁に出ていた。二〇歳ごろから海で働きはじめ、まもなく六人漕ぎの船で船長になると、その職務を三〇年間続けた。ソウルン船長はとても背が高く、「プロポーションがよく」、たいがい男物の服を着ており、すぐれた船乗りの技術を周囲から認められていた。また、酒を「たしなむ」ことでも有名だったようだ。あるとき、街からの帰りに酔って意識を失い、海岸に横たわっている姿を何人かに見られた。その身体は波に洗われはじめており、バッグのなかにはアイスランドの強い酒ブレニヴィンのボトルが三、四本入っていた。ようやく我に返ると、彼女はこう言った。「こんな姿、神様以外はだれも、いえ、神様さえご存じないはず。ヨウンシが字を読めなくてよかった」。夫のヨウン・ヨウンソン、通称ヨウンシは字が読めなかったので――神様だけでなく、わたしたちもこうして二〇〇年後に彼女の恥ずかしい事件を知ってしまったのはともかく――ヨウンシは、妻が店で酒を買ったときの領収書を読むことはできなかったはずだ。[58]

ソウルン船長は夫と死別したあと、一八七二年に七七歳で亡くなった。当時、アイスランドでは、高齢者は子どもと同様、社会から守られる存在ではなかった。年を取って働けなくなり、わが身を養えなくなると市民権を失ってしまう。[59]面倒を見てくれる身寄りがない海の女はおおぜいいたが、ソウルン船長もまた、よその農場できわめて貧しい晩年を過ごした。[60]

一八〇〇年代半ばからブレイザフィヨルズル全域で「スリーズル船長に勝るとも劣らない海の英雄」として知られていたのがグズルン・ヨウンスドッティルだ。一八二二年に生まれたグズルンは、ブレイザフィヨルズルの北側で暮らしていた。[61]力が強く「容姿のすぐれた女性」で、帆の扱いかたも船を漕ぐのも上手だったが、なにより舵取りの見事さに定評があった。あるとき、地元の男がフィヨルドの反対側まで急いで荷物を運ばなければならなくなった。しかし、天候が危うすぎるとして、だれも船に乗せてくれない。そこで、男はグズルンの農場へ行き、船に乗せてくれるよう頼んだ。

「海を渡るのは怖くないの?」グズルンが訊いた。

「怖くはない」

「それならやってみましょう」

そこで、彼女は乗組員として少女ふたりと一〇代の少年ひとりを農場から連れていき、男を無事に運んでいった。向こう岸に着くと、男は代金を払おうとしたが、グズルンは辞退し、こんなことで代金を受け取るわけにはいかない、と伝えた。

「それなら、もしいつか必要になったら、このぶんの代金を受け取ってくれ(62)」

アイスランドでは高齢者がきびしい状況に置かれるため、グズルンものちにこの男の約束によって助けられる立場になった。グズルンは一八四五年に結婚し、漁の仕事をしながら多くの子を育て、二〇年後に夫が亡くなると、息子のひとりと一緒に農場と船を管理することになった。一八八四年一〇月のある日(63)、グズルンが六〇代のとき、三人の男が農場を訪ねてきて、フィヨルドの向こう岸まで渡りたいと頼んだ。そのときは、働き手のほぼ全員が遠隔基地に出かけているか、羊の世話をしていた。グズルンの息子、年長のオウラヴルは二〇代後半で、障害があったため家に残っていたのだが、彼は近隣の農場から働きに来ていた一八歳のヨウナ・グズブランズドッティルとともに船を出すことにした。南東の風が、強くはないものの突発的に吹いていた。ふたりはフィヨルドを渡り、男たちを岸に下ろしたあと、急いで帰っていった。上陸した男たちは、なにかの叫び声を耳にしたものの、だれかが羊を呼んでいるのだろうと思い、気にとめなかった。やがて、グズルンの農場の人たちに船が見えはじめたが、すぐに見えなくなった。たぶん、近くの島に立ち寄って羊の世話をしているのだろうとグズルンは思った。船になにかが起きているなどとは、だれも考えなかった。

時間がたち、よからぬ事態になったことがはっきりしてくると、グズルンは海岸沿いを歩いて息子たちを探した。悲しいことに、そのころには潮が引いており、農場のほかの船は大きすぎて海まで引いていけないため、グズルンはみずから捜索に出向くこともできなかった。仕方なく夜の闇のなかへと歩き出し、とても遅い時間に戻ってきた。翌朝はいつもどおりに起き、気を落ち着けて、おそらくもう死んでいるであろうふたりが岸に打ち上げられるのを待った。グズルンにとってはなおさら悲しみが大きかったはずだ。なぜなら、たとえその年齢でも、もし彼女自身が舵を取っていれば、こんなことは起きなかっただろうから。そして二、三日後、船はマストが折れた状態で岸に打ち上げられた。おそらく帆が大きすぎたせいで、突風を受けて転覆したのだろう。ふたりの遺体は見つからず、ヨウナのスカーフだけが見つかった。皮肉なことに、グズルンは若いころ、危険な海でも人を運ぶことで有名だったが、六〇代になって、家族とともに人の役に立とうとした息子をこんなふうに失ってしまったのだ。すでに老いつつあったグズルンは、この事故以来ほかの息子たちと一緒に海に出たがるようになり、天候が悪化したときには「わたしが舵を取るから」とよく言っていた。(64)

グズルンとともに農場を経営していた息子が、一八八九年にあとを引き継いだ。しかし、息子を三人失うという悲しみ続きのあと、一八九八年にこの息子も亡くなった。やがて彼の妻はカナダに移住していった。一八〇〇年代後半には、多くのアイスランド人がカナダへ移住したのだ。そしてようやく、かつてグズルンが海を渡って男を運び、謝礼を受け取らなかった善行が報いられるときがきた。農場主であるその男はグズルンとの約束を憶えており、自分の農場に滞在するよう勧めた。グズルンは一九〇六年に八四歳で亡くなるまでそこで暮らしたという。(65)

沿岸漁船で船長として働いていた女性の史料は、一九〇〇年代はじめまで続く。その数は多すぎてすべては挙げられないが、アイスランドが社会的にも経済的にも大きく変化した時代の記録をいくつか取り上げておきたい。一八〇〇年代の終わりから一九〇〇年代のはじめまで、ブレイザフィヨルズルで船長として敬われていた姉妹がいる。ヘルガとシグリーズル・ギスラドッティルだ。地元の人たちはこのふたりを「父親以外、どんな男にも勝る海の天才」とみなしていた。[66] ヘルガはすぐれた航海術で知られていた。シグリーズルは史料のなかでその勇気を讃えられ、地元の潮流や岩礁の知識、天気を読むわざを褒められていた。シグリーズルは中肉中背で、高齢になると「かなり太った」という。彼女は海での能力以外にも多くの功績で知られるようになった。島の農家で養親と暮らしていた一〇代のころは、地面に巣を作るケワタガモをキツネから守っていたという。キツネがケワタガモを狙って島まで泳いでくるところを待ち伏せ、水に入っていくと、前掛けでくるんで溺れさせた。その際、引っ掻かれも噛まれもしなかったという。おかげで、ケワタガモの巣を守っただけでなく、貴重なキツネの毛皮を無傷で持ち帰ることもできた。また、シグリーズルは射手としても優秀で、動いている手漕ぎ船からアザラシを撃つことができた。それから何年もあとのこと、ある島に住む高齢の女性が、危険な海峡を渡って兄の農場がある島へ渡らなければならない「急用」ができたため、そこを見事に渡った。これは一九八〇年代後半の偉業で、その後だれもなしえていないという。[67]

＊

女性船長たちの例を挙げてきた最後として、ユリアナ・エイナルスドッティルを紹介したい。というのも、ユリアナの生涯は一八九六年の誕生から一九九〇年の死に至るまでほぼまるまる一世紀にわたり、その間にアイスランドはきわめて大きな変化を遂げたからである。ユリアナもブレイザフィヨルズルの出身で、[68] 島の農場主エイナル・ヨウンソンと雇用人グズルン・ヘルガドッティルの娘として生まれた。グズルンはユリアナを産んだあと島を出ていき、エイナルの妻ソフィア・ソウルザルドッティルがユリアナを育てた。ユリアナの父はすでに「年配だった」が、娘が六歳のころからふたりで漁に行き、ダンゴウオなどを獲ってきたという。ユリアナの記憶によれば、巨大な魚として知られるオヒョウを釣り上げたとき、「父から手を貸そうかと言われたことはありませんでしたし、たとえ言われてもわたしは断っていたでしょう。自分のオヒョウはいつも自分で引き揚げていました。でも、ほんとうのことを言えば、自分で釣ったオヒョウはそう多くはないし大きくもありません」。やがて、彼女は地元のあらゆる岩礁を知り尽くし、「ベテランの男たちより」上手に天気を読めるようになった。

ユリアナは漁の腕前で有名になり、ひとりで船に乗ることもあったし、ほかの船員たちと乗ることもあった。海での恐ろしい体験について、彼女は自身が二〇歳のころ肝を冷やした出来事を語っている。ブレイザフィヨルズル東部のフレムリ・ランゲイという島に、漁船修理の得意な農場主がいた。彼はユリアナの父が所有する古い船の水漏れを修理してやるから、そのあいだうちで家内と縫い物でもしていればいいと言った。ユリアナは承諾し、その秋にも行こうとしたものの、なかなか行けずにいた。すると彼はついにこう言ってきた。春までには修理しなければいけないが、冬が来てすべてが氷に覆われてしまったため、島から島へ渡ることができなくなった、と。すると、「ほんの少し陽が出て」天気のいい日に、ユリアナは水漏れのするその船に乗り、ひとりで島を渡ることにした。「わたしが出かけたころは、だんだんと日が長くなっていました。わたしの島にはもう氷はなくて、なんだか春が来たようでした。当時、わが家の周囲にはほとんど人がいませんでした。たぶん、スナイフェルスネス半島周辺の漁師小屋に出向いていたのでしょう。わたしは恐れることなく船を進めましたが、なにせ船の状態が悪すぎました」。彼女はしばらく漕いでいたが、やがて帆を張り、目指す島へと向かった。すると、大きな海氷の塊（jakahrafl）が迷路のように立ちはだかり、傷んだ船にぶつかってきた。さいわいなことに、船のほうも表面が氷で覆われていたため、ふだんよりは水漏れがましだった。

ユリアナは迷路のような海氷をなんとか抜け出したものの、「向こうに着いたときには、その島が固い氷に覆われていて、わたしが接岸しようとしている南側に強い風が吹いていました。どうしていいかわからず、暗くなってきたので戻ろうかと考えました。でもそのとき、運のいいことに、農場主が船を見つけて、わたしに気づいてくれたのです。彼は雇い人たち全員を連れて、氷のいちばん固い場所まで登ってきてくれたので、わたしは帆を下ろしました」。そして、みなで力を合わせて船を氷の大地に引っ張り上げると、農場主は「わたしをハグし、キスしてから、こんな状況のなか、ひとりで船を出すとはいい度胸だが無茶だぞ、と言いました」

船の修繕を待ちながら、奥さんと縫い物をしているあいだに、ユリアナは奥さんの弟キャルタン・エッゲルトソンと知り合った。どうやら、キャルタンもたくましい海の女の一族に生まれたらしい。というのも、彼は船長だったヘルガとシグリーズル姉妹の甥であり、持参金として船を受け取ったソルビョルグという女性の兄でもあったからだ。さて、ユリアナは父の船がようやく修理を終えると、天気もいいし、きれいになった船で帰れるのは嬉しいと言った。その後、両親が年老いて農場を営めなくなったため、ユリアナは船を修繕してもらった島で仕事を見つけた。そしてキャルタンとの仲をさらに深め、やがて結婚した。[69] 家族になるとふたりは一緒に漁を続けたが、時代はすでに変わっていた。当時は一九三〇年代で、ユリアナが漁に出るのは、おもに家族の食料をまかなうためだった。それでも、ユリアナのことをキャルタンはこう評していた。「女房の自慢をしたくはないが、彼女は俺がこれまで一緒に漁をしたなかで、いちばん腕のいい漁師のひとりだし、一緒に多くの魚を獲ったよ」

われらの血のなかに――海の女たちが伝えてきた知識

男性漁師と同じように、女性漁師たちも日々の暮らしのなかから海の知識を身につけてきた。スリーズルの場合、はじめて船に足を踏み入れた瞬間から漁が上手かったかに思えるが、実は兄のビョルンと同じで、彼女も父が亡くなる前に技術を教わっていたのだ。海の女で詩人でもあるラウトラ・ビョルグは、まだ子どものあいだに農場主から教わった。こうした技術は実践で伝えるのであって、言葉や文章で教えるのではない。一九八〇年代、漁の技術を父親から学んだのかとベルグスヴェインに訊かれ、ユリアナはこう答えている。

父に教わったというわけではありません。ええ、違います。当時、家での仕事はたいがい自分ひとりでこなしていましたし、それはいいことだったと思います。ブレイザフィヨルズルでは、海の仕事を若者に教える習慣はありませんでした。とりわけ女の子には。父からもだれからも、船やオールや帆などの扱いかたを教えてもらった憶えはないのです。もし一〇代の子が、だれにも教えてもらわなくても、ベテランの作業を見て学べないのなら、それは船乗りの素質がないということなので、陸の仕事のほうが向いています。だから、わたしもほかの一〇代の子たちも、今どきの子がキャンディのなめかたを覚える年齢で、タラの硬い頭を歯で引き裂く方法を覚えたのです。[70]

ユリアナの言葉は、古い史料によく見られるものと同じだ。つまり、海の女も海の男も、こうした知識を幼少期や一〇代のころ、父や母や農民の漁師とともに漁をすることで学んできたのである。一八九一年に制定された規則では、建前上、一六歳以下の子どもは船で働くことを禁じているが、記録の多くは一〇代はじめの子が海で働いていたと記しているし、最近の記事でも同じだ。[71] 海の女は昔も今も、ほとんど生まれると同時に船乗りとして歩み出しているのがわかる。

アイスランドの古い史料は、海の女の名前を記し、その血筋と故郷をも明らかにしているため、子どもを育て上げた女性たちは、みずからの知識をたいてい女系にも男系にも継承させていることが見て取れる。たとえば、ドリトヴィークで妊娠したグズルン・エイナルスドッティルは、海の技術を娘のグズルン・トルヴァドッティルに伝え、娘はまたその娘で同じ名前のグズルンに伝えている。舵取りの名人だったグズルン・ヨウンスドッティルのような女性たちも、その技術を息子たちに伝えている。一九〇〇年代半ば、北アイスランドのエルサ・スヴェインスドッティルは父親から技術を習い、息子たちに伝えると、彼らはエルサと同じように船長になったという。[72] 数多くの息子たちや娘たちやほかの親族が、自分の知識はたくましい海の女から授けてもらったのだと、あとになって気づくのである。

家庭によっては、娘が大人になったあとも家族とともに漁を続け、経営に加わることもある。北東アイスランドのフーサヴィークで暮らすグズルンとヨウニナのソルグリムスドッティル姉妹は、一九四〇年代から父と一緒に何十年間も漁に出ており、その後、姪のマテア・グズニー・オウラフスドッティルも加わるようになった。[73]こうした状況は現在でも似ており、たとえばヴァリーの娘は、家族で管理する船を増やすため、小型船の船長の免許を取ったという。ヴァリーと同じように彼女もまた、家族と漁に出ることで技術を身につけたのである。

海の女による継承ということを考えるうち、ソウラ・リリヤとわたしはあるパターンに気づいた。一九〇〇年以前の海の女たちは、大半が一度も結婚していないのだ。これはおそらく、彼女たちの多くが農場労働者で、結婚の機会がなかったことも理由のひとつだろうが、農場の雇用人でない女性の船長や乗組員でも、結婚しなかったケースはたくさんある。そのほとんどが子どもも産んでいないし、産んだとしてもたいていはひとりだけだ。幼児や子どもの死亡率が高かった当時、大人になるまで生きられた子は多くはない。悲しいことに、スリーズルの娘も三歳で亡くなっている。[74]

歴史家のソウルン・マグヌスドッティルも調査のなかで、海の女に子どもが少ないことに気づいた。そして名簿を集め、一八〇〇年代以降のストックセイリ地域における一五人の海の女を「無作為に」抽出した。これらの女性たちのうち、ひとりは未婚のまま男性と暮らし、五人は夫と死別か離婚し、六人は生涯独身だった。その全員が子どもはいないか、あるいはひとりだった。女性のうち三人は結婚してすぐか、少しして海へ出るのをやめ、それぞれ九人、八人、一一人の子どもを産んでいる。[75]海の女の多くが子どもを持たなかったため、一九〇〇年代以前の時代、漁をする体力がなくなると、その多くが貧困に陥っていた。年老いても支えてくれる子どもがいないからだ。

それでも、子どものいない海の女たちは、相手が男性であれ女性であれ、海の知識を教えていた。たとえば、ハルドウラ船長やスリーズル船長は、女性乗組員に技術を教えることで有名になった。[76]べルグスヴェインが書き残しているのだが、ロウサは「きわめて高齢」になっても、海の知識を授けていたという。その記録によれば、あるときロウサは一〇代の青年ふたりと、薪――おそらく流木だろう――を探しに、ほかの島へ船を漕いでいた。しかし、オールの先さえ見えないほどの濃い霧に行く手を阻まれた。その日は夏の穏やかな天気に恵まれていたので、少年のひとりは父親から、船長としての実践を積めるねと言われた（その書きかたから、どうやらこの少年はベルグスヴェイン自身らしい）。その船にロウサが同乗したのは、どんな機会であれ海に出るのが好きだったからで、ベテランがひとりはいたほうがいいと考えたからだろう。霧のなかで立ち往生したとき、ロウサは少年たちに、独断で進まずこの場所にとどまるよう指示した。食料はじゅうぶんあり、帆をかぶって眠ることもできるからだ。けれども、若き船長は霧が晴れるのを夏じゅうずっと待っていたくはないと答えた。そして、彼が予想した陸の方向へみなでゆっくり漕いでいった。ところが実際は、避けるべき岩礁の周囲をぐるぐると回っていたのだ。

「だから言ったでしょう、ヴァルディ（少年のひとり）、あんただけちゃんと漕いでいない。だから船が回転したんだ」とロウサ。

その言葉に、少年のひとりが笑ってこう言った。「これでお望みどおり、帆をかぶって俺たちと一緒に眠れるね」

「どれだけ頼まれたって、あんたたちと寝たい女なんかいないよ」とロウサは言い返した。

少年たちがまた笑うと、ロウサは「もっと慣れないとね」と新米船長に言い、少年の祖父くらい経験を積んでからでなければ、やみくもに進むのはやめるべきだと伝えた。そうして、静かな霧のなかで腰を下ろし、少年たちにいろいろな話をしはじめた。ひとつめは、ロウサ自身が子どものころの話だ。ロウサは、もうひとりの少女と年配の男とともに船に乗った。天気はこの日と同じで霧が立ちこめていた。三人は懸命に船を漕ぎ、男は陸が近いと確信していたが、実は出発したのと同じ場所あたりにいた。おそらく、潮流のせいだろう。その男は「罵り言葉こそ口にしなかった」ものの、「簡単には諦められない性格だった。とことん頑固だったのさ。だから、わたしたちはまた岸に向かって漕ぎ、また同じ崖のところに戻ってきた。五回も同じことをして、五回とも崖に戻ってきたんだ」。そしてついに、男は別の方法で行くことに決め、三人は家へ帰った。そのことがあってから、ロウサは霧が晴れるまでは二度と船を進めないと決めたという。男はロウサにこんなことを漏らしていた。「この崖の近くでは船を漕ぐな。ここにはなにかの魔力があって、引き戻されてしまうんだ。こんな霧のなかじゃだれも抜け出せない」。青年たちと霧に包まれて過ごしたこの日、ロウサは自分の経験をふたりに伝えたのだ。このような話をたくさん紹介したあと、ベルグスヴェインはこう記している。やがて霧は晴れ、彼らは順風を受けて帰り着くことができた。(77)

民主主義と知識の所有

海で働く女たちについてさまざまな国の記録を読みはじめたとき、普遍的なテーマとして浮かび上がってきたのが、「海の知識」の重要性である。この知識があってこそ、船乗りは「ほんもの」と認められる。(78) カナダの太平洋岸やオーストラリアでは、女には海の知識がないと信じられており、そのせいで、漁という男の世界から女が締め出されているという。彼女たちには、人生を背負った海の経験がなく、血管に「海水」が流れているわけでもないので、ほんものの船乗りにはなれないというのだ。[79] 実態のないこうした思い込みのせいで、女性は船を指揮することができず、ほんものの船乗り――たいていは夫――を「アシスト」する立場にとどまらざるをえない。

ところが、アイスランドでは海についての深い知識も海との関係性も、昔から女性たちが担ってきた。海の女は船の舵を取り、指揮をし、男性船乗りと同等か、あるいはもっと優秀とみなされてきたのだ。彼女たちは乗組員としても船長としてもコミュニティで尊敬される立場にいた。そしてつねに、海の知識を世代から世代へと受け渡していく存在でもあった。

驚くべきことに、アイスランドの女性船長や女性操舵手を取り上げた記録をすべて調べても、ソウラ・リリヤもわたしも、重大な海難事故を起こしたり乗組員を失ったりした記録をひとつも目にしなかった。スリーズル船長が海に出ていた六〇年間、ひとりも乗組員を失わなかったことは、これまで何度となく文章に取り上げられてきた。これほど危険で多くの死者が出る仕事であることを考えれば、この功績は並はずれたものだ。大きな農場主のひとりで、クヴァルラウトラルに住むオウラヴル・ベルグスヴェインソンには、優秀な漁師である娘がいる。ニックネームはスティーナ。彼は娘のことをこう言っている。「スティーナが一緒にいてくれたら安心して漁ができる」[80]

＊

アイスランドの海では、女性も男性と同等に受け容れられていたという記録を読みながら、わたしは何度となく同じ疑問に立ち返った。これまで気づかぬふりをしていた疑問でもある。西洋のほかの国の記録では、女性は海の仕事で成功できなかったか、成功した例はめったにないと繰り返し述べられているのに、アイスランドではなぜそれが可能だったのだろう。アイスランドの女性たちは、なぜ海で働くことを許され、あるいは強制され、奨励されていたのか。そしてなぜ彼女たちは受け容れられ尊敬されていたのだろう。

最近になってその答えがわかった。きわめて明白で簡単なことだったので戸惑ってしまったほど。それがわかったのは、あるプレゼンテーションを聴いていたときだ。アイスランドの漁業史における気候変動の役割に関する発表だった[81]。わたしはそのテーマに興味があった。というのも、かつて海氷が船乗りを脅かしていたことを、記録のなかで何度となく目にしていたからだが、今では海氷もずっと少なくなっている。やがて、発表者はこんなことを話しはじめた。ずっと昔、アイスランドで使われていた漕艇は今より大きく、オールが一六本もあったため、船主は多くの乗組員を雇っていた。ところが、一七〇〇年代には船がぐっと小さくなり、オールも平均四本や六本に減る。その理由は、船の漕ぎ手が足りなくなったからだ。発表者によれば、スナイフェルスネス半島の北側に位置するオウラフスヴィークでは、漕ぎ手不足により、ふつうなら年に一〇回船を出すところを、二回しか出せなかったという。

わたしはゆっくりと背を正した。そうか！　ペストがアイスランド国民の多くの命を奪い、天然痘でも四分の一の人口が失われ、火山の噴火や乳幼児の高死亡率もあり、その結果、人びとは飢餓に陥った。農場経営者たちは労働者法を強化して人手を確保しようとする。しかし漁業がますます重要になってくると、船を漕ぐ男たちが足りない。男が足りないとなれば、もはや男女の垣根は取り払わざるをえず、女たちが中心となって漁船を漕いだ。ただ、これだけではわたしの疑問に対する完全な答えにはならないだろうが、男の漕ぎ手不足がひとつの要因となって女が海で働く道を開いたことはたしかだろう。第二次世界大戦中はどこの国でもそうだったが、多くの男が戦争に行ってしまうと、女たちは代わりにあらゆる仕事をし、以前なら男にしか許されなかった仕事も、突如として任されるようになった。そしてアイスランドでは、このようにして海の女たちが知識を次の世代へと受け渡していったのだ。

こんなふうに考えれば、ある程度は真実にたどり着くとはいえ、ものごとはつねに見た目よりも奥が深いものだ。たしかに、腕のいい女性たちは古くからアイスランドの魚船に大きな貢献をしてきた。しかしそれなら、なぜ彼女たちのことをだれも聞いたことがなく、スリーズル船長と詩人のラウトラ・ビョルグくらいしか知られていなかったのか。そして現代の海の女についてはどうなのだろう。

第３章

なぜ海の女たちがいなくなり、老婆とトロルと売春婦が増えたのか

海面は一見穏やかだった。わたしはブレイザフィヨルズルを進むフェリーの上甲板で手すりにもたれ、遠くの島々を眺めながら、このあたりの海でオールを漕いだり帆を操ったりしていた女性たちのことを想像していた。海面からわずかに出た岩礁の周りで、不吉な波が渦巻いている。五月下旬のこの日、わたしはフロンという女性を訪ねるところだった。彼女はフラーテイ島で兄とダンゴウオ漁をしている。わたしは最近、彼女がレイキャヴィークに来ていたときに知り合い、家に招いてもらったのだ。この島のことは史料で何度も読んでいたので、ぜひ見てみたいと思った。

なにもこれがはじめてというわけではないが、あれこれ考えているうちに恥ずかしさで身のすくむ思いがしてきた。最近わたしが参加した学会のことを思い出したのだ。それまでも、海の女についてわかったことを暫定的に何度か発表していたが、このときは著名なアイスランド研究者に向けた発表だった。緊張していたなどというものではない。やがて、わたしの恐れが現実となった。発表の最後にアイスランド人の参加者が、海の女が存在していた証拠など信じられないとはっきり言ったのだ。わたしの発表にはきちんとした裏づけがあったというのに。その男性はしばらく考えたあと、ようやくこう言った。もしかしたら何人かは海の女がいたかもしれないが、それは「守られた」海であるブレイザフィヨルズルで、小型船に乗っていただけだろう、と。わたしはしばらく呆然と立ち尽くしていた。これは現実ではなく、悪い夢に違いない。

そんなことを思い出しながら、近づいてくるフラーテイ島を眺めていると、突然、フェリーの船長が近寄ってきた。彼はにっこりと微笑み、いい天気ですねと言った。わたしはフロンのことを知っているか尋ねてみた。

「ああ、知ってます。フラーテイ島のフロンなら、ぼくのいとこですよ」。あとでフロンから聞いた話によると、船長はフラーテイ島で育ち、現在、家族はブレイザフィヨルズル南岸の村スティッキスホウルムルで暮らしているという。フロンの家族と同じように、彼らも何世代にもわたってフラーテイ島で暮らしていたのだ。

フロンはフラーテイ島で家族と漁をしながら大きくなったが、ある年の夏、島で映画監督と出会って結婚し、レイキャヴィークに移り住んだ。何年かのちに離婚し、家具工場で働いているとき兄から一緒に仕事をしないかと誘われ、島に戻った。そして、前章で紹介したヴァリーと同じように、高価な魚卵を目当てに、ダンゴウオ漁をしている。「わたしはとても幸運でした」とフロンは言った。「働いていたのは金融危機の前だったから。その後は、多くの労働者が工場を追われました。わたしには漁がありましたし、漁を愛していますし」

島に到着すると、わたしは小径を踏み外さないよう注意しながらあちこち歩き回った。というのも、キョクアジサシの巣に近づいてしまうと、親鳥が巣を守ろうと急降下で攻撃してくるからだ。以前は、ほかの島々にも海の女たちが滞在していたが、今では一年を通して居住者がいるのはフラーテイ島だけになった。かつていろいろな島々で暮らしていた人たちは、今もその島を所有し、鳥の所有権を持っている。彼らは羊たちの世話をし、ケワタガモの卵を拾い、羽毛を採取しにくるものの、現在ではアイスランド本島に住んでいる。ただ、フラーテイ島にだけは今でも二家族が常住しているのだ。

島には古い教会が残っていて、現在は多くの別荘やホテルが夏の旅行シーズンにだけオープンする。フロンの母親は、収入を得る手段として小さな民宿を営んでいる。ホテルと違って、この民宿は一年中オープンしているという。

「わたしたちが手がけているのは伝統的な農業ではありません」。陽射しに満ちたキッチンで、フロンは話を聞かせてくれた。一家が代々受け継いできたのは、ケワタガモの羽毛採取で、最大の市場は日本だという。「価格は上がったり下がったり。今は下がっているので、あまりよくないのです」

ケワタガモがすぐれているのは、表面の羽だけでなく、羽の下にとても柔らかい羽毛——アイダーダウンがあるからだ。ケワタガモは背の高い草のなかに巣を作り、そこにふわふわの綿毛を敷き詰める。羽毛の採取は、何世紀も前から受け継がれてきた方法で行なわれる。まずは袋を二つ手に持つ。ひとつには羽毛のように柔らかくなるまで揉んだ草を入れ、もうひとつの袋はからのままだ。採取する人は、草のどこに巣が隠れているか正確に知っている（わたしには全然見つけられなかった）。巣に近づいていくと、産み落とされたばかりの卵や生まれたばかりの雛を、そのままの状態で慎重にすくい上げる。そしてもういっぽうの手で、巣に敷かれたアイダーダウンを採取し、からの袋に入れる。次に、柔らかくしておいた草を同じ分量だけ敷いてから、卵や雛をそっと巣に戻し、見つけたときと同じ配置にしておく。採取した人が立ち去ると、親鳥はたちまち巣に戻ってくる。わたしはこの作業を目にしてからは、アイダーダウンの布団やジャケットを気楽に使うことができなくなった。

「家の裏手に来てみて」とフロンの母親が誘ってくれた。「雛鳥がいるわよ。明日巣立つわ。今、飛ぶ準備をしているところ」

「なぜそれがわかるんですか？」

「羽に白い部分が多くなるの。ちょうどこのくらい多くなると、飛び立つころよ」

翌朝、彼女は家の前に立ち、鳥そっくりのやさしい鳴き声で雛鳥を見送った。わたしはその視線を追い、雛鳥たちが飛び立っていくのを見ていた。鳥と同じように、島の人たちもほとんどがここを去っていったのだ。それはなぜなのだろう。

*

アイスランドで現代の海の女を見つけ出す試みに、大きな進歩があった。アイスランド人の友人が、フェイスブックにアイスランド語で呼びかけてくれたおかげだ。やった！　国じゅうから応答があった――そんなふうに思えたのも、それまでほとんど見つけられなかったからだ。海の女たちはこの国のあちこちに点在していて、その数はかなりにのぼると思われた。とはいえ、これまでの何世紀かに較べて現在の数が非常に少ないのはたしかなようだ。わたしは考えに考えた。かつてはあんなにも多かった海の女が、ただひとりスリーズル船長を除いて、パッと消えてしまったように見えるのはなぜなのか。ふつうに考えればこれは矛盾だろう。この何世紀かのあいだに男女平等が進んだことを思えば、海で働く女性がもっと増えていてもいいはずだ。なぜ彼女たちの姿が完全に消され、そのせいで、わたしの発表を聞いた研究者が、海の女の存在をはなから信じようとしなかったのか。これを解き明かすにはしばらく時間がかかった。いくつかの要因を探っていくうちに、あるパターンが少しずつ見えてきた。謎に満ちたこの国では驚くにあたらないが、その「答え」はやはり複雑だった。

女性を捉えなおす――テクノロジーと「女の職務」との不思議な結びつき

一八〇〇年代半ばになると、アイスランドでは、漁船の数も種類も大きさもかなり増えてきた。ヨーロッパ大陸の国々が帆船や蒸気トロール船を使うようになっても、アイスランドではほとんどの漁師がまだ手漕ぎ船を使っていた。(1) しかし、それもようやく変わりはじめた。一八一六年から一八四〇年のあいだに、タラの干物や塩漬けの輸出量が四倍に増え、漁業は農業より優先されるようになった。(2) デンマーク王が社会的な規制も輸出制限も緩和した結果、さまざまな人が船を所有できるようになった。船乗りたちは依然として海に出るにも船を陸に上げるにも料金を払わされていたものの、漁をする機会は増えた。(3) そして、帆船の数が少しずつ手漕ぎ船より増え、やがて取って代わるようになった。帆船ならより遠くまで行けるし、長く海にいられるうえ、漁獲量も増える。しかし、溺死者の多さからわかるように、危険もまた増えた。もうひとつの重要な変化は、甲板ができたことだ。最初は半分の甲板、その後、完全な甲板ができた。そのおかげで甲板の下に船倉が造られ、獲った魚や漁具や食料を入れておけるようになった。乗組員たちは魚の塩漬けや脂身などの食料をおのおの木製や金属製の箱に入れて持ち運ぶようにもなった。甲板船には、悪天候から身を守れる利点もある。こうした変化を通して、女性はアイスランドのほぼすべての地域、とりわけ西部と南部で漁に力を発揮し続けることができたのだ。(4)

農場や遠隔基地では、全員が協力して魚を獲り、陸でその処理作業にあたった。仕事をする際、男女の区別はあいまいだ。もし手が空いている女性がいて、料理が必要ならば料理もしたが、ほとんどの場合、女性も船を海に出したり、魚を獲ったり、獲った魚を洗ったり捌いたりする仕事に携わった。

そして農場でもまた、男も女も子どもも、みなで一緒に作業することが生活のリズムになっていた。それは農場主の利益のためであると同時に、自分たちが生きるためでもあった。

一八〇〇年代の終盤になると、この状況もまた変化しはじめた。一八九四年、デンマークは農場労働者法を廃止し、貿易制限もさらに緩和した。その結果、貿易量は増大し、とくにスペインとイギリスとの貿易が増えた。(5) 制限が緩和されると、貧しい人びとでさえ共同で船を買うようになった。新型の船は魚が多く獲れるため、それに合わせて陸での処理作業も増えていった。家族で漁をするケースでは、分業化が進んだ。海に出る者が船の手入れをしたり魚を獲ったりしているあいだ、ほかの者は陸で魚の処理をする。この役割分担は女性にとって重要だったし、与えられる立場という意味でも重要だった。

仕事はどんどん細分化していったものの、家庭でも農場でも人びとは一体となって働き、収入は農場や家族全体のために使った。仕事をするうえでは、漁をする農場も家族も、海での作業と陸での作業に価値の違いはなかったが、ここでも海の女にとって重要なのは、陸での作業が女や子どもの仕事とみなされるようになり、海での作業はもっぱら男の仕事になっていったことだ。(6)

これまでソウラ・リリヤと一緒に調べてきたように、この変化が起きる以前、海の女はたいてい独身か、子どもがいても少ない傾向にあった。農場に雇用されている海の女はあらゆる仕事をしていた。家でも農場でも海でも働いたのだ。彼女たちは専業主婦とはみなされず、そうなるよう期待もされず、多くは許されもしなかった。「専業主婦」に近い立場といえば、大農場の「女主人」くらいだ。たとえば、長いあいだ一家に仕えたグズニーに緑色の靴をくれた農場主の妻のように。大所帯で采配を振るうそうした女性たちは上流階級に属しているため、海に出ることはまずない。陸でも仕事をし、所帯を持っていた女性たち、たとえばストックセイリのスリーズル船長やブレイザフィヨルズル地域のグズルン・ヨウンスドッティルは、漁業や農業の仕事をしているあいだ、人を雇って家事を任せていた。海の女たちが家事を手伝うことはあったとしても、それが中心的な仕事ではなかったのだ。たとえば、農場でも海でも働いていたマルグリエト・アルナドッティルは、ビャルナルエイヤル諸島のある島の農場で、農場主の妻が亡くなったとき、所帯を管理する仕事を任された。「祖先たちと同じように」気前がよく、勤勉で、海でも陸でも腕っぷしの強かったマルグリエトは「料理のような家事はあまり得意ではなかった」という。けれども、彼女の料理で「だれも病気になっていない」のだから、それもたいした欠点ではなかったようだ。それよりも、雇用人や地元民にとっては、海でも農場でも彼女が有能なこと、貧しい者たちに寛大なこと、そして「島いちばんの人気者」であることのほうが大事だったのだ。(7)

ところが、一八〇〇年代半ばから終わりにかけて、はっきりとした変化があらわれてきた。このころまで、ひとりの人間が一家の「大黒柱」になるという考えかたは馴染みがなかったため、アイスランド語にはそうした立場を指す単語さえ存在しなかった。(8) その単語が使われるようになったのは、生きるすべや人生設計や、個性に対するアイスランド人の考えかたが劇的に変わりつつあったということだ。

船のテクノロジーや漁の労働慣行が大幅に変わりつつあったのと同時に、海の女の家庭内での「役割」も、さまざまな評価を与えられることで、目に見えるものになっていった。史料には、まるで書き手が読者に念を押すかのように、女性たちは海で働いてはいるものの、家ではよい主婦でもある、と記している。後者の立場は、以前なら言及さえされなかったが、いまやそれが中心的役割になったかのようだ。女性は海での貢献を依然として讃えられながらも、次第に家庭内での役割が中心となっていったのである。

たとえば、牧師のフリズリク・エッゲルスは一八〇〇年代半ばの海の女ふたりを褒める際、彼女たちは「通常の女の仕事」のほかに、漁も草刈りも上手だったと言っている[9]。一九二九年に亡くなったシグリーズル・ギスラドッティルを讃える文章では、彼女の漁の腕前は「編み物や縫い物[10]」と同じくらいすばらしいと言っている。ユリアナの夫キャルタンは強い海の女たちとともに育った人物だが、海の女である妻をこんなふうに褒めている。「船にモーターが付いたとき、妻はミシンのときと同じで、いとも簡単にやりかたを覚えたよ[11]」。だれもが嫌がる荒天のフィヨルドを渡り、男性を送り届けたグズルン・ヨウンスドッティルも家事の能力を褒められている。「彼女はとてもすぐれた主婦で……結婚しても〔海に出るのを〕やめたがらなかったので、どうやら両方ともこなせたようだ。子どもが七人いてもまだ海に出ていたのだから、ほんとうにすごい」。いっぽう、こちらの記述には海の女に対する苛立ちが見て取れる。「彼女はキッチンにいるより海に出ているほうが好きだった。本人がそんなふうに言っているのを、周囲の人は憶えていた[12]」。歴史家のベルグスヴェイン・スクーラソンも、アザラシ猟師のロウサムンダ・シグムンズドッティルを思い出して、同じようなことを書いている。「ロウサは家で編み物をしているより、漁に出るほうがずっと好きだったのだろう[13]」

こうした記述はそれ以前の数十年とはあきらかに違っている。一八〇〇年代終盤、農場で働く女性は、ほかにどれほどすぐれた能力があろうと、そのおもな役割を家事に結びつけられるようになったのだ。同時に、海での働きぶりも徐々に軽視され、子ども扱いされるようになっていった。ふたたびユリアナの夫キャルタンの言葉を見てみると、局面が変わったことがよくわかる。「女房は海の英雄であり海の女だったが、ただ当時の俺はそんなふうに思ったことがなかった。彼女が若いころ船に乗っていたのは、子どもの遊びみたいなものだ。その遊びが終わって、俺と一緒になったときからほんとうの人生が始まったんだ」。キャルタンがこんなふうに考えていたのを知って、わたしはユリアナに同情した。「女房にとっては大きな変化だったはずだが、それがわかるのは彼女を知っている人間だけだ[14]」

このころから、女性に許される活動が少しずつ制限されていき、「男っぽい」とみなされる活動からはあからさまに排除されるようになった。牧師のヨウン・ステイングリムソンは一八九一年にこう記している。南部ではこのところ海の女の数が減っており、彼女たちに対する態度も変わりつつある、と[15]。その一例がグズニー・ハーガリンだ。一八七八年に生まれて一九五二年に亡くなったグズニーは、家族とともに西部フィヨルドのビルドゥダールル近くで成長した。一二歳になると、父親とフラーテイ島で過ごす際、船の操縦法や漁のしかたを教わった。そのあいだ、男のきょうだいは家にいたという[16]。父親からはキツネ狩りも教えてもらった。以前は女性がキツネを狩ることも多かったのだ。一五歳のとき母親が亡くなると、叔母がグズニーの人生に大きな影響を及ぼすようになった。一八〇〇年代終わりごろ父親が銃の使いかたを教えようとすると、叔母が止めた。父親がグズニーを「女としてではなく男として」育てようとしている、というのだ。グズニーはお嬢さんなのに、「このお嬢さんときたら女の務めをなにひとつ学んでいません」。その結果、グズニーは危険を伴う行ないをやめることになった。彼女が慕っていた父親は、それまで娘を気の置けない仕事仲間のように扱い、深く信頼しながら一緒に狩りや漁をしてきた。ふたりの「楽しみや心躍る仕事」を失ったグズニーは、のちに「とてもつらかった」と打ち明けている。一六歳のとき父が亡くなり、一九歳で結婚して九人の子どもをもうけたが、そのうち彼女の死後まで生きたのは三人だけだった。海に出ることも狩りをすることもなくなった彼女は、ダンゴウオ漁の網を修理しながらも、おそらく情熱だけは持ち続けていたに違いない[17]。

家庭における女性の役割は、海の仕事などほかの任務よりも重視されるようになった。わたしはこの変化に気づいたとき、当時アイスランドが経験しつつあったさまざまな変化にも目が行くようになった。それはきわめて大きな変化で、国じゅうに影響をもたらすものだった。デンマークは一八七四年、アイスランドが自治権獲得に向けて踏み出すことを許可し、一九〇四年には独立に向けた具体的な動きが進展した。愛国精神が高まり、独立の意識も高まった。デンマークが貿易制限を解除すると、それまで長く孤立状態にあったアイスランドでは、多くの人たちが他国の価値観や考えかたを知るようになった。同時に、めざましい技術革新によって、アイスランドは自分たちを近代的国家と見るようになり、国際的なイメージをも考慮しはじめた[18]。愛国的活動にせよ独立運動にせよ、注目されるのは男性的な資質だ。いっぽう、妻や母としての女性の役割はそれまでにないほど持ち上げられ、「女性の本能」として理想化された。それらは男らしさと相まって重みを増していき、母親や専業主婦が女性のお手本と見られるようになった。こうした変化によって、女性の役割は家庭に限定されてしまったのだ。急速に変化する社会が女性に期待したのは、形を成しつつある国家に最大限尽くすことであり、それは家庭という究極的な「王国で女王様になること[19]」なのである。となると、好ましい「女性」像がこのように変わった結果、海の女はどこへ行ってしまったのだろう。

アイスランド人は街に移住し、海の女は陸に上がる

アイスランドの田舎暮らしを理解するためには、沿岸の村々を見て回る必要があると気づいた。その際、ビルナという女性に出会えたのはほんとうにラッキーだった。ビルナはフェイスブックでの呼びかけにすばやく応えてくれた女性のひとりで、海の仕事について聞いてもらえるのは嬉しいと言ってくれた。レイキャヴィークで会って話を聞いてみると、彼女は西部フィヨルドの漁村で生まれ育ち、若いころ海の仕事をしていたが、それだけでなく人類学の学士号も持っているという。そのうえ、わたしは彼女をとても好ましく感じた。そこで、あるときコーヒーを飲みながら、もし興味があればフィールドワークを手伝ってもらえないかとおそるおそる尋ねてみた。信じられないことに、彼女は喜んで手伝うと言い、実際、とても役に立ってくれた。もし彼女の協力がなかったら、この研究はどうなっていたかわからない。彼女は海のこと、アイスランドの田舎暮らしや漁師の生活のことを教えてくれたし、英語を巧みに操って、わたしが困ったときに何度もアイスランド語の通訳をしてくれた。

ビルナと一緒に沿岸の村々を歩き、海の女やそれ以外の人たちから、過去のことや暮らしのことを聞いているうちに、村に対するわたしの見かたが変わりはじめた。コミュニティによっては、一八〇〇年代やさらに古い一七〇〇年代の建物が残っており、そのほとんどがデンマーク商人との交易所か商館だった建物だ。見ていて気づいたのは、村々がそれぞれ見事に違っていること。たとえば、ストックセイリは今でも農家が点在しているのに対して、グルンダルフィヨルズルは家々が集中していて、あきらかに計画的に作られたことがわかる。わたしは最初、こうした町が何世紀も前にできたのだろうと思っていたが、たいがいはそうでないことがわかってきた。ストックセイリの住人が何世

紀もの歴史を語るいっぽう、グルンダルフィヨルズルなど多くのコミュニティでは、自分たちの村ができたのは一九〇〇年代になってからだという。これにはわけがわからなくなった。アイスランドの人たちはしばしば、この島に千年も住んでいるという話をする。それなら、これほど多くの村を作ったのが、なぜたった一〇〇年前なのだろう。

少しずつわかってきたのだが、その答えはまたしても、この国と船の技術との関係にあった。一九〇〇年代はじめ、ディーゼルエンジンのモーター船がアイスランドにやってきた。一九〇七年ごろに西アイスランドへ、その少しあと、一九一〇年に南部のストックセイリへ[20]。それからすぐ蒸気トロール船が続いた。こうした船の登場は社会を劇的に変え、アイスランドの産業革命と呼ばれてきた。船が大型になったため、砂利の海岸へ引き上げることはできなくなった。そのため、船の所有者は土手の低い入江ではなく、もっと安全な港が必要になり、漁業の舞台は農場から、港のある――もしくは作れる――漁村へと移った。要するに、海に出るための場所は、いまやだれもが使用できる場となり、もはや上流階級の農場所有者が管理するのではなく、村の中心的な場となったのだ。その結果、港を擁する地域は、漁師が船を近くに置いておけるので、暮らしやすい場所になった。そうして、魚の加工作業場も港のそばへと移った。

これによって、アイスランド社会の風景は劇的に変わった。人びとは点在していた農場から移り、新しくできた沿岸の漁村で、港の周辺に集まって暮らしはじめた。そのため、長いあいだ、小型の手漕ぎ船を溶岩浜に押し上げていたストックセイリのような場所は、あっという間にお役御免となった。また、ブレイザフィヨルズルの島々は、かつて社会的にも経済的にも恵まれた暮らしをし、たくましい海の女たちも活躍していたが、それも今では過去の遺物となってしまった。なるほど、フラーテイ島の建物が現在ではほとんど夏の別荘になったことも、フェリーが広大な湾を渡る際、水深の深い場所にドックがあるフラーテイ島を停泊地としたことも、その理由がたちまちわかってきた。人びとはこぞって移住し、それがあまりにも急だったため、実態が把握できないほどだった。できたばかりの漁村は、それまでにない生活スタイルの拠点となった。アイスランドの女性は長年の闘いを経て、一九一五年に投票権を獲得した。そして一九一八年、アイスランドは独立国となった――ただし、元首はデンマーク王のままだった。労働階級が増え、労働組合が生まれると、社会的にも経済的にも新たな格差が生じた。起業家や公務員などの中産階級も生まれ、その多くが都会で育ってきた。農場は依然としてアイスランドの経済や社会において重要な部分を占めていたものの、数は減少していった。沿岸の町や首都圏が驚くほど急速に発展したからだ。一八六〇年には町に住むアイスランド人はわずか三パーセントだったが、一九二〇年にはなんと四四パーセントにも増えた。[21] そして、漁業がこの国のおもな経済力となったのである。[22]

＊

船にモーターが付いたおかげで、漁獲量が増えた。一日に二度以上も漁に出ることができるし、そのたびに遠くの豊かな漁場まで行ってこられるからだ。船の可動域が広がれば、遠隔基地は出番がなくなっていく。漁は集中的に行なわれ、点在する農場にではなく一か所の港に陸揚げされる。そのため、魚の加工には、ひとつの場所に多くの人手が必要になる。その結果、農場ではすでに始まっていた男女の役割分担が、漁業でも顕在化してきた。新しい港町で、捕獲量の増えた魚を加工するためには、女性も子どももほぼ全員が「必要とされた」のである。

漁業や漁獲高の重要性が高まり、さらに魚の加工場が農場から漁村へと移った結果、農場の社会構造はもはや機能しなくなった。そして、法律も習慣も変わらざるをえなくなった。なぜなら、人手が必要とされるのはいまや農場ではなく、漁港のある村の加工場だからである[23]。農場主に代って経営者たちが加工場を管理しはじめ、そこで働く人たちは賃金労働者になった。陸で作業に当たるのはほとんどが女性と子どもであり、その体制はすでにできていたため、彼女たちがそのまま賃金労働者に移行したと思われる。

残念なことに、慣例として賃金の不平等はすでに存在していた。農場では女性の労働者はつねに男性よりかなり賃金が少なかった。加えて、農場で魚の加工作業をしていた女性はその対価をきちんと受け取ってもいなかった。そのふたつが組み合わさった結果、商人も経営者も女性にわずかな賃金しか与えない状況が生まれた。だから、陸で作業をするほぼすべての女性の賃金は――もはや驚きもしないが――無残なものだったのである。ところが、いまやほとんどが男性となった漁師たちは、相変わらず漁獲量に応じて、比較的恵まれた賃金を得ていた[24]。

地方の村で女性への賃金格差がずっと続いてきた影響は大きく、いくら強調してもしすぎることはない。当時から一〇〇年近くたった一九九〇年代後半になっても、地方の村の女性たちは、依然としてほとんどが水産加工場で働いており、その賃金は、漁に出る地元男性のなんと五五パーセントにすぎないのである[25]。

一九〇〇年代のはじめ、漁の舞台が農場を離れ、港を拠点とする漁村へ移るにしたがって、「漁」という概念も変わった。以前は農場や遠隔基地から出向くほぼ自給自足の営みだったのが、「商業的漁業」になったのだ。「商業的漁業」は、高価な大型船や蒸気トロール船を使い、多くの乗組員を雇って、四、五日も海に出ているケースがほとんどだ。そして、「遠隔基地（アウトステーション）」に対して使われた「本拠地（ホームステーション）」の「ホーム」という意味も変わりはじめた。以前、「ホームステーション」は生活の中心地として、そこで暮らす人たち全員を支えていた。本拠地での漁は日々の活動に欠かせない営みだったのだ。ところが、次第に「ホーム」は漁の作業に欠かせない場所というより、漁とは切り離された場所を意味するようになっていった。そして、この新たな「ホーム」は、漁から離れた女性たちが――典型的なイメージでいえば――漁師の父親や兄弟や夫の帰りを待つ場所となったのだ。

こうした状況を考えれば、新たな大型漁船には女性の存在がほぼゼロにまで減少したことも、さほど驚くにあたらない。歴史家ソウルン・マグヌスドッティルの記述によれば、一九一〇年以前にこうした大型漁船で働いていた女性の記録はなく、「それらしい話」を聞いたことがあるくらいだという。[26]それを裏づける忌まわしい記録もある。一九〇〇年以前、溺死した女性はとりわけ西部と南部に多く、そのほとんどが乗組員だった。しかし、一九〇〇年代はじめには劇的な変化がみられる。つまり、新しい大型船に乗って溺死した女性はほとんどが乗客だったのだ。[27]もしかしたら、新しい形の漁に参入した女性が少しはいたかもしれないが、多くはなかっただろう。

「女性たちの」漁

急激に増大しつつあった沿岸のコミュニティで商業的漁業が拡大していくいっぽう、自給自足のための沿岸での小規模な漁も、次第に減少しつつ、なお細々と続いていた。陸で働けという圧力はますます大きくなっていたものの、一九〇〇年代はじめに沿岸で漁をしていた女性たちは、いまや強制的にではなく、タラやダンゴウオやアザラシなど、沿岸で直接獲れるものならなんでも獲り続けていた。獲った魚は家族で食べたり、船の所有者である農場主に渡したり、生活費に換えたりした。ソウルン・マグヌスドッティルが記しているように、男たちは港や大型船に飛びついたものの、一九〇〇年代初頭のアイスランドでは、おそらく大型で多様な漁船を維持するのはまず無理だし、そこにはどうしても女性による沿岸漁が必要だった(28)。当時の史料を見ればわかるのだが、沿岸漁の割合は依然としてかなり高かったものの、その地域は限定的だった。当時、東部で漁をしていた女性の記録はわずかしかなく、北部と南部でもそれより少し多いくらいだ。海の女が多く取り上げられているのは西部で、西部フィヨルドやブレイザフィヨルズル地域周辺だった(29)。

女性の手によるダンゴウオなどの沿岸漁は、勃興してきた「水産業界」からはまともに受け止められなかった。というのも、ダンゴウオ漁はその昔、家族が生きるための魚であり、貧窮の生々しい記憶と密接に結びついていたため、できるだけ早く忘れたい人たちが多かったからだ。しかし、ダンゴウオ漁が「女の漁」とみなされ、そのために減少していったという事実からは、女性が依然として漁に出ていた実態が浮かび上がってくる。現代では、ダンゴウオの魚卵は高値で取引され、それでいてタラのように漁業権料や漁獲割り当てが決められているわけでもない。そのため、ダンゴウオは先に紹介したヴァリーやフロンのような漁師家族にとって、天の恵みになったのである。

こうした変化の時期にも、ヘルガとシグリーズルのギスラドッティル船長姉妹は漁を続けていたし(30)、奇跡的に漁師用コートを手に入れたカトリンも同じだった。ユリアナは一九〇〇年代はじめに漁をしており、その娘たちも父キャルタンとともに一九四〇年代まで海に出ていた。[31] ソルグリムスドッティルの姉妹ヨウニナとグズルンも、北東部の村フーサヴィークで漁を続けていた。このように、名前はいくらでも挙げられるし、記録はいくらでも見つかった。しかし史料では、海の女も彼女たちの漁も時代遅れのものとして言及され、沿岸漁はもはやアイスランドの経済や社会の中心ではないことも強調されている。その例として挙げられるのが、グンロイグスドッティルの五人姉妹——セプテムボルグ、サロメ、グズロイグ、リリヤ、ヨウニナ——で、彼女たちは一九〇〇年代はじめにブレイザフィヨルズルのビャルナルエイヤル諸島から漁に出ていた。五人は別々の船や、ときには同じ船に乗っていたが、規則では家族全員が同時に漁に出ることは禁じられていた。[32] セプテムボルグは帆船でも、そして「トリッラ」と呼ばれる小型のモーター漁船でも操縦のうまさで知られていた。ヨウニナは最初、手漕ぎ船の舵取りをしていたが、のちに帆船やトリッラを操り、舵取りでも帆やエンジンの扱いでもその腕を認められていた。しかし、時代の変遷をあらわすように、一九四〇年にヨウニナが亡くなると、ある記事では彼女のことを、優秀な漁師が多いビャルナルエイヤル諸島で最後の女性船長（おそらく男性も含めた船長）だと記している。というのも、彼女の死後まもなくこの島々は無人になったからだ。[33]

歴史家のベルグスヴェイン・スクーラソンは、グズルン・トルヴァドッティルからさまざまな話を聞くなかで、時代の変化がもたらす切ない思い出を記している。グズルン・トルヴァドッティルは、かつて妊娠中にドリトヴィークから漁に出ていたグズルン・エイナルスドッティルの娘だ。「若いほう」のグズルンは一九四一年、レイキャヴィークにベルグスヴェインを訪ねていった。ベルグスヴェインによると、グズルンはそのとき九〇歳だったが、依然として動作が機敏だったという。長い人生のあいだにあちこち引っ越したが、「いつでも島が故郷でした。わたしはブレイザフィヨルズルの農場主の二世代ぶんを生きてきました、もしかしたら、三世代ぶんかもしれません。今は農場主が若くして亡くなってしまうので」

一九五三年、ベルグスヴェインが最後に会いにいったとき、一〇二歳のグズルンはレイキャヴィークで娘と暮らしていた[34]。「昼過ぎに訪ねていくと、彼女はベッドに横たわり、起き上がれなかった。転倒して腰を打ってしまったらしい。残された時間はほとんどない。腰を痛めただけでなく、時間と空間の感覚もなくしていたからだ。彼女に訊いてみた。『ぼくを憶えていますか』」。島をあとにしてきた悲しみを思いながら、ベルグスヴェインはこう記している。「彼女はなにも答えずこちらを見てから、静かに言った。『ダンゴウオは今でもセリヤスンド〔ブレイザフィヨルズル湾内〕で獲れますか？ベッギさん』。わたしは答えた。『さあ、どうでしょう[35]』」

何世紀にもわたって活気にあふれ、女性もおおぜいいた島々の漁業人口は、この数十年のあいだに消え去ってしまった。さながら、フラーテイ島でフロンの母親とともに見送ったケワタガモの群れのように。フロン一家は今も島で暮らす数少ない家族のひとつで、一家の女性たちはなおも海で働いている。

＊

アイスランドでは、もはや農場労働のシステムに拘束されることもなくなり、貧富にかかわらず、家庭を持つことが重要視されるようになった。衛生環境や医療が進歩したことで、幼児の生存率は急上昇し、一八〇〇年代はじめには幼児の死亡率がヨーロッパでもっとも高かったが[36]、一九三〇年代には幼児の生存率がヨーロッパで有数の高さになった。[37] 同時に、法律や社会状況が変化したことで、土地を持たない女性でも結婚し子どもを持てるようになった。[38] この変化もまた劇的で、一九二六年にはアイスランドの人口は倍になり、一〇万人に達した。[39]

こうして住処《すみか》、仕事、家族の形が同時に変わって、それが「近代化」と呼ばれ、海で働く女に重要な変化がもたらされた。彼女たちに求められるものが変わり、周囲から向けられる目も変わったのだ。新しい社会での役割はジェンダーによって決められることが増え、国家が女性の理想とみなす主婦の役割は大きくなっていった。[40] そのうえ、人口が増加するにつれ、漁業は男だけでまかなえるようになった。第二次世界大戦後の女性を取り巻く状況に似ているのだが、以前なら人員不足を補うため女性の能力が受け容れられ、期待さえされていたのに、需要が減るにつれて、そうではなくなったのだ。

迷路のように入り組んだこの変化のなかに、海の女たちが陸へと上がる道のりが見えてきた。アイスランドにおいて、海は女性にとって経済的、社会的、身体的に平等な場だったが、それがもはや消滅しようとしていた。[41] 近代社会がジェンダー平等のための場を広げるよりもむしろ狭めていたことは、公然と口にはされないし、気づかれてさえいないかもしれないが、その作用を果たしたのはたしかなのである。

次のステップ――拒絶が増えてくる

一八七〇年代以前、史料の多くには、海の女の勇気や漁の腕前や、身体的、感情的な強さを賞賛する言葉が見られた。その後、主婦としての役割を強調する文章でも、まだ彼女たちを褒めていた。[42] ところが、一九〇〇年代に興味深い変化が始まる。女性の役割がさらに強く家庭と結びつけられるようになると、海に出る女性は受け容れがたい存在という扱いになっていく。そして、この話題は何十年にもわたって、うんざりするほどよく聞かされるようになった。さらにうんざりするのは、現在でもまだこの状況が続いているという事実だ。

海での女性の役割が小さくなった原因のひとつは、女は海の仕事に適さないという考えが植えつけられたことだ。溺死事故を記録した史料では、乗組員に女性がいた場合、否定する証拠がある場合でさえ、事故を女性のせいにする記述が見られるようになった。たとえば、一九七七年に取り上げられているのは、一八三三年に起きた事故の件だ。[43] マグヌス・マグヌソン船長はフラーテイ島を出発し、嵐のなか、ビャルナルエイヤル諸島を目指した。海が赤くなったと言われるほど激しい嵐で、やがて海面はたちまち氷で覆われた。この海域にいた人たちはなんとか逃げおおせたが、マグヌスだけは取り残され、帆を上げた姿が最後に目撃されている。やがて彼の船は転覆したらしく、全員が溺死した。事故の真相はだれも詳しく知らないにもかかわらず、記事ではその責任をまるごと乗組員に押しつけている。船に乗っていたのは、農場労働者グズルンとステイヌンのソルステインスドッティル姉妹、マグヌスの妻マリア・オウラフスドッティル。彼女はロイズセイヤル島の出身なので海の知識もあったはずだ。もうひとり、エーリン・オウラフスドッティルは周囲によく知られた海の女だった。これだけ経験豊富な女性たちがいたにもかかわらず、そしてマグヌソン船長が無謀な決断をしたにもかかわらず、記録の書き手は「船長以外は使い物にならなかった」と書いている。著者はのちに「エーリンも腕っぷしの強い女性で、海にはよく出ていたらしい」と認めながらも、なおこう記している。

「マグヌスはいい船を持っていたが、もっと質のいい乗組員が必要だった」[44]

こうした「近代的な」風潮によって、女性に対する認識が変わっていった。以前は男性と同等の強い船乗りになれると思われていたのが、女性は男性より劣り、脆弱で、船に乗るのは適さないと思われるようになったのだ。興味深いことに、この風潮について話題になったとき、現代の海の女たちは、それが外国の——とくにイギリスの——影響を受けていると確信していた。ひとりはこんな話をしてくれた。「イングランドのノーフォークでは、新しい乗組員が来るたびに、わたしを見て見習いかと船長に尋ねるのです。船長が、いや彼女は正式な甲板員だと答えると、今度は『操縦もするのか』と訊くので、船長は『ああ、必要となれば操縦もする』と答えました。すると、『操縦しているところを今見られるか』と訊いてくるのです」。自分たちはこういう考えかたに左右されている、と現代の海の女の多くが口にする。船に乗る女性がいると、陸の人たちはその存在を小さく見せようとし、正式な乗組員ではなく男たちの手伝いにすぎない、と説明するのだ。スヴァンヒルドゥル・エギルスドッティルが語った次の例はとてもわかりやすい。あるインタビューで彼女が語ったのは、東アイスランドのヴォプナフィヨルズルで小エビ漁の船に乗ったときのことだ。船が給油のためドックに停泊したので下船すると、「石油会社の従業員がじっとわたしを見て、『この人は船の使用人なのか？』と機関士に尋ねたのです。機関士はちょっと考えてからこう答えました。『ああ、彼女は爪の手入れとマッサージをしてくれるんだ』」。インタビューのなかでスヴァンヒルドゥルは機関士の気の利いた——そして皮肉な——答えをおもしろがったあと、言葉を続けた。彼女によれば、乗組員のなかに、そんなふうに人をばかにする態度は見られなかったという。[45] 実際、その機関士が余裕を見せ、冗談で返したことからも、彼女の立場をきちんと認めていたのがわかる。現代の海の女たちが経験をもとに何度も口にしてきたことなのだが、陸で言われているのとはまったく逆で、有能な海の女を受け容れられないのはたいていの場合、乗組員ではない。否定的な思い込みを持っているのは、陸にいる人たちなのだ。

陸の人たちが海の女に対してこうした態度を取るようになったのは、一朝一夕のことではない。一九〇〇年代はじめ、海の女を指す言葉が劇的に変わりはじめた。以前は勤勉さや賢さが強調されていたのに、さまざまな軽蔑語をまとわされるようになったのだ。海の女に対してよく使われるのは、「ケルリング（kerling）」で、これは「老婆」や「鬼ばばあ」という意味である。かつての海の女を取り上げた後世の記事には、何度となくこの「ケルリング」という言葉が出てくる。こうした見かたは、現代のアイスランドでもなくなっていない。海の女たちから聞いたところによると、陸の人たち、あるいは漁師でも虫の居所が悪いと――男も女も――「ケルリング」という言葉を背後から、あるいは面と向かって投げつけてくるという。たとえば、漁仲間のヴィグディスとビルギャは、一九九〇年代、長く一緒に漁をしていた。ふたりがビルナとわたしに語ってくれたのは、レイキャヴィークの南の漁村グリンダヴィークでの経験だった。「去年の秋、屋根付きの船で海に出たとき、わたしたちの名前を登録していたのは女性でした」ビルギャが言った。「登録するときその女性は、ほかにも〈女の館〉から来た人はいるのか、と訊いたのです。陸の人たちも無礼な態度で、『ケルリング』についていろいろ言ってきました。なぜなのかわかりません」

海の女に対する一般的な見かたが変わるにつれ、強い海の女はなにかといえば「トロル」に喩えられるようになった。ここで重要なのは、アイスランドでは、女性を表現する単語の意味が、この一世紀で変わってしまったということだ。その一例が「トロル」である。以前は神秘的な力を持つ美しく屈強な女性に使われていた。並はずれた力持ちだったイーサフォルド・ルーノウルフスドッティルのことは、初期の史料では、「端正な顔立ち」で、「思ったことは恐れず口にし、仕事熱心で、海でも陸でも英雄として見られ、人間というよりトロルのように見えることもある」と書かれていた(46)。ここで使われているトロルは褒め言葉といえるだろう。ところが一九〇〇年代はじめから現在にいたるまで、「トロル」は少しずつ否定的な意味合いを持つようになってきた。

こうしたステレオタイプ的なトロルの根底にあったのは、強くて自立した女性は女らしくないという考えかただ。海の女で詩人でもあったビョルグ・エイナルスドッティルが、初期の史料で描かれていたのは、型破りで、ときに人を呪う能力で恐れられたものの、舵取りの腕や、見事な詩や、親切なことで慕われてもいた姿だった。ところが——もはや驚きもしないが——のちの史料では、その風貌も行動も受け容れがたい人物として描かれている。一九世紀の史料では、彼女のことを、見た目の恐ろしい女で、首が長く、背が高く、足がとても長く、その振る舞いはどこを取っても女らしくないと思われていた、と表現している(47)。ビョルグの研究者が記しているように、死後七〇年たって書かれたこのような史料ではつねに、年老いた放浪者という昔ながらの役割を当てはめられている。実際、そのイメージが広まってしまったため、そうとしか思えなくなったのだ(48)。

スリーズル船長の場合も同じだ。たとえば、スリーズルをガイドに雇ったイーダ・ファイファーの文章のように、スリーズルの死後まもなく、あるいは存命中に書かれたものでは、七〇代のスリーズルをこう表現している。スリムな身体、がっしりとした肩、明るく賢そうな目、赤みがかったブロンドの髪、眼差しの強さで人を惹きつける面立ち。ところが、のちの書き手は彼女を魅力的でない人物として描いている。その文書が出版されたのは一九七六年なので、書き手はスリーズルに会ったこともないはずなのだが。「彼女は重要な女性だった。体格がよく、勤勉だったが、瘦せていて、顔は肉がこけ、角張っていて……海では男のように振る舞わなければならなかった[49]」

＊

海の女をトロルに喩えたり、粗野で下品な女というイメージで見たりする風潮が、一九世紀はじめから半ばまでに定着してしまうと、そうした見かたから彼女たちを守ろうとする人びとも出てきた。たとえば、年代史家のグンナル・マグヌソンは、海の女グズニー・マグヌスドッティルを取り上げた文章のなかで、彼女を擁護する意見を記している。第1章でも紹介したように、グズニーは活力にあふれ、山道を走り回ったり、大漁に貢献したりしていた女性だ。しかし、時代が変わり、一九二〇年代になると、グズニーは魚の塩漬け作業をするようになった。加工場で一緒に働いていたグンナルは、あるとき陸の人たちが彼女のことを「グズニーばあさん」と呼んでいるのを聞いていやな気持ちになり、こう記している。「海でも陸でも男の仕事をこなしていた人物に対して失礼だと思った。彼女は健康で動きも俊敏で、当時まだ四四歳だったというのに。白髪は一本もなかったし、寒い季節でも咳をしているのを聞いたこともない。顔の皺は、よく笑っていたせいだ[50]」

また、長く海の仕事を続けたディルレイヴ・エイナルスドッティルは、一九四八年、七八歳のときある女性からインタビューを受けている。その女性によれば、ディルレイヴは長く海で働いていたにもかかわらず、手は柔らかくて、節くれ立ったり曲がったりはしておらず、「海で働いていた女性とは思えないほどだった」と記している。この書き手が読者に訴えたかったのは、海で仕事をしていても、ディルレイヴは女らしく、やさしく、周囲から受け容れられる女性だったということだ[51]。

もうひとつ例を挙げると、一九六七年にフーサヴィークの政府役人ヨウハン・スカフタソンは、地元の海の女グズルンとヨウニナのソルグリムスドッティルの姉妹を、こんなふうに擁護している。「もしかしたら彼女たちを女トロル（skessa）かガミガミ女（pilsvargar――直訳すると「スカートをはいた狼」）のように思うかもしれないが、それは事実とはまったく違う。ふたりとも、漁師のズボンと同じくらいシルクのドレスもよく似合うし、学校の成績も優秀である」[52]。スカフタソンが彼女たちの知性をも擁護する必要を感じたことは憂慮すべきで、暗示的でもある。

「ばばあ」という軽蔑語に見られるように、こうしたステレオタイプはわたしたちの時代でもなくなっていない。現代の海の女でさえ、トロルに喩えられたことがあると話す人は多かった。彼女たちはよく苦笑いしながら、さまざまな事例を語ってくれた。ステレオタイプの例に漏れず、そうした言葉は、海の女とはなんの関係もないところで勝手に増殖していくのだという。ヴァルディスという三〇代前半の女性は、現在グルンダルフィヨルズルの沿岸で船長として漁に出ている。スリムで、ブロンドの長髪、明るい笑顔が印象的だ。彼女が笑いながら話してくれたところによると、漁師でない夫の親戚が、ヴァルディスのことを人に話すと、相手は決まって「粗野で無作法」だと思い込むという。同じように、二〇一三年に出版された文書で、ロシアのトロール船に乗っているヨウハナ・リリヤが「すごくおかしい」と言っているのはこんな事情があったからだ。彼女の婚約者が「ロシアのトロール船の乗組員」と付き合っていると聞いたヴェストマン諸島の人たちは、「わたしが大柄で気性の激しい女（bredda――直訳すると「大型ナイフ」で、攻撃的なほど強いという意味。褒め言葉ではない）だと思い込み、実際には小柄な女だとわかると、がっかりしていました」[53]

さらに、海の女は男性との関係についても偏見を持たれていた。男性の乗組員とうまくやっていく能力がないと思われたり、卑猥な詮索をされたりしたのだ。[54] この種の思い込みがとくに多かったのは、スリーズル船長に対してである。彼女がすぐれた船長として高く評価されてきた女性だからなおさらだったのかもしれない。スリーズル船長は男女を問わず、同僚や部下の乗組員とうまくやっていたし、恋人や夫と破局してもなお友人関係でいたことから、もしかしたら彼女は男性と親密な関係を築けないのではないかという噂が広まっていった。

＊

先に紹介したように、スリーズルには親密な関係になった男性が三人いて、どの相手とも良好な間柄のまま終わっている。にもかかわらず、のちに書かれた文書では、否定的な見かたへと変わっていった。とくに顕著なのが、一九七二年の記事である。そのなかで書き手は、「なにごとも即断即決のこの女は、男とベッドをともにするような情愛を持ち合わせていなかった」と言っている。彼女の結婚については、若いヨウンと一緒になった理由を説明もせず、わいせつとさえ感じられる書きかたをしている。

彼女はあまりにも軽はずみだった。いっときは楽しんだにせよそれは長続きせず、結婚後まもなくストックセイリの住民は辛辣な冗談を言い合うようになった。若くて精力にあふれた夫を、あのばあさん（kerla）はベッドに入れようとしないのだ、と。そんな関係が長続きするはずもなく、実際にこの夫は一年かそこらで家を出ていった。その後、スリーズル船長は男というものに愛想を尽かした。男とうまくやっていくのは難しいとようやく悟り……海では男の扱いかたを知っていても、家では知らなかったのだ。[55]

この文章からわかるのは、いまや海の女にはふたつのステレオタイプができあがったということだ。つまり、自由奔放なセクシュアリティと、男性から見た魅力のなさ。現代の海の女に言わせれば、そうした先入観のせいで、自分たちは売春婦と見られることもあれば、筋骨たくましいレズビアン（レズビアンはそういうものという思い込みがある）と見られることもあり、ときには両方に見られることさえある。ヴァリーはその見かたに逆らうように、こんなことを語ってくれた。「漁師になるくらいだから、おそらくレズビアンかなにかだろうとみな思うのですが、それは違います。わたしは船が好きだし、大型車も好き。そういう女性もいるのです。それを恥じる必要はありません。わたしのなかには昔から少年がいたのです」。航海学校で女性としてはじめて大型船船長の資格を得たシグルンもこう言っていた。「女の子が航海学校に行くと聞いた人たちは、実際のわたしを見もせず、男っぽい女と思い込んでいました。だから、わたしを見たときは驚いていました。こちらをじっと見て、『それほど男っぽくもないね』と言ったのです。わたしの感覚では、むしろ女性のほうが、海の女は男っぽいと決めつけるようです[56]」。別の女性が話してくれたように、陸の人たちはどちらにせよ悪く言うのだ。「ひとりの女としてつらいのは、もし気さくに振る舞えば複数の男と寝ていると噂されるし、守りを固くすればレズビアンだからだと噂されることです」

ステインロイグは三〇歳くらいの、小柄で、カールした黒髪の女性だ。彼女は二、三年前に大型船の船長の資格を取得し、現在は船を指揮する立場で働いている。北アイスランドのアークレイリという街のこぢんまりとした喫茶店で、ステインロイグはよくある話としてこんな経験を語ってくれた。「数週間前、漁の道具を（陸で）消毒していたら、『ああ、きみは航海士なのか？　で、あっちのほうはどうだ？』と、そこにいた男に訊かれました。二つ目の質問はセックスのこと。乗組員たちと寝ているんだろう、という意味です。そういうとき答えずにいると、相手は怒りだします」。船で調理係として働いている女性からはこんなことを聞いた。「あるイースターの日、ホルナフィヨルズルで船の機械が故障し、街に立ち寄らなければなりませんでした。タラップを降りようとすると警備員から『お嬢ちゃん、気をつけて降りなよ』と言われたのです。『ここで働いています』と答えると、相手はずいぶん決まりが悪そうでした。おそらく、漁師たちのお相手をするために船に乗っていたと思ったのでしょう」。もうひとりの海の女は、女友だちと海に出たときのことを話してくれた。「最初、乗組員の妻たちは、夫が同僚女性と寝るのではないかと恐れていました。こういうことを言い出すのは、陸にいる妻たちなのです。たぶん、わたしたちがそういうこと（船上でのセックス）を楽しんでいるとでも思っているのでしょうね」

「わたしも悪い評判を立てられました」と語ってくれたのは、もうひとりの女性だ。「船でだれかと寝たことなど一度もないのに、街の女性たちがわたしの噂を流していたのだと思います。わたしは見た目も体つきもいいほうです。最初の三か月ほど、（船上で）ちょっかいを出されることはありましたが、その後はなくなりました。船上での能力を証明したからです。しかし街の噂は続きました。でも、わたしは真実を知っているので気にはしませんでした」。もうひとり、インガ・ファニーも大型船船長の資格があり、現在は五〇代で、三〇年以上にわたってさまざまな立場を経験してきた。彼女によれば、海で働いていたあいだ「この種の話はいくらでもあった」という。一九七〇年代に南アイスランドで漁を始めたころ、「ストックセイリの人たちから見れば、二〇歳の女の子は男に飢えた存在だったようです」。乗組員の妻たちは、五〇を過ぎた夫が船で浮気をするのではないかと不安だったのだ。だから、彼女は噂をやめさせるために、ボーイフレンドの存在をでっち上げた。ボーイフレンドの詳細を忘れるといけないので、イギリス人の従兄弟を想定しておいた。アイスランド人ではないので、だれもその真偽をチェックできない。「インターネットがない時代でよかったわ」とインガは言った。

妻としても母親としても失格

海の女がターゲットになりやすかったのは、主婦としてだけでなく母親としても女性はこうあるべきだ、という比較的新しい定義に反していたからだ。あるインタビューで、サイウン・ルズヴィクスドッティルという女性は、陸の女たちの言葉に傷つき、少し驚いたと打ち明けている。海に出る女は「子どもや家庭や夫の世話をきちんとせず、ひどい目に遭わせている」と言われたのだ。サイウンによれば、むしろ男性のほうが好意的で、海の仕事は主婦業の息抜きになるし、稼ぎがあるのは悪いことではない、と言ってくれるという。[57] いっぽう、イーサフィヨルズルに位置する西部フィヨルドの村で、数年前までトロール漁船の甲板員として働いていたカレンは、出産後も海の仕事を続けていたとき、陸の男たちからさえそんなふうに言ってもらったことはないという。彼女の言葉にはいまだに怒りがこもっていた。「出産まではなんの問題もなかったのですが、仕事に戻ると周囲から、息子を置いて海に出るなんて悪い母親だ、海に出るのは父親のほうでわたしではない、と言われたのです。陸の女性たちも同じで、子どもを置いていくのはよくないと言うのです」

カレンの経験にも、陸の人たちの思い込みがあらわれている。つまり、海に出るのは夫であって妻ではない、ということだ。その考えを裏返せば、妻やガールフレンドが海に出ているあいだ家にいる夫なんて一人前の男ではない、ということになる。実際、海で働く女性の夫はそういう目で見られているわけで、それは夫婦とも、あるいは交替で海に出ている場合も同じだ。サイウン・ルズヴィクスドッティルのインタビュアーはこう記している。「この夫婦は夫のほうが女だぞとからかわれた」[58]。インガ・ファニーが話してくれたのは、一九九五年、ナミビア船の船長の仕事を引き受けたときのことだ。夫も同行し、四歳の息子の世話をすることになった。すると、事務所にいた男たちの多くが彼をからかい、もし妻がもうひとりいてサポートしてくれれば、ふたりとも「大変な思いをしなくていい」し、「ゆっくりできる」のに、と言ったという。インガによれば、そう言ったのは仲間の乗組員たちではなく、陸の男たちだ。夫自身も長年、船を指揮する立場にいたので、インガは夫を立てるようにこう言った。「妻に対してやさしく、支えになってくれる人こそりっぱな男性です」。女性の（そして男性の）〝居場所〟を限定してしまうこうした社会的プレッシャーのせいで、女性は仕事をやめざるをえなくなる。二〇代はじめの短期間、海で働いていた女性からは、こんな言葉を聞いた。「この地に戻ってきたとき、わたしは船に乗れば仕事に就くことができました。でも断ったのです。いい船でしたよ。わたしのボーイフレンドにぴったりの船だと思いました。男は、女より稼ぎが少ないとやる気をなくす、と養父に言われたし、たぶんそのとおりなのでしょう」

女なんてとんでもない！

海の女が少しずつ拒絶されるようになった状況を、迷信という切り口で調べてみるとおもしろい。アイスランドのこの種の迷信は、スコットランドなどほかの国とは異なり、比較的新しく作り出されたものであり、過去の史料を見れば、とくに海の女に関して否定的な言い伝えはないことがわかる。[60]もしそうでなければ、海の女はこれほど多く存在していなかったはずだ。歴史家のソウルン・マグヌスドッティルによれば、「女性がいると魚は怖がって逃げていくという迷信は、おそらく外部からもたらされたものだ。南部では聞いたことがないし……アイスランドにはもともとそういう考えかたは見当たらない」[61]という。それどころか、女性にも男性にも「フィスキン」つまり「幸運を呼ぶ人」がいた。たとえば、スリーズル船長が若かったころ、父親の乗組員たちは彼女を乗船させたがった。なぜなら、幸運をもたらすと信じられていたからだ。[62]一般的に妊娠中の女性は運を呼ぶと言われていたが、アザラシ狩りでは、前述したロウサもアザラシをおびき寄せる特別な資質があると信じられていた。

一九〇〇年代のはじめ、海の女が否定的に見られはじめたのに伴って、女は海に悪運をもたらすという迷信が囁かれるようになった。ステファンという男性はこの変化を経験した人物で、二〇一一年に話を聞いたときは一〇〇歳に近かった。彼自身は漁師ではなかったが、ストックセイリに近い農場で育ったので、スリーズル船長にまつわる話をたくさん知っており、そのなかには漁の腕前やカム農場での窃盗事件を解決した話も含まれていた。このような逸話が伝わっているにもかかわらず、彼は頑として自分の信念を変えようとしなかった。つまり、海の女などひとりも知らないし、そんな女はいるはずがない。海の仕事をするのは選ばれた屈強な男だけだし、当然ながら、女が船に乗るのは縁起が悪い、というのだ。彼は孫娘とわたしにこうも語った。漁師は女の夢を見ただけでも海に出るのをやめるほどで、男たちは女が船に近づくのさえ嫌がる。この話と、スリーズルに対する好意的な話とがこうも異なるのはきわめて奇妙だ。やがて、ステファンはある船長から聞いたという歌を歌ってくれた。

おれはいやだね
たとえほかのやつらが海に漕ぎ出したとしても
昨夜、恐ろしい夢を見たんだ
鬼ばばあに追いかけられる夢を

こういう迷信は一九〇〇年代に始まり現在まで続いている。海の女たちによれば、船に乗る女性にまつわる迷信は、今ではアイスランドじゅうに存在し、ステファンの言葉どおり、漁師が海に出る途中で女を見ただけでも縁起が悪いと信じられている。地域によってはこういった迷信が広く行き渡っているので、いったい近年の女性たちはどうやって海に出ていたのかと不思議に思えた。少しずつわかってきたのは、人生の問題がしばしばそうであるように、この迷信も最初の印象より込み入っているということだ。ずっと女性を雇ってきた男性船長たちによれば、そんな迷信はばかげているという。四〇年ほど海で働いていたある男性船長はこう言った。「船長のなかでも、女は縁起が悪いと考える割合は五分五分だと思う」

これもわかってきたことだが、アイスランドでは、海の女の迷信をいまだに信じている人もいるが、すでにみんな知っているため、冗談の種にされることも多いという。オウリナ・カールスドッティルという女性がインタビューで語っているのは、甲板員として働いていた一九七〇年代のことで、当時はほとんど魚が獲れなかったという。「みんながわたしたちを見てひどく笑い、女防魚剤と呼んでいたんです。もちろん、ふざけてですけど(63)」

もうひとつわかったのは、迷信を信じている人でも、柔軟に考えを変える場合が多いということだ。何人かの女性から聞いた話によると、女は縁起が悪いと思っていた男性船長や乗組員も、実際に女性と仕事をしてみると、自分たちが間違っていたと悟るという。ある女性の話では、最初、船長に仕事を求めたところ、「だめだ、女を乗せると魚が獲れなくなる！」と断られた。そのあと別の船長に雇われ、はじめての漁で船いっぱいに魚を積んで戻ってくると、最初の船長がハグしてきたという。「思い込みが間違いだったと証明できたし、向こうはそれを喜んで受け容れてくれました。漁は毎回そんな感じでうまくいきました」。いっぽうで、女性は幸運を呼ぶという正反対の考えかたも生き残ってきた。別の女性もこう言っていた。「男たちは、わたしを縁起が悪いと思っていましたが、わたしが橋から魚をたくさん釣り上げているのを見ると、船に乗ってくれと言うのです」。彼女の経験は、わたしがほかの女性たちから聞いた話とも一致する。フィスキン、つまり幸運を呼ぶ女性の資質は、否定的な迷信よりもしぶとく生き残ってきたのだ。何人かが同じような経験を話してくれた。漁で幸運に恵まれると、最初は抵抗していた乗組員たちも考えを変える。女性が乗船したときにふだんより大漁だと、彼女が魚を「おびき寄せている」と思ってくれるのだ。ある女性は笑いながらこう言った。「男たちが何度かわたしを乗せたとき、よく釣れたのです。わたしが乗るといつも大漁でした。彼らは喜んでいましたよ」

海の女たちはこんなふうにも言う。たとえ迷信があったとしても、船長たちはいざ乗組員の補充が必要となれば声をかけてくれる。現代の海の女エーリンは、一九九〇年代後半に六年間、イーサフィヨルズルに位置する西部フィヨルドの村で船の調理係と甲板員として働いていた。「義理の兄は、女を船に乗せるのはいやだと言っていました。彼もわたしの弟も船長で、ふたりともわたしを船に乗せませんでした。それなのに、人手が足りなくなるとわたしをあてにしたのです」。わたしはヨウニナという女性からも何度か話を聞いた。彼女は四〇代半ばで黒髪にキャップをかぶり、瞳はコバルトブルー。大型船の船舶機関士などの立場で二〇年間働いてきた。ある午後、わたしたちは戸外に座り、レイキャヴィークの夏の陽射しを浴びながら話をした。「女を船に乗せたがらない男はたくさんいますよ。ある船長は、女を船に乗せることに反対だと言いながら、いつもわたしを仕事に呼びます。それでわたしが船に乗ると、ほかの乗組員と同じように接してくれるのです」

どうやら、海の女に対する迷信はありながらも、女性は海で幸運を呼ぶという古くからの言い伝えも生き残っているということらしい。こんな例もある。アウスゲイルという船長は、グルンダルフィヨルズルの船長ヴァルディスの父親だ。彼は以前乗っていた船のことを話してくれた。「女は縁起が悪いという迷信は、その船では正反対だったな。女が船でおしっこをすると幸運が訪れると信じられていたんだ」

ここに至り、わたしは海の女に対する否定的な見かたがなぜ生まれたのか、不思議に思えてきた。というのも、海の女の存在を抹消したければ、過去の記録も、そしてできるかぎり現在の記録も削除してしまうのが手っ取り早い。実際、アイスランドでは広範囲にそうなってきた。ただ、それが意識的、計画的に行なわれたのかどうかはわからない。しかし事実として、削除は現在でも検閲の方法としてきわめて効果的だ。あるとき、アイスランド国立公文書館の職員が、女性船長だったシグリーズル・ギスラドッティルの話を聞こうと姪たちにインタビューしたところ、姪たちはシグリーズルのことを話そうとせず、祖父つまりシグリーズルの父のことだけを話したがった。父ギスリも周囲から慕われていた船長だ。インタビュアーはしかたなくほかを当たらざるをえなかった。姪たちは「自分が有名な女性船長の姪であることをなんとも思っていないようだった」からである。[64]

このインタビュアーもそうだが、察しのいいアイスランド人なら、海の女がこの国の集団的意識から消去されてきたことに気づいている。[65] グズルンとヨウニナのソルグリムスドッティルの姉妹について話を聞いたとき、政府役人ヨウハン・スカフタソンはこんなふうに言っていた。「今では信じられないかもしれませんが、遠くまで出かけていかなくても、作業着を着て海に出ている女性は見つけられますよ」。同じように、歴史家のイェンス・ヘルマンソンも一九七七年にこう記している。「海で働く女のことはほとんど記録されていないが、実際には数え切れないほど存在していた」。[66] そして当然ながら、歴史家のベルグスヴェイン・スクーラソンもこう主張している。「ブレイザフィヨルズルの島々で暮らしていた海の女たちは、男と同じほどいたのだが、今日では信じてもらえないかもしれない」[67]
削除は見事に功を奏し、一九七五年に書かれたある記事では、そこで取り上げたクリスティン・ビョルンスドッティル以外、アイスランドでは海で働く女性はひとりもいなかったと記されている。[68]実際には当時、海で働く女性がふたたび急増しはじめ、アイスランドの漁師の少なくとも一割に達していた。[69]一九八〇年代には、歴史家ソウルン・マグヌスドッティルも似たような思いを味わったと記している。海の女に関する自著が出版されると、そこに書かれていることは事実なのか、ただの作り話なのか何度も訊かれたというのだ。[70]

このようにして、海の女の存在が過去のものも現在のものもすっかり消されてしまったため、ソウルンはアイスランドの海の女のことを知るために、外国まで出かけていかなければならなかった。「フィンランドで女性と産業に関する会議に参加したとき、フィンランドの水産業者がトロール船をアイスランドの海岸まで向かわせ、船上で魚を塩漬けしていることを知りました。彼らはアイスランド北部の女性を雇い、船上で塩漬けさせていたのです。女性が外国船で仕事をしているなんて、それまで聞いたことがありませんでした」[71]

その結果、現在の平均的なアイスランド人は、海で働く人と聞いて女性を思い浮かべることはまずなくなった。グルンダルフィヨルズル沿岸で船長として働くヴァルディスがこんな話をしてくれた。「義父は、息子の同居人が船乗りだということを人に話したがるのですが、そうすると相手は『ああ、それは気の毒に』と言うのです（船乗りは男だと思い込んでいるので息子はゲイだと勘違いしている）。義父は冗談好きなので、いつもそれをおもしろがっているのですよ」[72]。それでも彼女の仕事を認めてくれている義父のことを思って、ヴァルディスは笑っていた。わたしが話を聞いた女性たちは、自分自身がまったく認知されていないだけでなく、それによって、海の仕事に就こうとする女性たちにも悪影響があると感じていた。ステインロイグはこう言っている。「だからわたしたちもやる気をなくしてしまうんです。どんなに頑張っても功績を認めてもらえない。漁の世界で女性が認められることはありません。たとえわたしが正しいことをしても、それで褒められるのはほかの人なんです」

*

過去も現在も海の女の存在がほとんど知られていないせいで、その存在を知ると驚く人が多い。彼女たちの家族、とくに自身も海の仕事をしている兄弟や父親は、身内に海の女がいると誇らしく感じるらしい。というのも、彼ら——家族や海の女自身を含め——もまた、海で働く女などほとんどいなかったと思い込んでいるからだ。なかには、友人から「かっこいい」と言われる女性もいる。ある少女が口にした言葉は本質を突いていた。「友人は『まあ、勇敢なのね』と言うのですが、わたしにとっては仕事なのです。クラスの男子たちも同じ仕事をしているのに、なぜわたしだけが勇敢と言われるのかわかりません」。実際、彼女が勇敢と言われるのは、女性は男性と能力が異なるという考えかたのせいだ。皮肉なことに、昔の漁は今よりはるかに危険で骨が折れたにもかかわらず、現代のほうが、漁は女性にとって危険すぎると見られるようになった。そしてその見かたは減るどころかどんどん増えていき、文化の一部になってしまった。ソウルン・マグヌスドッティルは二〇〇〇年にアイスランド国営新聞からインタビューを受け、海の女は二〇〇〇年よりも一九八〇年のほうが好意的に見られていたのではないかと述べている。「もはや、この仕事は無視されているようなものです」(73)

海の女はこの国の集団的記憶から完全に抹消されてしまったため、現代の海の女でさえ、先祖の豊かな歴史を知らない。この埋もれた遺産のおかげで、わたしの調査活動は発見の喜びに満ちたものになった。わたしたちが最初に興味を持ったのは、スリーズル船長ひとりだった。というのもアイスランドでほんものの海の女は彼女だけだと教えられていたからだ。その後、ソウラ・リリヤとともに探してみると、昔のアイスランドには文字どおり何百人もの海の女がいた驚くべき記録が見つかりはじめ、スリーズルだけではなかったことがあきらかになった。やがて、存命中の海の女もあらわれてきた。わたしはビルナとともにその存在を探し出し、何十人かと話すうち、正直言って少し驚いた。周囲が思い込んでいる状況との違いが、どんどん大きくなっていくからだ。何人かは、過去に母親が漁をしていたとか、自分自身が母と一緒にダンゴウオを獲っていたという話をしてくれた。しかし、彼女たちが、そういえば母親も海の仕事をしていたと思い出したのは、自分自身の経験を語ったあとになってからだ。彼女たちはほぼ全員、スリーズル船長以外、昔の海の女をひとりも知らなかった。海の女たち自身にさえ、この歴史はないものにされているのだ。あたかも、もともと存在していなかったかのように。

＊

調査もだいぶ進んできたある週末、わたしは西アイスランドの港町アクラネスにビルナを訪ねていった。風に逆らってふたりで身を寄せ合いながら、岩のうえを慎重に灯台まで歩き、建物の風下に座って海を眺めた。黙って座っていると、ビルナが煙草に火をつけ、話しはじめた。「わたしが若かったころ、男たちはいつも、海の魔力とか、海に引き戻される感じを話していたわ。それはどういうことなんだろうと、興味津々だった」そこでちょっと間を置く。「やがてわたしは大人になって海に出たけれど、海の魔力については口にしなかった。女は子どもを産むもの、男は海へ行くもの、と思われていたから。海への愛情を語るのは女のすることではなく、男の領域に踏み込むことだから」

わたしたちはふたたび黙り込み、白波がフィヨルドにぶつかってたちまち盛り上がるのを眺めていた。わたしはその数年前に参加した学会のことを考えた。参加者のひとりが、海の女に関するわたしの発表を頑として信じなかったのだ。海の女がいた可能性を考えてみようともしないその男性は、どう見ても性差別者だとわたしは思っていた。けれども、あのときのわたしは、まだまだ調査が足りなかった。昔は海の女が広範囲に存在していたことも知らなかったし、この豊かな歴史がアイスランド人の意識から失われたせいで、今では海の女たちでさえほぼなにも知らないということもわかっていなかった。

そうした経緯を知った今、懐疑的だったあの男性を責める気にはなれない。彼にしてみれば、アイスランド人でもない新参者のわたしが、軽はずみともとれる発言によって、彼の経験から得た知識を否定したのである。ただ、わたしは彼を責めないものの、主張したい思いは以前よりなお強くなった。社会が、まともな意図もないまま、現代の基準に合わないからという理由で、ある種の人びとをまるごと削除してしまえると考えただけで、背筋が寒くなる。いったいなぜ、こんなことが起きるのだろう。もちろん、だれかが手を下したからだ。いつのまにか行なわれる削除は、あまりに狡猾で広範囲にわたるため、だれも気づきさえしない。これがわたしたちの現実なのである。

フルダ　主婦、海へ行く

アイスランド南東の沿岸を、デューピヴォーグルという海岸沿いの小さな村へと向かう道は、わたしがこれまで旅行したなかで、もっとも印象的な景色のひとつだ。ビルナとわたしがデューピヴォーグルを目指したのは、フルダとその夫シッギに会うためだ。八八歳の妻と八九歳の夫は今でも網を使った商業船で海に出ている。この日、道路脇の指の形をした山は、まるで海に浮かんでいるようにはかなく見え、ガラスを思わせる穏やかなブルーの海面に映った姿のほうが、むしろ輪郭がはっきりしていた。険しい山腹に沿って岩石の削痕が走り、そこへ黒や白や藻の深緑が象眼のように彫り込まれて、十字の線を作り出す。その線があまりに複雑で、わたしはエッシャーの絵に入り込んだように感じた。

「道路が凍っているわ」ビルナが言った。

その言葉に、わたしは我に返った。ビルナには多くの才能があり、田舎道を運転する技術もすばらしい。わたしは口を閉じていた。彼女はこの遠い道のりを、さながらモーター式のそりを操るように運転していく。小さな入江が枝分かれし、海面から切り立つ山々に囲まれた大きなフィヨルドとなる。入江に沿って走りながら、わたしたちはついに沿岸の村デューピヴォーグルにたどり着き、フルダ夫妻の家を見つけた。その家は一九四〇年代にふたりで建て、子どもが生まれるたびに部屋を増やしてきたという。なかに招き入れられると、フルダがコーヒーとお手製のアイスランドワッフルにジャムとホイップクリームを添えてテーブルに並べ、漁の話を聞かせてくれた。夫の漁にフルダが加わったのは、ふたりが六〇歳ごろのことだ。つまり、彼女は夫とともに三〇年近くも漁をしてきたことになる。「引き網漁船をひとりで操るのは危険だし無理なんです。以前は娘が夫と一緒に行っていたのですが、トロール船に乗るのをやめて、調理係になったのです。当時は、ほかにも女性が何人か、調理係として海に出ていました。それが流行っていたようで。だからわたしが海に出ることにしたのです」

最初、フルダとシッギはエビを獲っていた。「わたしは海の仕事がほんとうに好き。だから、家事も育児も漁も同じように頑張ろうと思ったのです」。船長は夫でした、と彼女は言った。そして西部フィヨルドでしか聞いたことのない言いかたをした。船長を「アシスト」していた、と言ったのだ。しかし時がたつにつれ、仕事の領域が増え、自分でも舵を取るようになった。

夫のシッギもキッチンから出てテーブルに加わり、ふたりは自分たちの経験を語りはじめた。フルダが二、三年前のことを話してくれた。「水流に逆らって風が吹いていて、きわめて危険な状態でした。パペイ島の近くだったので、なんとか無事でしたが、二度とあそこへは行くまいと決めたほどです。わたしが船を操縦して、夫が網を引いていました。わたしは網に目をやりながら、夫の足が網に巻き込まれないよう、そちらにも注意を向けていました。あまり楽な仕事とはいえないですね」フルダは控えめな言葉を口にして微笑んだ。

ふたりの話を聞きながら、わたしが思い出していたのは、歴史家のベルグスヴェインが最後にユリアナと夫キャルタンに会うため、ふたりが当時住んでいたレイキャヴィークを訪れたときのことだ。それは一九八四年で、ベルグスヴェイン自身が亡くなる一〇年ほど前だった。ユリアナは八八歳で、今のフルダと同じ。わたしから見ればふたりとも長生きし、漁でも人生でも多くのことを経験してきた。ベルグスヴェインがユリアナとキャルタンの家に到着したとき、ふたりはどこかから帰ってきたらしく、ちょっと寒そうに見えた。それで、どこへ行っていたのかと訊ねると、ふたりで漁に出ていたという。「ふたりとも幸せそうだった」とベルグスヴェインは書いていた。「まるでパーティーにでも行っていたように」

「なぜ、今でも漁に出るのですか?」とベルグスヴェインが訊いた。

「なぜですって?」ユリアナが答えた。「身体も心も生まれ変わるからよ」そして、夫よりたくさん魚を獲ったと言った。ベルグスヴェインがキャルタンにほんとうかと訊ねると、夫は「ええ。妻が自分の行動について嘘をついたことはありませんよ」と答えた。それを聞いて、ベルグスヴェインは失礼な——そして女性差別的な――質問をしてしまったことを恥じたと記している。

　そんなことを考えていてふと我に返ると、ビルナを相手にフルダとシッギが漁に必要な経費のことを語っていた。二〇〇八年の経済危機以前より今のほうがはるかに高いというのだ。ふたりは、自分たちのような小規模のタラ漁師でさえ、高額の漁業権料を払わされることを、とりわけ懸念していた。夫婦は船を所有していたものの、一九八〇年代はじめ、アイスランドはタラのように貴重な魚の漁業権を売買、貸借できる商品にした。そのため、小規模で漁を営む家族は戸惑った。この漁業権の商品化は、正式には「譲渡可能個別漁獲割当（ITQ）制度」と呼ばれ、アイスランド人には「クヴォウティ（kvóti）」として知られている。この制度は、魚自体の量とは関係なく、貴重な魚種の漁獲枠だけを個別に割り当てて管理するものだ。その漁業権を購入するため、多くの人が物価連動の銀行ローンを申し込んだ。すると、借り手は利息に加えてインフレのコストも支払うことになる。その結果、いくら支払い続けても負債は増えるばかりだ。果ては、多くのケースで、負債者の家屋や漁業権が銀行の手に渡り、それでもなお借り手は支払いを続けるはめになった。そのため、こうした物価連動のローンを避けようと、二〇〇八年の金融崩壊以前、借り手の多くは安定が見込まれた外貨連動のオルタナティブローンを申し込んだ。その後、金融危機が起きるとアイスランド・クローナの価値が半分になり、突如として、わずか数日前の銀行への借金が倍になってしまった。家主や漁師は家を失ったり、生活手段を失ったり、あるいは両方を失った。[74] フルダとシッギは、そうした経済的不安について話してくれた。

「船は収益以上にお金がかかることもあるんです」フルダが言い、もう漁をやめようかずっと考えていると教えてくれた。というのも、船や機械類や備品の維持費がかなりかかるからだ。それでも毎年、漁のシーズンになると、また海に出ようと思う。「周囲の人はわたしたちを見て戸惑っていますよ」とフルダ。「よろよろと船を乗り降りしているのですから」フルダは笑い、次の夏が来たら一緒に海に出ないかと誘ってくれた。わたしは微笑みながら、もしかしたらユリアナもそんなふうにだれかを誘っていたのではないかと思った。

「わたしはずいぶん長生きしたし、いろんなことを見てきました」とフルダ。「自分の人生を本にしたいんです。たくさんのものを持てて、どんなに嬉しいかを」彼女は間を置き、壁に掛けられた多くの家族写真に目をやった。「昔の人間だって不幸ではなかったのですよ」その言葉には、あきらかに彼女自身も含まれていた。「今あるものでじゅうぶんなのですね」とわたしが言うと、シッギも頷いた。ふたりともまもなく九〇歳だが力強く健康で、今も船を所有し、漁業権も家も持っているし、伴侶も健在だ。ユリアナとキャルタンと同じように、夫婦の元気なようすと笑い声から、海と魚への愛情が伝わってきた。

ふたりの話を聞きながら、わたしは人生の底流について考えていた。人間にとって、その流れはさながらイプセン作品のように、ときにあいまいでときに荒々しく、わたしたちが経験するあらゆる決心や要求や期待のちょっとした狭間を揺れ動いている。智恵とはなんだろう。いったい智恵はいつどのようにして生まれるのか。もしかしたら、智恵とはこの底流を認識することであり、それにより流れの深いところと浅いところにあらわれたものを同時に観察する能力なのではないだろうか。

帰り際、わたしはフルダとシッギが人生や認識について温かく語ってくれたことに感謝し、ワッフルのお礼も忘れず伝えた。そして外に出ると、澄んだ冷気を深く吸い込んだ。眼下には暗灰色に金の縞の入った海があり、その向こうには雪をかぶった山々が夕陽に映えてきらめき、その上には銀色のとばりを飛んでいく雲。もしかしたら、智恵というものは、喜びをそれと察する者にこそ訪れるのかもしれない。

（右上）ストックセイリにあるスリーズル・エイナルスドッティル船長の冬の漁師小屋を再現したもの。小屋は石造りで天井は芝で覆われ、ひとつしかない部屋の壁沿いに乗組員用の木製寝台が置かれている。フローシ・フラプン・シーグルソン撮影。個人所有。
（右下）スリーズル・エイナルスドッティル船長（1777年～1863年）。だれよりも漁獲量が多かったこと、乗組員をひとりも失わなかったこと、聡明さ、鋭い観察力、天気を読む技術で知られていた。お決まりのシルクハットとズボンを身につけている。フィンヌル・グズムンドソン（1900年～1979年）画。アイスランド国立博物館所蔵。
（左上）乗組員を指揮するハルドウラ・オウラフスドッティル船長。彼女は1700年代半ば、ブレイザフィヨルズルで漁をしていた。女性乗組員ばかりを雇ったことや、舵取りの技術、漁獲量の多さ、寛大さで知られる。ビャルニ・ヨウンソン（アイスランド、1934年～2008年）画。アイスランド国立博物館所蔵。

Þuríður Einarsdóttir (f. 1777, d. 1863) nafnkunn kona um allt Suðurland, formaður á Stokkseyri og í Þorlákshöfn um 25 vertíðir, oftast nefnd "Þuríður formann". Hinn 18. apríl 1853 er Þuríður við sjóróðra í Þorlákshöfn og ritar þá Guðmundi faktor Thorgrímsen. Þetta mun vera eigin rithönd Þuríðar, en hún er nú óvíða til. - Neðan við bréfið er ritað með blýant: "Já Th". Það hefur Thorgrímsen ritað sjálfur og þýðir, að beiðnin skuli afgreidd til gömlu konunnar. Bréfið hljóðar svo (fært til nútíma stafsetningar):

Þorlákshöfn, dag. 18. apríl 1853.

Háttmetandi velgjörari.

Guð launar yður kærleika er þér hafið borið mig á höndum. Nú leita ég á yðar góðvild og forlátið dirfskuna og hjálpið mér um af einhverjum sykri hálfpund, hálf pott af brennivíni, og 2 pund byggbrauð. Æ forlátið dirfskuna. Verið alltaf umvafðir guðs miskunnsemi.

Lifið vel,

Þuríður Einarsdóttir.

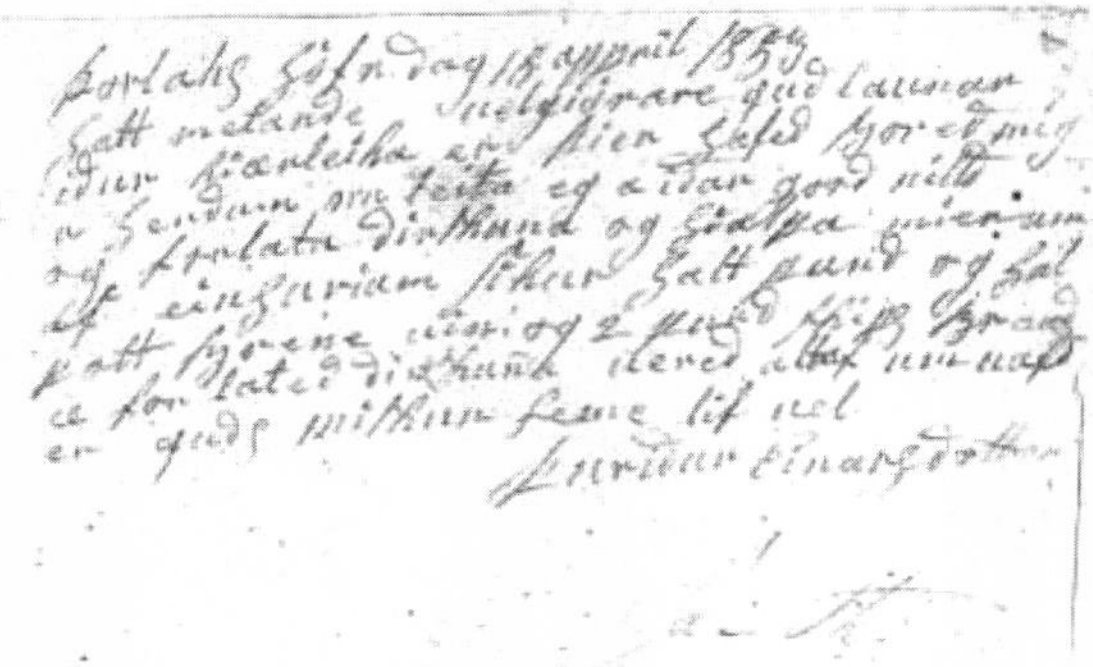

1853年、老齢のスリーズル船長が裕福な商人に援助を求めて書いた手紙。当時アイスランドでは、世話をしてくれる子のない老人にとって生活は非常に厳しく、スリーズルとて例外ではなかった。手紙ではこう言っている。「賞賛すべき慈善活動家のあなたさまは、わたしを支援してくださることで、神のご加護が得られることでしょう。あなたさまの親切心に訴え、これまでのわたしの思い込みをお許しくださり、どうか砂糖を半ポンドとブレニヴィン1パイント、大麦パン2ポンドをお与えください。★ああ、これまでの思い込みをお許しください。あなたさまが永遠に神のご慈悲に包まれますように。徳のある人生を。スリーズル・エイナルスドッティル」。彼女が依頼しているブレニヴィンとは、アルコール度数の強い酒で、当時アイスランドではこの酒しか許可されていなかった。Þuríður formaður A1/1。アウルネスシスラ地域公文書館1991/11。

★「Æ」（Ah）は「どうか」とも訳せる。ここには、援助を乞うような身分になりたくなかったという、ちょっとした戸惑いの意味が含まれている。

（右上）冬季漁の遠隔基地から漁船で海に出る準備をしている。波にさらされながら海に出て戻ってくるのは、とりわけこうした船では危険だった。この絵には描かれていないが、女性たちも遠隔基地に滞在し、これらの船で漁をしていたことが知られている。ビャルニ・ヨウンソン（アイスランド、1934年～2008年）画。アイスランド国立博物館所蔵。
（右下）出航準備万端の手漕ぎ船グストゥル号。1900年に撮影されたこの写真は、乗組員たちが日曜日の正装でポーズを決めている。1899年の夏、エイヨウルフスフース農場には20人が暮らし、グストゥル号で海に出ていた。農場の労働者として記録されていたのは男性3人と、女性7人だったので、どうやらその夏の乗組員は多くが女性だったようだ。アイスランド国立博物館所蔵。
（左上）1800年代によく見られた漁師用作業着を身につけている。女性も同様の上着を身につけ、その下は普段着にセーターかショールを重ね着していた。なかには男性用のズボンを穿く女性もいたが、多くはウールのスカートを重ね穿きしていた。水に濡れるとかなり重くなり、船が転覆した場合は命取りになった。ビャルニ・ヨウンソン（アイスランド、1934年～2008年）画。アイスランド国立博物館所蔵。

（右上）ロウサムンダ・シグムンズドッティル。1800 年代半ばから 1942 年までブレイザフィヨルズル地域で暮らしていた。海の技術とりわけアザラシ猟の腕前があり、すぐれた操舵手としても知られていた。写真は 1900 年代はじめ、オルン・フラプンケルソンによる。アイスランド国立大学図書館所蔵。
（左上）オイルスキンの漁師用作業着姿の名前不明の女性。1919 年～ 21 年撮影。写真はアイスランド国立博物館所蔵。
（下）1944 年　漁をする男性ふたりと女性と少年。何世紀ものあいだ、アイスランドでは家族一緒に漁をしていた。6 歳くらいから海に出ていたと今も語る女性たちがいる。写真はアイスランド国立博物館所蔵。

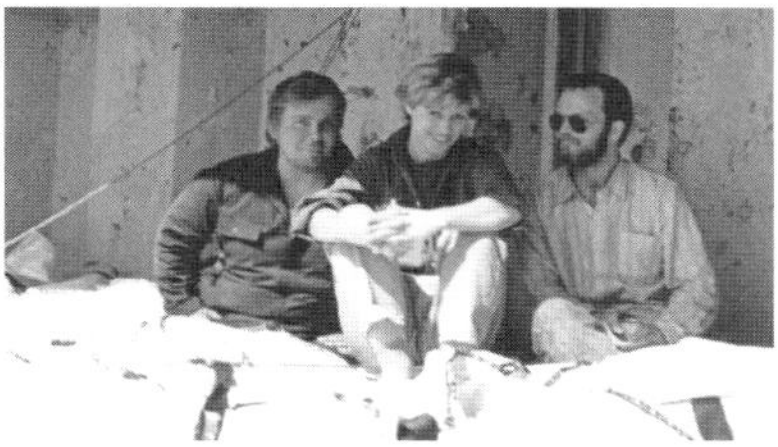

（右上）沿岸警備調査船に乗る23歳のウンヌル・スクーラドッティル。ウンヌルは子どものころから家族の漁船で海に出ていたが、本人はこう言っている。「13歳から16歳のころ、わたしは本物の船乗りになりました。近くの港で売れた魚の量によって報酬を得るようになったのです」。のちにグラスゴー大学で動物学の学位を取得。2010年に引退するまで、海洋調査員として海で働いた。北方のエビが性転換によって大きくなるという画期的な研究で知られている。1962年、シーグルズル・グンナルソン撮影。レイキャヴィーク写真博物館所蔵。
（右中）乗組員仲間とくつろぐインガ・ファニー。この船でインガ・ファニーは一等航海士、ふたりの男性は甲板員だった。女性が男性と一緒に海で働くことについて、陸では違和感を持たれていたようだが、海の女のほとんどは、乗組員仲間と親友になったと語っている。写真は個人所有。
（右下）インガ・ファニーと乗組員仲間ふたり。この船は「女の避難所」と呼ばれることもあった。女性が3人乗船していたからだ。インガ・ファニーは一等航海士で、ほかは頑健な船乗りと甲板長。写真は個人所有。
（左）18歳のマルグリエト・ベルグスドッティル。サンドゲリからグズビョルグ号に乗船。甲板員や調理係として働いた。マルグリエトの娘ビルギャは1980年代から1990年代に海で働いた。写真は1960年、ゲイル・S・ゲイルムンドソンによる。個人所有。

（右上）ヴィグディスとビルギャが魚を船に降ろしたり甲板の仕事をしたりしている。写真は個人所有。

（右下）甲板で働くヴィグディスとビルギャ。写真は個人所有。

（左上）漁船ステインドウル GK 号。1991 年 2 月 20 日、アイスランド南東のクリースヴィークルビャルグ付近で座礁した。ヴィグディスは船から救助された乗組員のひとり。マウル・カウラソン撮影。レイキャヴィーク写真博物館所蔵。

（左中上）リーナ。船の仕事を得るいちばんの方法は、専門的な教育を受けることだと語っている。彼女は船上加工責任者兼検査役として三〇年間働いた。写真は「多くの魚が獲れる」という漁場まで舵を取るようす。個人所有。

（左中下）ヴァリーは生涯のほとんどを、漁と牧羊の仕事で生きてきた。現在は夫、娘、息子、義理の娘とともに家族船を二隻管理し、ダンゴウオ漁を行なっている。ダンゴウオは何世紀ものあいだ、アイスランドでは必須の食用魚だったが、現在ではおもに魚卵目当てで獲られる。写真は個人所有。

（左下）シグルン。アイスランドではじめて大型船船長の免許を取得した女性。これは 1983 年夏、アクラネス号で甲板員として働いていたとき。のちに、命令を下す立場でも仕事をしている。写真は個人所有。

第４章

忍耐

――なぜ女性たちは今も海へ行くのか

「まるでさすらいの旅ね」ある日、ビルナが言った。まったくだ。調査を続けていたわたしたちは、人を探してあちこちの田舎を訪ね回っていた。ビルナの小型車で、沿岸や山腹の曲がりくねった道路を走り、おもてには出てこない海の女たちを探して回ったのだ。フェイスブックのおかげで多くの名前がわかったし、ビルナが電話をかけると、ほとんどの女性が興味を持ってくれた。ただし、会うためにはそこへたどり着かなければならない。そのために、わたしたちはアイスランド沿岸のほとんどのコミュニティを訪ねていき、結果的にほぼすべての村で、一九五〇年代から現在まで、海で働いたことのある女性たちが見つかった。彼女たちの話はどれもユニークで、その内容にも見識にも説得力があった。

たくさんの女性たちから話を聞いたあと、わたしたちはいくつかのことに気づいた。彼女たちの経験にも、仕事や人生の感じかたにも類似性があり、性質にも似たところがあるように思えたのだ。これまで何度も耳にしたように、「男であれ女であれ、海の仕事はだれにでもできるものではない」のである。彼女たちによれば、漁師というのは特別な性質を持った人たちなのだ。とりわけ、現代の海の女にはそれが当てはまる。なぜなら、海で働く選択も経験も、彼女たちはほぼつねにひとりで行なっているからだ。

現代のアイスランドでは、漁は概して男の職業だと考えられている。今どきの女には難しいし危険すぎるというわけだ。漁師になりたい女性は、海で実際の困難や危険に出会う前に、まずこの大きな障害に突き当たってしまう。社会は、海の女たちの存在を歴史から消しておいて、彼女たちには船の操縦能力などないと決めつけている。二〇世紀のこうした現実において、海は完全に男だけの領域になり、女は陸へと追いやられた。その結果、海の女という概念さえ異質で場違いなものに思えるようになったのだ。

今では女性が漁をしたいと言うと、両親や周囲の人たちや船の操縦者から面と向かって反対される。西アイスランドというかつては女性漁師の聖地だった場所でさえ、海の仕事はもはや多くの女性にとって、可能な選択肢ではなくなってしまった。ある女性によると、小学六年生のとき、海で働きたいと言うと「先生は、女の子なのにと言って笑った」という。

このような雰囲気のなかでも海に出ようとする女性には、個人としての強さと、独立心と、拒絶に負けない決意が必要であり、そのうえでなんとかして船に乗り込んでしまわなければならない。その間も周囲からはたえず、おまえは力がないし、タフでもないし、能力もないと吹き込まれる。こうしたフレーズは何度も繰り返され、拒絶を正当化するためつねに、おまえには「〜がない」という言葉が使われる。

その話を聞きながら、わたしは差別と期待を隔てる壁によって、すべてができることとできないことに分けられてしまうのだと考えずにはいられなかった。この「〜がない」を変えるのは、わたしたち自身の意志と、周囲にいる影響力ある人たちの意志だ。驚くことに、たとえ社会から拒絶されても、アイスランドの海の女たちはなんとか耐え抜き、なすべきことをしてきた。たいていはひとりで船に乗り、いったん乗ってしまえば腕のいい乗組員になった。そして、沿岸用の小型漁船だけでなく、遠海用の大型漁船でも同じように能力を発揮した。

アイスランドのような狭く緊密な社会で断固とした決断をし、それに沿った行動をするのは、広い社会よりもなお難しい。狭い社会では慣習は重要であり、多くの人はそれを当然のものとして受け容れている。たとえば、アイスランドではごく最近まで、ほとんどの国民が六時に夕食を食べ、七時にテレビでニュースを見ていた。学校時代の友人と定期的に会っている人も多い。なにかが流行すると、みながそれに従う。最近では国を挙げて貯金に力を入れていたが、それがあまりうまくいかないとなると、今度はいっせいにツーリズムを推し進めた結果、毎年の観光客は人口の三倍にまで膨らんだ。

一致団結するこうしたコミュニティは快適で安全ではあるものの、違いを受け容れるのが難しくもある。だから、新奇なものもけっこうだが、深く根づいた社会的慣習に逆らうような行為は、ともすれば不安を煽り、暴力的と受け取られかねない。社会はそうした脅威をはねつけるべく、不安を煽るような人物をつまはじきにする。

歴史を見れば、アイスランドの法律に背いた者へのもっともきびしい罰は——死刑を除けば——国外追放だった。法律違反者がアイスランド社会に戻ることは許されない。事実、追放された者はいつでもどこでも殺してよいし、それが「正しい」とさえ考えられていた。国を出ることができない場合、原野で生きようとしても、それはアイスランド社会に戻ろうとするのと同じくらい危険だ。というのも、アイスランドの原野は荒涼として、食料になりそうなものは海から獲るしかなく、追放されれば、たとえだれかに殺されなくても、たいがいは死んでしまうからだ。法律には処罰の方法として追放は含まれていなかったが、社会はつねにそれを実行してきた。そしてアイスランドでは、国を出ないかぎり、ほかに行くところはない。だからつまはじきにされればすべてを失うのだ。アイスランドの物語には、追放された者の亡霊がよくあらわれるし、サガや歴史物語や民話には追放された者たちの話があふれている。なかには、彼らの勇敢さや、ごくたまに生き延びた話もある。海の女たちもそれを知っていて、よくその話をしていた。また、コミュニティからいったん白い目で見られると、その状況はまず変わらないということも、彼女たちは知っていた。いくら海で成果を上げても、陸の人たちのあいだで疎外されれば、それがずっと続くのだ。

わたしが感銘を受けたのは、一九〇〇年代の女性たちが慣習の渦に揉まれ社会から抑圧されてもなお、必死で漁船まで這い戻ったことだ。ほとんど支援が得られないまま、そしてほかにもまったく同じことをしている女性たちの存在さえ知らないまま……。この時期の公式な記録は見つからなかったものの、わたしの調査からもソウルン・マグヌスドッティルの調査からもあきらかなのは、一九七〇年代までには何千という女性が漁船で働いていたこと、沿岸の小型漁船だけでなく、調理係という二〇世紀の新しい仕事を足がかりに、大型船に乗り込んだことだ。女性たちは一九三〇年代、第二次世界大戦中から大型船で働きはじめ、一九五〇年代から増え続けていく。統計を（散発的ではありながら）確認できる一九九〇年代のデータによれば、大型漁船の乗組員のうち女性はおよそ一〇パーセントだったが、一九九九年には一三パーセントまで増えている。[1] 彼女たちは船上のあらゆる立場で働き、例外はわたしの知るかぎり、大型船の船長だけだ。ただし、大型船の一等航海士や、沿岸の小型船の船長として働いていた女性はおおぜいいる。

わたしはもちろんのこと、海で働く女性自身でさえ不思議に思っていたのは――それでも彼女たちへの敬意は変わらないが――これほど社会から拒絶されてもなお、海で働こうとするのはなぜか、ということだ。もしかしたら、過去の海の女たちの歴史が、意識的には憶えてすらいない伝統が、記憶として血のなかに流れているのだろうか。もしかしたら、彼女たちの決意は、荒涼とした山々、地衣類に覆われた渓谷、動き続けるフィヨルドのかたわらで育まれたのだろうか。そういえば、わたしが出会った女性たちもそんな話をしていた。たとえ受け容れてもらえなくても、物心ついたときには海に憧れていた、と彼女たちは語る。漁は大事なアイデンティティであり、沿岸の村にとって経済の中心であるだけでなく、国全体にとっても産業の中心であり、だからこそ、その一部を担いたいと願うのだ。ある女性はこう言っていた。「子どものころ、家族と一緒にオヒョウ漁に行くのが楽しみでした……学生のときも、冬は海に出ていましたよ。学校をサボって、行けるときにはいつでも」。ほかの女性はこう語った。「わたしはよく父と出かけていました。父は車でドックの周辺を走るので、わたしは漁に憧れるようになったのです。漁はとても楽しそうでした。六歳のとき、大型船に乗り込んで、引っ張り下ろされました。機関士は『一六歳になったら乗ってもいいよ』と言ってくれたのです」。しかしその後、年月がたって乗組員に志願しても、受け容れてはもらえなかったという。

海への憧れには、物語や集団的記憶が織り込まれている。大漁の手柄や超自然の物語は、海そのものの匂いや音と同じくらい、彼女たちの存在の一部なのだ。わたしが話を聞いた海の女たちは、具体的な経験を語りながら、たいていは笑っていた。同時に、彼女たちの忍耐力や根気強さは、さながら水にゆらめく海藻のように言葉のなかに潜り込み、奮闘や孤独な道のりを、手柄や決意の物語へ、ときには作り話へと変えていくのである。

ひとりで突き進む

海の女たちが語ってくれた話には、最初の仕事に就いた経緯がよく含まれていた。大型船の仕事を得るのは、沿岸の小型船より難しいとだれもが言う。家族で漁をする伝統が、とりわけ西アイスランドでは今も残っているので、多くの女性は一〇代前半のころ小型船で家族と漁をした経験がある。しかし、大型船での仕事はもっと大変だ。彼女たち——ふつうは若い女性——が大型船の船長に頼んで乗せてもらうには、まず両親の意向をたしかめなくてはならない。両親からの反応は実にさまざまだ。なかには、海に行くことを母親から反対された女性もいるし、母親が（先祖を見習って）力添えをし、船長や水産会社に訊ねてみるよう後押ししてくれた女性もいる。ある女性は、仕事を得られなかったとき、母親（海の経験者で評判もよかった）が会社に電話してみずから海の仕事に志願し、合格したという。そのあとで母親はこう言った。「わたしは辞退します。でもちょうどいい代わりがいます。娘です」

いっぽう父親たちはというと、漁師の父親が娘を支援したケースも少しはあったものの、彼らはたいてい——現代の価値観を反映して——娘が漁に出ることに反対した。だから、娘はコミュニティからの不承認だけでなく、父親の権力とも対決しなければならなかったのだ。「わたしが一七歳のときでした」と、ある女性がこんな話を聞かせてくれた。

海で働きたい気持ちを伝えると、父はカンカンに怒りました。伯父はもっと保守的だったので、さらにひどく怒りました。家族はそのことで揉めに揉めましたが、それでもわたしは思ったのです。「自分のしたいことをしよう。家族からの指図は受けない」。そして港に行くと、父が所有する船の船長に言いました。「働き手が足りないと聞いたのですが」。船長はそのとおりだと答えました。「それならわたしを雇ってください」。船長はわたしを見て、しばらく黙ってからこう言いました。「船酔いはするか?」「いいえ」と答えると、「そうか。それなら明日からだ。朝早く来てくれ」。わたしはそっと家に戻り、鞄に荷物を詰めて翌朝家を出ました。

女性たちがはじめて海の仕事を手に入れたとき、相手はこの船長のように一瞬驚いて黙るのがふつうの反応らしい。それでも、沈黙のあともし船長がほんとうに乗組員を必要としているなら、チャンスをくれる。彼女たちはそう気づいた。また、ほかの要因がひと役買ってくれることもあった。たとえば英語を話せない船長が、一九九〇年代の経済成長の折り、アイスランド人男性を雇えずポーランド人を雇ったものの、その多くは片言の英語だけでアイスランド語が話せなかった。そこで、英語も話せるアイスランド人女性が働きたいと申し出たところ、船長はしばし沈黙したあと、「レイキャヴィーク出身のヤク中」でさえなければ、女であろうとかまわない、と答えたそうだ。

ほかにも、海の仕事を手にした経緯はいろいろある。たとえば、船長が休暇のあいだに、理解ある一等航海士から仕事を与えてもらい、船長が戻ってきたときには乗組員としてすっかり定着していたケース。あるいは、無給の「インターン」として潜り込んで経験を積み、懸命に働いて、乗組員が病気になったとき取って代わるケース。さもなければ、正面突破の取引だ。「この船長とは知り合いでした。ある夜、彼が泥酔して踊りにいきたいと言うので、わたしを乗組員に雇ってくれるなら、車で送っていってあげると伝えると、彼はわかったと答えたのです」。ともかく重要なのは、彼女たちが諦めなかったということだ。ひとつの道を断たれれば、ほかの道を探す。だれになにを言われようと、自分では決して否定的な結論を出さない。「それまでほかの仕事をしていましたが、『これ以上やっていられない、漁師になろう』と決心しました。みんな笑いましたが、バーで知り合った男たちが船長の連絡先を教えてくれたのです。電話を毎日かけ続けて、ひと月後にやっと『わかった。じゃあやってみろ』と言ってもらえました」

もうひとつのハードル――船酔い

コミュニティからの不承認、最初の仕事を得る困難に続いて海の女が直面する三つ目の障壁は、船酔いの不安だ。もちろん、海に出れば男も女も船酔いを経験しうるのだが、女性たちによれば、乗組員の船酔いはことさらきびしく見られるという。なぜなら、船酔いくらいなんとかできないのかと思われるからだ。それに、だれもが懸命に働いている船上で船に酔うとお荷物になるため、同情されることはめったにない。第1章で紹介した一八〇〇年代後半の海の女クリスティンも、船酔いを起こすと、冷たい海に頭を沈められた。現代ではそういう荒治療は聞いたことがないが（船の構造自体、そういうことはできなくなっている）船酔いに対する態度は基本的には同じだ。要するに、漁師たるもの、船酔いなどしないか、克服すべきものなのである。

もともと船酔いしない女性たちからすれば、船酔いになるかどうかは「持って生まれた」体質だという。自分は、ほかの船員が寝込むほどの悪天候が好きだと語った女性もいた。「船酔いにはなったことがありません」と、ある女性は言う。「荒れた天気のときに網で漁をするのがすごく好きなんです。大揺れしている船を見るのも感じるのも好き」。別の女性はこう言った。「人からはよく、怖くないのか、船酔いにならないのか、と訊かれるのですが、海ではそういう経験はないですね」。最初、家族の船で海に出ていた女性たちの何人かは、きょうだいのなかで自分だけが船酔いをしなかったため、兄や弟ではなく自分が乗組員として選ばれたと語った。

軽い船酔いくらいなら気にしない人たちも多く、「エンジンの匂いと魚の匂いが混じると、ちょっと気分が悪いだけ」と言っていた。新しい船に乗ると数日間は、煙草も吸えないしコーヒーも飲めない（気の毒！）くらいだが、それでも毎回、必ず克服したという。コーラが役に立つことも多い。ある女性はこう言った。「いまだに吐いてしまうけれど、コーラで気分がよくなるんです」。今も海に出ていて船酔いになる女性たちは、黙々と働いてやり過ごすと言っていた。ある女性が笑いながら語ってくれたところによれば、自分は船酔いをするとわかっていたので、あらかじめ地元の医者に予防薬をもらっておいたという。「はじめて海に出るとき、それを飲んでみたのですが、視点が定まらずクラクラしたので、捨てました」。もちろん、船酔い用の薬を服用している女性もいる。とはいえ全体的には、海の仕事をうまくやりたいのなら、船酔いは我慢するかやり過ごすしかない。「わたしはいつも船酔いをしていました」ある女性が言った。「父は生涯、漁師だったのですが、同じようにいつも船酔いしていました。なぜ、具合が悪くなる仕事を続けるのかと思いますよね。でも、そういう運命なのです」

現代のアイスランドでは、船酔いを克服するのは「甲板をよろけず歩けるようになる」ための、つまり海で働くすべを身につけるためのプロセスとみなされている。(2) だから、女性たちがわたしに語ってくれた、船酔いを無視したり克服したりする努力のストーリーは、熟練した船乗りになるためのストーリーであり、彼女たち自身の強さと能力の証でもあるのだ。そのために彼女たちが強調していたのは、どんな環境にあろうと、船酔いに負けてはいけないということだ。ある女性はこう言った。「船酔いで引き返すくらいなら、船で死んだほうがましよ」。船の調理係の女性によると、何日も悪天が続いて海が荒れたとき、船酔いになったものの、「ずっと時計とにらめっこしていました。ポリッジ〔訳注・オートミールを粥状に煮たもの〕を混ぜて、吐いて、戻って、またポリッジを混ぜて、また吐いて。それでも、四日後には治りました」。船酔いを克服できるか、我慢できるかによって、「ほんもの」船乗りかどうかが決まる。ある女性は、話のなかで仲間のことを乗組員ではなく「タクシー運転手」と呼んだ。「彼はその航行で二〇キロ痩せたのです。ずっと船酔いしていました。甲板の歩きかたも身につかず、いつも酔っ払ったように歩いていましたよ」

これほど苦しんでもなお、女性たちは船酔いを克服できないのは恥だと考えていた。今も漁村で暮らす女性から話を聞いたところ、彼女は二〇年たってもまだ、ひどい船酔いに耐えられなかったときのことを恥じていると言っていた。「美しい船でした」彼女は苦労してその船に職を得たのだ。「わたしはバカでした。船酔いに勝てなかったのです。「魚がよく釣れると体調は少しよくなり、仲間たちはフルーツジュースを飲むよう言ってくれたが、それでも「喉を通ったと思ったら、また上がってくるのです」と彼女はため息をついた。「克服すべきだったと思っています。あの漁で一〇キロ痩せました。あれほど自信を持っていたのに」彼女はコーヒーカップの持ち手を指でいじり、わたしの目を見ようとしなかった。「当時はまだ若くて、バカでした」そう言うと、彼女はさっと立ち上がり、コーヒーカップを流しに持っていって洗った。

船酔いに打ち勝った人たちの多くが、みずから選んだ海の仕事への愛が深まっていくのを感じたと言っている。ある女性はインタビューに答えてこう話した。「最初の航行のあと、少しずつ船酔いを克服していき、やがてこの仕事が心から好きになりました。もしかしたら、短いあいだだけ海で働いて、ほかの仕事に変わってもよかったのですが、実際は今でも海で働いています」(3)

昔の法律が今も生きている

ここ何十年か、女性たちの言い分は昔とまったく変わらない。陸の仕事は少ないし、賃金もきわめて不平等なので、稼ごうと思うなら海に出るくらいしか方法がないのだ。昔もそうだったが、田舎の女性には就ける職業がほとんどなく、一九九〇年代になっても、訪問介護や接客業や水産加工のような低賃金の仕事しかなかった。そして、のちに海へ出た多くの女性たちによると、水産加工場でさえ、女たちが最低賃金でベルトコンベアーの魚を処理しているあいだ、男たちはもっと高賃金の仕事をしていたという。加工場で働いたあと海へ出たある女性によれば、工場の女たちは「もっといい仕事を求めていました。能力はあったから、もっと稼げたはずです。でも、どうしても無理でした」。ヴァリーはこう言っていた。「女性には最低賃金の仕事ばかり。まるで奴隷です。なぜだれもそのことを話し合わないのでしょう。こんなに働いても、どれだけのことをしても、つねに低賃金だというのに」。このようなコミュニティでは、男であれ女であれ、漁は社会が大きく変わった今もなお、金を稼ぐための、そして生まれ故郷を出るための、ほぼ唯一の手段なのだ。

海の女にとって幸運なことに、女性にも分け前を平等に与えるという一七二〇年の法律は、今でも有効だ。当時の法律について知る人などほとんどいないだろうが……。何世紀ものあいだ、陸では賃金の不平等が著しかったが、海では女性も平等に稼ぐことができていた。その違いはあきらかだ。たとえばある女性によると、一九九〇年代に海で三日間働けば、以前に病院で働いていた月収と同じだけ稼げたという。これほどの違いがあるため、昔と同じようにこの数十年も、女性たちはふだん手の届かないものを買うため漁に出てきた。二年間漁の稼ぎを貯金し、マンションと車を買ったという女性もいる。どちらも、漁の収入がなければ手に入らなかったものだ。ある女性はこう言った。「まったく収入にならず、仕事の説明もない女性向けの仕事にうんざりしました。要するに女はなんでもやれということです」。その後、彼女は漁を始めて、クレジットカードの大きな借金を返済することにしたという。別の女性は水産加工場で働いていたとき、「男の子たちがわたしの四倍も稼いでいるのを見て、これは不平等だと思いました。わたしにだって同じことができるはず」と気づいた。そして、海で働きはじめ、マンションを購入して、ロンドンの学校にも通うことができた。海の女たちは、海と陸との賃金の不平等を何度も口にし、海に行くことがまともに稼ぐ唯一の手段だと何度も語ったため、まるでマントラのように聞こえたものだ。

ただし、アイスランドでは賃金の格差が根づいているため、それに反することが起きると、陸で恨みを買いかねない。ある女性は、釣り上げた金色の魚の絵を見せてくれたあと、船では待遇がよかったと話してくれた。「でも、やめました。嫉妬されたからです。陸の人たちは、わたしと夫が船で一緒に働いていると、さぞ稼いでいるのだろうと羨むのです」。自分も似たような状況だという別の女性は、皮肉っぽい口調でこう語った。もし父親と息子、あるいは男のきょうだいが海でたくさん稼いでいたとしても、嫌みを言う人はいないだろう、と。

女性にとっては違いがある――妊娠と子ども

海で女性が身体的に苦しいと感じる場面は、たいていの場合、男性と同じだ。しかし当然ながら、はっきりとした違いがひとつある。女性は妊娠、出産するということだ。現代の海の女は、妊娠すればやめる人もいるものの、大多数はできるかぎり長く働き続ける。つわりなどの兆候を隠しながら、妊娠がだれの目にもあきらかになるまで仕事をする。妊娠中も働いていた女性たちによると、最初の三か月はあの手この手でつわり――海では船酔いとしてあらわれる――に対処するという。たとえば、食事の間隔をあけるか、あるいは妊娠を隠したのと同じようにつわりもただ隠すのだ。こんなふうに言っていた女性もいる。「まるでフルマカモメ〔訳注・危険を感じると口から液体を吐き出す習性がある〕みたいに吐き続けていたこともあります。とりわけ、漕いでいないあいだは……食べていいものと悪いものはわかっていました。なにがいちばん吐きやすいかも(4)」。三か月を過ぎても働き続ける場合、つわりの多くがそうであるように、この船酔いも自然に治まる。女性の多くは、許されるかぎり長く働く。たとえば、インガ・ファニーは八か月目まで働いていた。彼女は笑いながら思い出話をしてくれた。妊娠してお酒をやめたとき、乗組員仲間がけげんそうな目で見てきたという。「どっちにしても、すぐ気づかれてしまいました」

もちろん、妊娠中に海で働くのは、アイスランドでは決して目新しいことではない。何世紀も前から行なわれてきたので、ごく「ふつう」とみなされている。だから、海の女自体がそうであるように、よほどのことがなければ注意を引くことはない。たとえば、スリーズル船長は妊娠中もほぼ毎日海に出ていたが、だれからもなにも言われなかった(5)。一七〇〇年代後半、強引さで知られるアンナ・ビョルンスドッティルの父親は、乗組員全員を容赦なく働かせていた。娘に対しても同じで、もうすぐ臨月だというのに、もっと強く漕げと命令したという。彼は娘のスピードに満足せず、こう叫んだ。「行け！　行け！　おまえならできる。まだ赤ん坊を抱えているわけじゃないんだからな！」[6]。ユリアナ・エイナルスドッティルの夫キャルタンは、結婚後、妻には本格的な漁をやめさせたがっていた。しかし、彼の説明によれば、彼女は妊娠七か月でも、島へ重い泥炭を採りにいっていたという[7]。

現代では、さすがに船上で出産した話は聞いたことがないが、過去には恐ろしい経験をした女性たちもいた。たとえば、一八〇〇年代半ば、ブレイザフィヨルズル北部でのこと。グズビョルグ・ヨウンスドッティルは出産が迫っているにもかかわらず、飢えた家族に食べさせようと、ひとりでダンゴウオ漁に出た。すると、船上で産気づいたため、漕いで岸に戻り、船を引っ張り上げ――その間もずっと産まれそうだった――家に向かって歩きはじめた。しかし、家に着く前に赤ん坊が出てきてしまい、彼女は野原に横たわって出産し、へその緒を切り、赤ん坊を服で包んで家まで歩いて帰ったという[8]。

もうひとつの記録は一七四九年ごろ、フラーテイ島近くでのこと。出産間近のシグリーズル・オウラフスドッティルは夫のグンロイグル・オグムンドソンとともに漁に出た。こちらも腹を空かせた家族に食べさせるためだ。ところが、風が強くなり、ふたりは必死に船を操っていたところ、シグリーズルが産気づいた。荒れ狂う波に揉まれながら、夫はできるだけ船を安定させようとしたが、このままではふたりも、産まれてくる赤ん坊も死んでしまう。夫婦は祈った。もし生きていられたら、子どもの名前はビャルニと名づけます、と。それは「善良なるビャルニ」と呼ばれ慕われている男の名だった。そして、奇跡的にふたりは船を岩礁に上げることができ、シグリーズルはすぐさま男の子を出産した。名前はもちろんビャルニだ。ただ、この史料はなんとも不吉な終わりかたをしている。ビャルニという名はのちにカウリ（凪）と改められ、彼は若くして溺死したという。[9]単なる迷信だと思われるかもしれないが、いったいなぜ名前を変えてしまったのかと思わずにはいられない。

実際に船上で出産した記録がわずかしかないということは、幸いめったには起きないからだろう。なかには、妊娠していることに自分で気づいていなかったらしいケースも見られた。[10]別のケースでは、夫がナイフを持っていなかったとみえて、「すり減った」歯でへその緒を切ったという。[11]

その昔、海の女は大半が子どもを持たなかったが、それでも漁を続けていたのは、ほかに選択肢がなかったか、あるいは海が好きだったからだ。海の仕事をやめた女性たちは、やめることが許された人たちだが——一九〇〇年代はじめからは、夫たちが海に行かせたがらなくなった——なかには細々と漁を続ける女性もいた。女は陸にいろという圧力があっても、たとえばユリアナは、子どもたちがまだ家にいるあいだ、島から島を航行する大型船の操舵手を務めていた。[12]

女性によっては、収入のよい漁の仕事があるからこそ、子どもたちを養ったり、家族一緒に暮らせたりもする。たとえば、ストックセイリのスリーズルは漁で娘と母親を養っていた。シングルマザーなど、ひとりで家族を支えなければならない場合、家族が一緒にいるためには相当の努力が必要で、漁はその数少ない手段のひとつなのだ。一八七〇年にアイスランド北部のスカーガフィヨルズルで生まれたディルレイヴ・エイナルスドッティルは、数多くの困難と闘った女性で、彼女の人生はさながら試練続きのヨブのようだ。一〇代のころ農家へ養子に出されたが、養父は「ワーク・ヴァイキング」と呼ばれるほど、雇い人をこき使う男だった。ディルレイヴは二〇代で結婚し、貧しいながらも夫ステファンとともにマウルメイ島で小規模な小作農業を始めた。事業はうまくいき、たった三年で羊一四〇頭を所有するようになった。
ところが、やがてなにもかもが崩れはじめた。その三年目に羊の病気が蔓延し、二〇頭を残してすべて死んでしまった。夫婦は別の借地を提供され、一歳の息子とともに本島へ移住した。一年後、ステファンが腸チフスにかかった。翌年は首にできた悪性嚢胞が破裂し、「いつまでも」膿が出ていた。そのあとまもなく、彼は心臓発作を起こして階段を転げ落ちた。回復しかけていたころ、どうやら働きすぎたらしく二度目の心臓発作を起こした。そのあと二六年生きたものの、二度目の発作で身体の自由は完全に失われてしまった。[13] そのうえ、ディルレイヴの寝たきりの母親まで同居するようになった。すでに子どもは幼児ひとりを含めて四人いた。食料が足りなくなると、アークレイリの村で暮らすディルレイヴの兄から、上の男の子ふたりを引き取ろうという申し出があった。彼女は断り、代わりに母親を引き取ってほしいと頼むと、兄は受け容れてくれた。こうなったらあとは地域に頼るしか方法がないように思えた。けれども、そうすると借金をしたり恥をかいたりすることになる。行政に頼んでも同じで、子どもたちを引き離されるだけだ。[14]
だからディルレイヴはそうしなかった。これから釣る魚を担保に金を借り、一三歳の息子と一緒に筏《いかだ》を作った。そして船長として、九歳の息子を連れて漁に出た。ディルレイヴが海で働いているあいだ、長女は家で父親の面倒をみた。このとき五人目の子どもも生まれていて、六人目はおそらく過労のせいで妊娠中に死んでしまった。近所の人からは、家族で漁に出るなんてもってのほかだと「思われていた」ものの、この家族は「意外なほど多くの魚を獲った」。近所の住人は最初まったく信用していなかったが、ディルレイヴは危険を伴う海の仕事で成果を上げたのである。彼女の前にもあとにも多くの例があったように、どうやらディルレイヴにも天気を読む能力があったようだ。息子たちとともに多くの魚を獲るようになると、ディルレイヴは筏より安全で快適な船を購入した。漁のおかげで家族を養い、子どもたちを育て、夫の面倒をみることができたのである。(15) ディルレイヴは尊敬され、彼女を讃える詩が今でも残っているほどだ。ただし、この詩は農作業のことにしか言及しておらず、同様にすぐれていた彼女の決断力や漁の腕前については触れていない。

雄々しきバラは背が高くたくましい　Rósin víra rausnarhá,
草を刈るとき　rösk á túni sínu.
眉はきりりと美しく仕事は早い　Faldahlíð, með fríða brá,
ディルレイヴは干し草作りの最中だ　farin Dýrleif er að slá.

――シーモン・ダーラスカルド、一八〇〇年代後半(16)

田舎に住む現代の海の女も、漁から得られる収入がいかに重要かを語っている。昔ほど悲惨ではないにせよ、海沿いのコミュニティでは、女性が離婚後シングルマザーになったり、夫が働けなくなったりしたとき、漁は今でも子どもたちを養う数少ない手立てのひとつなのだ。実際、それこそが多くの女性、とりわけ三〇歳を過ぎてから漁を始めた女性が海に出る最大の理由である。しかし、結婚している女性にとっては、子どもを持つことが、海の仕事をやめる最大の理由になっている。子どものいる女性の多くが、海に出るのは悪い母親だとコミュニティから批判されて仕事をやめたと言っている。結婚や母性についての社会全般からのプレッシャーが原因でやめたという女性たちもいた。もしくは、ただ家にいたかったり、その必要があったりというケースも、とくに子どもが幼いときにはあるようだ。

けれども、彼女たちの多くは永久にやめたわけではない。こどもが生まれるまで沿岸で家族の船に乗っていた女性たちによれば、漁をやめているのは子育て中の「今だけ」で、それは船上のスペースを一〇代の息子や娘たちに譲るためでもあるという。漁師の登録をしている女性たちの特徴として、子育て世代では漁に出る人がぐんと減るものの、年齢を重ねるにつれまた増加する（詳しい数字については、付録Bの「漁師として登録している女性の年齢　２００７年〜２０１１年」を参照[17]）。

出産後も海の仕事を続けている女性たちもまた、子どもが大きくなるまではパートタイムで働くなど、さまざまな妥協をしてきた。「子どもが五人いるので、安定した働きかたはできませんでした」ある女性はそう言った。ほかにも、一回かぎりの仕事や夏のあいだだけの仕事として受けた女性もいた。そのような場合いちばんの問題は、漁に出ているあいだ子どもをだれに預けるかだ。いちばん多いのが母親や姉妹などの親族で、陸にいる夫がおもに世話をするケースもある。女性たちによれば、子どもたちが大きくなるにつれ、上の子たちがきょうだいの面倒をみてくれるので、海に出る回数が増えるという。

年かさの子たちにきょうだいの面倒をみてもらいたいという思いは、過去の史料にも、現代の女性たちの言葉にもみられる。その昔、女性は農場や海で働くあいだ、母屋に子どもを残し、子どもに自分で食べさせることが多かった。貧しい夫婦がともに農業を行なう場合、これまで見てきたように、大きい子に小さい子の世話をさせていた。スリーズルのようにいくらか経済的余裕がある場合はヘルパーを雇ったし、グズルン・ヨウンスドッティルも同じ方法で七人の子を育てながら海で働き続けた[18]。アイスランド国立公文書館には、留守番をしていた子どもへの聞き書きが残っており、それを読むと、彼らは自分たちでなんとかやっていたものの、家は悲惨な状態になっていたらしい。そのあたりは、現代の子どもと変わりがない。当時、介護施設に入っていたソウルン・イングヴァルスドッティルは、あるインタビューでこう答えている。母も父も漁に出ていたので、わたしたち子どもだけで留守番をしていました。「まあ想像してみてください。漁から戻ったら家のなかが大変なことになっているのです。だって、わたしたちは当時、家事のやりかたなんてなにも知らなかったし、きょうだいは六人もいたのですから[19]」

海で働く現代の母親が子どもを家に残したり、だれかに託したりする場合、問題となりうるのは、離れている期間が時間単位ではなく週単位になってしまうことだ。そのため、海に出るのは多くの母親にとって悩ましい選択であり、とくに子どもが小さいうちはなおさらだ。ベルグリョウト・ソルフィンスドッティルは一九九四年のインタビューにこう答えている。「娘がふたりいました。わたしが家にいなかったせいで、下の娘は大きな影響を受けました。上の娘は、わたしが海に出はじめたときにはすでに大きかったですから。それでも、離婚後立ち直るにはお金が必要でした。離婚は避けられませんでしたが、漁に出なければならないのは葛藤がありました。でも、すでに娘たちも大人になりました。ふたりともよくやってくれるし、わたしの代わりに船に乗ることもあるのですよ[20]」

シグルンは一九七八年、女性としてはじめて正式な航海学校に入学し、大型船船長の免許を取得して、一七年間さまざまな立場で海の仕事を務めた。ある日、わたしは視界のきかないブリザードのなか、スティッキスホウルムルにある彼女の冬の家を訪ねていった。シグルンは熱い紅茶をカップに注いだあと、海での日々を語ってくれた。漁船やコンテナ船やタンカーに乗ったこと、その歳月を今も大切に思っていること。わたしたちは漁の形態や政治問題、経済問題について、そしてアイスランドの漁業についても語り合った。しかし、自身の経験について彼女はこう言った。「家族を家に残している場合、それは男にとっても女にとっても独身とは違います。だれがなんと言おうと同じではないのです。わたしには息子がひとりいます。二〇歳のときに産んだのです。わたしの母が面倒をみてくれたので、息子は一一歳になるまでわたしとはほとんどすれ違いでした。一一歳までわたしのことはおばさんと呼んでいました。今は母と息子というより、姉と弟みたいな関係です」シグルンはしばらく黙って窓の外の猛烈なブリザードを見つめてから、言葉を続けた。

「わたしが船に乗っていたころは、電報もインターネットもなにもありませんでした。一九八六年にスーズルランド号の沈没という大きな事故が起きました。その船には多くの友人が乗っていました。わたしが乗っていたのと同じ会社の船だったのです。わたしはクリスマスの休暇中でした。以前、夏によく息子を連れて海に出ていたので、息子も乗組員たちとは顔なじみでした。息子には、彼らが全員亡くなったことをクリスマスの日に伝えなければなりませんでした。もし休暇を取っていなかったら、わたしもその船に乗っていたかもしれません。その後、一月にまたわたしは海に出ました。母から聞いた話ですが、わたしが出かけたあと息子は泣いていたそうです。どうしたのかと母が訊きました。その日はデューピヴォーグルの天気が悪く、息子はまだ子どもだったので、天気が場所によって違うことを知らず、こう答えました。天気が悪くなると船が沈んでお母さんが溺れてしまうのではないかと怖くてたまらない、と。だからわたしは、女性にとって家族がいるのといないのとでは全然違うと言いたいのです」

先駆者としての初期の女性たち

さまざまな苦労を経験し、社会的不平等のなかでも自活する方法を探ることで、何世紀も前から今日に至るまで、海の女たちは先駆者としての役割を果たしてきた。ずっと昔から、彼女たちは女性の権利に関心を持ち、自分よりも貧しい女性を助けたいと願ってきたのだ。とりわけ女性と子どもは権利を得られるまで過酷な状況だったし、そのことは農場の女性労働者や養子に出された子どもたちの実態を見ればあきらかだ。こうした無力な女性への性的暴行については、ほのめかしはあるものの、きちんとした証言は見つけられなかった——それはこの調査の目的ではない——が、これほどの社会的不平等のなかで、なにもなかったとはとても思えない。わたしは第2章で紹介したイーサフォルド・ルーノウルフスドッティルの痛快なエピソードを思い出し、考え込んでしまった。記録にあるように、もしイーサフォルドが少なくとも三回、男たちからの暴行を事前にはねつけたのなら、ほかの女性たちはどうだったのだろう。イーサフォルドのような腕力もなく、性的暴行や虐待に抵抗するだけの強さも持っていない女性たちは、いったいどんな目に遭っていたのか。

レイプの記録がひとつだけ見つかった。冬の漁師小屋で起きたもので、記録に残っていたのは、父親が娘の代わりに訴えたからだ。一九〇〇年代になるまで、遠隔基地では漁師たちがベッドに雑魚寝していた。女性がひとりで基地に来ると、船長のベッドで一緒に寝るのが習慣で、それは船長が父親の場合も同じだ。女性は頭を「その男（船長）の足もとに置いて」[21]眠るのである。グズロイグ・ソルヴァルズドッティルの父親は一六三五年に生まれ、ストックセイリに小さな農場を所有し、船長も務めていた。グズロイグは父と同じ船で働き、もうひとりの乗組員とともに冬の漁師小屋で寝泊まりした。そこで性的暴行を受けたのは一六九六年ごろ、一二歳から一四歳のころだ。グズロイグの父は娘の代わりに裁判を起こし、「根気強く」訴えて「娘の名誉を守った」。乗組員のソウルロイグル・ベルグソンは「立派な男」だったが一六九七年五月一七日、暴行により有罪となり、グズロイグに罰金を払うよう言い渡された。

ただし、「立派な男」が罰金を払ってそれで万事解決となることはめったにない。裁判が終わってまもなく、グズロイグと父親のあいだに「不適切な行為」があったらしいという噂が広まったのだ。というのも、遠隔基地の漁師小屋では、慣習どおり父娘が同じベッドで寝ていたからだ。その噂に憤慨した父親はふたたび判事のもとを訪れ、自分と娘の名誉を守るため宣誓を述べさせてほしいと頼んだ。「社会的に地位のある人たち」の支援を受けて、父親は一六九九年八月七日、宣誓を許された結果、父娘が「間違った行為」をしたという疑惑は晴れることになった。[22]

イーサフォルドやグズロイグの父親のように、娘を守った人物もいるが、実際にはそんなふうに守ってくれる人はほとんどいなかった。だからこそ、みずからの力と権利を自覚している海の女たち、とくに船を指揮する立場の女性は、みずから問題に介入していくことが多い。さらに彼女たちは、尊敬される立場や比較的安定した経済力を頼りに、他人の子の面倒を見たり、女性の権利のために闘ったり、女性や子どもや弱者を差別や虐待から守ったりしていたのである。[23]

ハルドウラ船長は女性の権利のために立ち上がり、女性を支援するため代理で裁判を起こしたことで知られている。[24] ストックセイリのスリーズスル船長も、これまで何度か紹介したとおり、裁判制度をうまく利用し、自分のためにもほかの女性のためにも闘ってきた。グズルン・ヨウンスドッティルという女性（ブレイザフィヨルズルの有能な漁師で、子どもが七人いたグズルン・ヨウンスドッティルとは別人）は、夫パウルの虐待と浮気に耐えかねて離婚手続きを始めたが、夫は別れることを許さず妻を監禁した。グズルンはからくも逃げ出し、スリーズルに助けを求めた。スリーズルはグズルンを受け容れて仕事を与え――おそらく一緒に漁をしたのだろう――パウルを出廷させるよう計らった。一八三一年一一月二六日、判決が出て、グズルンは夫のもとを去る権利を認められ、そのうえ慰謝料も支払われることになった。パウルは激怒し、グズルンを「あざが残るほど」殴って、家へ連れ戻そうとした。小競り合いになると、パウルはスリーズルにも手を出し、トレードマークであるシルクハットを払いのけた。そんなことをされて黙ってはいないスリーズルは、パウルを迷惑行為で訴えた。その結果、パウルはスリーズルに謝罪し、賠償金を払わされることになった。ところが、この一件は後味の悪い終わりかたをしており、そこから、グズルンがスリーズルの助けを必要とした理由もわかってくる。パウルは相変わらず妻との離婚を拒否し続け、ようやく受け容れたのは一八三七年のことだ。理由は文書には書いていないが、おそらくグズルンが病気か衰弱により働けなくなったせいだろう。法律上の夫であるパウルに扶養義務が降りかかってくると、彼は支払いを免れるため離婚に応じたのだ。[25]

ストックセイリでは、地元の男性が以前聞いた話として、スリーズルについて別のエピソードを教えてくれた。こちらは、スリーズルが若い男性の権利を守ったケースだ。当時、農場労働者たちは、漁のシーズンになると遠くの漁場まで出向き、乗組員として働いた。あるとき、一七歳くらいの青年が入江に遅れて到着した。彼にとってははじめての春の漁業シーズンだった。船に乗せてもらおうと船長に次々と掛け合い、スリーズルにも訊ねてみたが、どの船もすでに乗組員は定員に達していた。やっとのことで青年は西のほうで雇ってもらった。やがて、彼には漁の才能があることがわかった。先にも記したとおり、当時の漁師は獲った魚を自分で処理し、一部は船の所有者（やほかの人）に渡していた。シーズンが終わったとき、青年が釣り上げ処理した魚の数は、ほかの乗組員よりあきらかに多かった。すると、船の所有者は彼が魚を盗んだのだろうと決めつけた。それを聞いたスリーズルは現地に足を運び、青年の魚をみずから調べた。ここでもスリーズルはシャーロック・ホームズばりの観察眼と推理力を発揮し、魚は本人の言うとおり青年が獲ったものだと確信した。それがわかったのは、青年が左利きだと気づいたからだ。左利きのため、魚の処理のしかたがほかの乗組員とは違う。その証拠があったおかげで、青年への疑いは晴れたのである。

スリーズルは年を取ってもなお、人のために力を尽くした。たとえば、姪の娘ソウルン・クリスティヤウンスドッティルの命を救っている。一八二二年のこと、ソウルンは九歳くらいで、長く病気を患っていた。当局はこの子を親から離して孤児院に入れようとしていた。スリーズルは孤児たちが往々にして虐待を受けると知り、ソウルンを救おうと決めた。そして裁判を起こし、相当な金も使って、ソウルンを牧師のもとに預けることができた。その牧師はストックセイリから少し内陸部のクロイストゥルホウラルで、私的な医療施設を運営していたのだ。おそらくスリーズルのおかげで、ソウルンは命を救われたと思われる。[26]

女性船長と同じように、船を所有する女性にもそれなりの力があった。彼女たちもその力を利用して、みずからの権利のために闘い、ほかの人たちをも助けていた。アイスランドの女性は財産を相続できたため、多くの女性が夫から船を相続し、なかには持参金として父親から船を贈られた女性もいる。当然ながら、船を所有する女性は特権階級の出身がほとんどで、その船をみずから管理することも多かったようだ。本書ではそうした所有者のことはほとんど取り上げなかったものの、中世から一九〇〇年代はじめの史料からは、多くの記述が見つかった。そんな女性のひとりが、ストックセイリに近いハウエイリに住んでいたランヴェイグ・ヨウンスドッティルだ。彼女は一五八四年から一六五四年まで生き、高潔な人柄と寛容さと人助けで知られていた。多くの船を所有していたものの、記録に残っているのは海難事故の一件だけだ。一六五三年、彼女が作らせた八本オールの船が初航海にして沈没してしまい、九人の男たちが溺死した。父を亡くした子どもたち二〇人は、多くが貧しい家庭の子だったので、ランヴェイグは彼らを支援したという。[27] また、一六五四年の冬には、アカウオの大群が東からエイラルバッキやハプナルスケイズへやってきた。ランヴェイグの農場では、男ふたりが波打ち際からすばやく一六〇〇匹を捕獲し、手間賃として八〇〇匹を受け取った。残りはランヴェイグが受け取ると、格子造りの倉庫が天井までいっぱいになった。凍てつく寒さのなかでは魚も長持ちする。当時、村落の人びとは多くが飢えていたため、ここでもランヴェイグは寛大さを発揮し、魚の大半を人びとに分け与えた。そのため、ランヴェイグはだれからもつねに好意を持たれていたという。[28]

男女平等のために行動する海の女

一九〇〇年代はじめ以降、海の女は「ふつうの」漁師ではなく部外者として見られるようになり、女性の権利に対する彼女たちの関わりかたも根本的に変わった。二〇世紀以前、船長となった女性がほかの女性たちの権利ために立ち上がることはあった。しかし、一九〇〇年代初頭には、女性がただ海で働くことを選んだだけで、男女平等への政治的活動をしているとみなされるようになった。それ以前、女性が漁師になることは、フェミニスト的な行動とは受け取られなかった。なぜなら、海は男性だけの職場とは考えられていなかったからだ。彼女たちが海で働くのは金を稼ぐためだとみなされていた——もちろん、分け前を農場主にすべて奪われる場合は別だが。けれども、一九〇〇年代はじめには、海で働くことが突如として男性の領域に入っていくことになったのである。

　とはいえ、海に出る女性自身が、その行為をジェンダー平等や女性の権利のための国家的（そして国際的）活動のひとつと捉えるようになったのは、一九七〇年代になってからのことだ。当時、アイスランドは女性が男性と同等に働く権利にとりわけ力を入れ[29]、経済やフェミニズムからも影響を受けて、海へ出る女性が急激に増えていた。ある女性はこう語った。「当時は、わたしたち女がそんなことをしていた時代でした。一九七五年のある日、女たちは仕事を休みにして外に出ると、（レイキャヴィークの）ダウンタウンへ歩いていきました。大きな集会があったのです〔訳注・女性の人口の約九割が仕事や家事を放棄して参加し、「女性の休日」と呼ばれた大規模ストライキのこと〕。まるで男がするようなことで、独特の雰囲気や迫力がありましたよ」。同じように、一九七〇年代後半に航海学校に通いはじめたシグルンも、笑いながら思い出話をしてくれた。「どこに行っても、そんなことをする（大型船の船長になること）女性はわたしがはじめてでした。いつも訊かれました。『なぜそんなことをしようと思ったの？　男たちはなにをしているの？』でも、周囲も変わりつつあり、変化には前向きでした。以前とはなにかが違っていたし、みなそれに気づいてもいたのです」

　西アイスランドの女性たちによれば、当時はどこも同じ雰囲気だったという。「男の子にできるなら女の子にもできる」というわけだ。西アイスランドで女性が携わってきた漁は、実際にはずっと昔から行なわれてきたのだが、いまやそれが抵抗のための行動として、女性の権利を求める運動の一部になったのである。グルンダルフィヨルズル出身のある女性が言った。「兄が海に出ていたので、わたしもやんちゃになり、海流に逆らって泳いだりしていました」。別の女性はこう言った。「海に出たのは、お金と自由と冒険のためでした。わたしたちは男っぽいコミュニティで育ったんです。男たちはいつもマッチョ自慢をして『二〇人の女の子とヤッたぜ』とかなんとか。だからわたしたちも同じような話をしていたのです。男たちがたむろする場所にも行きました。そこから得るものも多かったですよ。女だってなんでもできると証明したかったのです」

ただ、女性のための権利運動は前向きで影響力があったし、海の女たちも男女平等を支援していたものの、現代の海の女たちは、フェミニストの列に加わることに複雑な思いを持っている。そこには、アイスランドの田舎と都会との深い格差が関係しているようだ。彼女たちから見れば、フェミニストも女性の権利運動も、その対象となる職業は、研究職であれビジネスであれ都市部に集中している。地方の女性は目を向けられていないし、漁業や農業といった田舎の仕事は重視されていない。ヴァリーはこう言っていた。「女性の権利運動が女たちに期待しているのは、教育を受け、大学で学位を取得し、ビジネスウーマンや弁護士やCEOといった力を持つ仕事に就くことであって、海へ出ることではありません。だから、海の仕事をしていると無力さを感じます。女性の権利運動は海へ行くことを勧めていません。そういう仕事に就くことは奨励されないのです」

海で働くアイスランドの現代女性は、どんな分野であれ女性の割合が多い仕事は賃金が安く抑えられがちだと知っている。ソウルン・マグヌスドッティルの記録からも、そしてわたしが話を聞いた男女からもわかったことがある。アイスランドの海員組合は漁師の賃金や漁獲の分配量を決めているのだが、女性が「船乗り《seamen》」として働くことは認めているものの、女性を組合の一員にはしたがらない。(30)

それでも現代の女性たちは女性だけの組合を作ることを拒んできた。もし作れば賃金体系が変わりかねないし、一七二〇年の法律から持ちこたえてきた賃金の平等性が失われてしまうかもしれないからだ。女性だけの組合ができると、女性としての権利を掲げて交渉することになり、男女関わりなく平等な船乗りとして交渉できなくなってしまう。そのことを踏まえて、ある女性がいくぶん皮肉交じりにこう言った。もしかしたら自分たちにとっては、女性漁師が比較的少ないままのほうが有利かもしれない、と。「だって、漁をする女性が増えたら、賃金がさらに低くなってしまいますから。いつもそうなんです」

たしかにそうかもしれない。しかし、そのような賃金の低下はまだ起きていないし、女性たちは海に行くのをやめてもいない。船に乗ろうとして拒絶や困難に遭ってもなお、自分たちには海で働く権利があると、ほぼすべての海の女が心の底で信じているからだ。そして、たとえ社会的に存在が抹消されても、彼女たちは、西アイスランドの漁師の三分の一を女性が占めていた時代から現代まで、ずっと海で働き続けてきた。その昔、彼女たちが海に出たのは、ほかに選択肢がほとんどなかったからだが、同時に金を稼ぐためであり、海の仕事が好きだからであり、冒険や自由のためでもあった。そして最近でも、同じような理由で海の仕事を目指し、闘ってきた。時代を超えて、アイスランドの海の女たちはなんとか耐えてきたのである。

ビルギャとヴィグディス　海の女の連帯

みぞれが吹き荒れる春の日、わたしはビルナとともに車を走らせ、レイキャヴィークの南に広がる黒い粉砕溶岩の原野を抜けて、サンドゲルジという漁村へ向かっていた。わたしたちが訪ねたのは、通称をディーサというヴィグディスとビルギャだ。ふたりは従兄弟同士で一九八〇年代から一九九〇年代はじめにかけて長く一緒に漁をしていた。わたしたちはビルギャが現在教えている学校の、だれもいない教室で話を聞いた。ふたりはこのとき四〇代で、自分たちは姉妹か、もしありえるならそれ以上に近い関係だと話していた。生まれたときから一緒に育ち、いつも一緒に行動した。ビルギャは既婚者で、ヴィグディスは結婚していないが、ふたりとも子どもがいて――ビルギャはふたり、ヴィグディスはひとり――、子どもたち同士も一緒に大きくなった。

それほど強く結びついていたので、ふたりが一緒に海に出たのも不思議ではない。自分たちは海の仕事に向いていた、とふたりは言う。なぜなら、仕事には性格が影響すると若くして知っていたし、ふたりともユーモアのセンスがあったからだ。「わたしたちは一二歳でした」とビルギャ。「魚の加工場で働きはじめたんです。まわりはみな大人で、六〇代や七〇代の人ばかり。ふたりとも、そこで多くを学んだし、海へ出るための基本が身についたんです」。加工場は家族経営だった。ふたりの母親も働いていて、祖父が工場長だった。「家族はみんなこの加工場で働いていました」

一六歳になると、ビルギャとヴィグディスはレイキャヴィークの高校に通ったが、あまり好きになれなかったという。生徒がみな「子ども」ばかりでうんざりしたのだ。

「わたしたちは大人びていました」とヴィグディス。

ふたりともずっと海に憧れていた。「いつも船を見ていました」ビルギャが言った。「『そのうち必ず海に出ようね』と言い合って。夏になると、日差しを浴びて外で座っていました。ある日、近寄ってきた職場の仲間から、『なぜそんなに悲しそうなんだい？』と訊かれました。『海に行きたいの』と答えると、『人手を探してるやつがいるよ。そいつと話してみたら？』ふたりで船長に会いにいきました。すると船長は、試してみてもいいが、ふたりでひとりぶんの分け前だと言うのです」。それは気に入らなかったが、「結局は受け容れました」。このとき、ふたりは一八歳だった。

「はじめての漁で向かったのはヴェストマン諸島でした」ヴィグディスが記憶をたどる。「漁が終わると、船長はわたしたちの母親に電話し、分け前はそれぞれにひとりぶんずつ与えると伝えました。船に乗せたときは、ふたりを飛行機で送り届けるはめになるかと思ったが、実際は自分たちのほうがびびっていた、というのです。それで、わたしたちはすっかり自信をつけました」

「最初の漁でわたしたちは一緒に働きました」ビルギャが続ける。「そのあとイギリスとドイツにも三回行って魚を売りました。一九八八年、一九九〇年、一九九一年です。トロール船で穴釣りもしたし、なんでもやりました」。ふたりは甲板員として一〇月から五月まで漁をした。「ふたりとも外で働くのが好きでした」。秋はニシン、一月から六月にはタラやセイス（ポロックあるいは黒タラ）、夏は小エビやオヒョウ。やがて技術が進歩すると船の構造も変わり、甲板員は外で働くこともなくなった。だからふたりは船の仕事をやめ、家族の加工場へ戻っていった。しかし、親戚が所有するステインドウル号という船の船長からある月曜日、ヴィグディスに連絡があり、欠員ができたから来てくれと依頼された。船は翌朝出発するという。ヴィグディスははじめてひとりで海に出た。そして乗組員とともにアイスランド南東の沿岸クリースヴィークルビャルグへ向かった。一九九一年二月二〇日の夜明け前、トロール漁を始め、「岸までの六〇〇メートルを行ったり来たりして……網を引いていました」。ヴィグディスはベッドで甲板に呼ばれるのを待っていると、突然、バンという大きな音がした。そして船が飛び上がったように揺れはじめた。なにか不測の事態が起きたのだと思い、急いでたしかめにいった。甲板に出てみると、船の竜骨が水面下の岩にぶつかっていた。

乗組員全員、まずブリッジ〔訳注・船の高所にあり、船長が操縦する場所〕に上がるよう命じられた。そこから見ると、船のすぐそばに高い断崖があることがわかった。波が船体の片側に打ちつけ、引き波が反対側に打ちつける。船はまっすぐ崖へと向かっていた。気がつくと「もうそこへ来ていたんです」。船は崖に衝突してたちまち横倒しになり、岩に引っかかって、押し寄せる厳寒の波のなかに半分沈没してしまった。ヴィグディスの話を聞きながら、わたしはドリトヴィークの遠隔基地で見たバラバラの船を思い出していた。ちょうどこの近代的なトロール船のように、引き波で崖にぶつかったのだ。

さてブリッジに上がってみると、甲板は垂直で、片側の窓はいまや天窓になっており、そこから見える崖が目の前に迫っている。もう片方の側は破壊されて水に浸かり、波に洗われている。船は波に打たれるたびに持ち上がり、ふたたび不気味な衝突音をたてて岩の上に落ちる。「乗組員が居眠りをしていたんです」

ちょっと黙り込んでからヴィグディスは続けた。「船はすごく傾いていましたから、全員落ちるのではないかと船長は恐れていました」。もしそうなったら、船体の頂上にいる乗組員たちは荒れた海に投げ出されてしまう。

やがて、ブリッジの後ろ側のドアから水が流れ込んできた。波が船を洗うたび、壊れたドアから水が押し寄せては引いていく。甲板員たちは下の甲板に続くドアを懸命に閉め、波が上がってこないことを願ったが、凍るような海水はもはやブリッジの下半分を浸していた。ヴィグディスは操舵装置を片方の手でしっかり握り、上に来ている窓をもう片方の手でつかみ、滑り落ちないよう身体を支えた。八人の乗組員も船長も、必死にしがみついていた。「ひとりは窓のところに。船長はわたしたちのあいだで、椅子につかまっていました。全員一か所に固まっていたのです」

彼らは無線で助けを呼んだ。「ヘリコプターが助けにくるということでした」。そこで、空が見える窓を開け、じっと見つめた。ブリッジに押し寄せる波に揉まれて、だれかが足を滑らせ、怪我をした。

「神に祈りました」とヴィグディス。

ビルギャのほうはヴィグディスがこの船に乗っていることを知っていた。というのも、また海に出るとヴィグディスから聞いたとき、自分もそうしようと思っていたからだ。ビルギャは前に乗った船の船長に電話し、仕事があるかどうか訊ねた。そのときの会話で、船長はヴィグディスがステインドウル号に乗っていることを知った。

「朝いちばんのことでした」ビルギャが言う。「船長は無線の救助要請を耳にすると、すぐわたしに電話してきました。『断崖にぶつかったようだ』それを聞いてわたしは答えました。『そんなはずないわ。ディーサがわたしを置いていってしまうはずがない』」

ビルギャは黙り込んだ。風の音と教室の窓ガラスを叩くみぞれの音が聞こえてくる。だれもなにも言わない。やがて、ビルギャが深く息を吸ってから続けた。「加工場へ仕事に行き、叔母の夫に会いにいきました。工場の所有者です。彼の目を見ると、まだなにも知らないことがわかりました。『上で話せる? 伝えたいことがあるの』そう言いながら、わたしは心のなかで『ディーサは強い、強い』と唱えていました」

その間、ヴィグディスは救命スーツに身を包み、操舵装置からふるい落とされないよう必死にこらえていた。その救命スーツは、当時としては新型の装備だったが、今思うと恐ろしいことに、その後少なくともひとり、そのスーツが原因で亡くなっている。当時はそのことをまだ知り得なかったのだ。「ジッパーを閉めるとき、しっかり閉めないと内側に空気が入ってスーツが浮いてしまうので、海に投げ出されたとき脚が上で頭が下になるのです。だから、空気を押し出してジッパーをきっちり閉めなければいけないんです」ヴィグディスは間を置いた。「わたしはジッパーをきっちり締めていませんでした。もし海に落ちていたら、脚が上になって溺れていたでしょうね」

ヴィグディスと乗組員たちが救助のヘリコプターを二時間ほど待っていたあいだ、船は岩にぶつかりながら上下し、いまにも転覆して全員が閉じ込められてしまいそうだった。もはや無線での連絡もできない。やっとのことでヘリコプターの音が聞こえてきたとき、乗組員のひとり――「いつもは物静かな人です」とヴィグディス――が照明弾を打ったらどうかと口にした。ヘリコプターに見つけてもらえないかもしれないからだ。ヴィグディスは冗談で「ヘリコプターを打ち落とさないようにね」と言った。おもしろがってくれるかどうかはわからなかったが、「冗談を言いたい気分でした。笑っているほうがいいのです」

ヘリコプターは小型で、一度にひとりしか吊り上げられなかった。だからまず崖の上に降下して、医師と医療用具を下ろした。そのぶん軽くなって乗組員を救助しやすいからだ。ヘリコプターは船の上方でホバーリングし、ロープを下ろした。乗組員たちはひとりずつブリッジの右手のドア――いまやまっすぐ空に向いている――から這い出て、船の頂上部分に立った。そして腰にロープを装着すると、ヘリコプターへと引っ張り上げられた。最初に救助されたのは怪我人だ。ヴィグディスによれば、「彼には妻と四人の子どもがいた」からでもある。次はヴィグディスの番になったが、ロープで吊り上げられたものの、「ヘリコプターが降下しはじめて、崖のうえで宙づりになってしまったのです。わたしは吊られたまま神に祈りました。高いところが大の苦手だから」。そして船長が最後に船から出たが、その作業はきわめて危険だった。ロープを腰に装着するのを手伝ってくれる人もいないからだ。「あやうく波にさらわれそうになっていました」

全員が崖の上に無事降り立つと、今度は当時レイキャヴィークの南にあった米軍基地から大型のヘリコプターがやってきて、彼らを首都へと運んでくれた。ヴィグディスはその情景を思い出しながら笑った。「わたしは大変な仕事を選んだものです」

それから一〇日ほどたったころ、乗組員仲間からまた漁に出ないかと誘われた。「玄関に男性が立っていて、船に乗ってくれないかと言うのです。血の気が引きました」。それでも、ヴィグディスとビルギャはまた一緒に海へ出ることに決めた。そして一年半漁を続けたあと、船に乗るのをやめる決断を下した。

「大きな衝突が起きるとビクリとするようになりました」とヴィグディス。「エンジンがストップしたこともあるし、地震が起きたことも」彼女は言葉を切って首を振った。「海そのものは怖くないんです。波も、今日のような天気も」

ヴィグディスは、現在ビルギャが教えている教室をぐるりと見回した。「わたしはあのとき船で救助を待ちながら神と取引したんです。もしここから出られたら、残りの人生はなにか違うことをします、と。学校に行って、なにかほかのことをします。海だけの人生ではなくね」ヴィグディスはコーヒーカップを乾杯の形に持ち上げた。「で、そうしました。これが今のわたしです」

ビルナがビルギャのほうを見て訊ねた。「あなたはずっと彼女のために祈っていたのですね」

ビルジャは首を横に振って笑った。「祈ってなんかいませんよ！　神と話してもいません！　ただヴィグディスに語りかけていただけ。『心を強く持って』と」

ヴィグディスはテーブルごしに友人を見た。「その声がわたしには聞こえていた気がします」

第５章

海の呼び声

――それに応える海の女たちの仕事

レイキャヴィークの脇道をゆっくり歩きながら、わたしは航海学校の建物を探していた。一八九一年に設立されたこの学校は、大型船の船長となるために必要な技術を教えてきた。わたしがここを訪れたのは、校長のマグニから女子の学生や卒業生について聞き出すためであり、また、最近ここで教えはじめたインガ・ファニーという女性に会うためでもあった。

航海学校の紹介文にはこう書いてある。「本校は丘の頂上にあり、重厚な石造りの建物で、四階建ての校舎の上部はガラス張りの展望台になっています」。校舎に近づくと、三人の青年が勢いよく出てきて、わたしのためにドアを押さえてくれた。なかに入ると、たちまち古い樹木の香りに出迎えられた。驚くほど高い天井とブロンドウッドの羽目板を施したロビーを横切り、吹き抜けの窓から逆光を浴びながら、らせん階段を上がっていく。上階の廊下は、左右に優雅な曲線の窓が続き、絵画やいかめしい男性の胸像が並んでいた。

校長室に入るとマグニから丁寧な挨拶を受け、わたしはさっそくこれまでの女子学生について尋ねた。校長が見せてくれたのはパソコンに入力された学生のリストで、日付は開校時までさかのぼる。わたしの訪問を知って、前もって女子学生全員の名前とその入学年および卒業年を見やすくしておいてくれた。現在、上級コースでは何人くらい在籍しているのかと尋ねると、校長は最初、首を横に振っていた。

「今はひとりもいません」

「でも」わたしは最近、船舶機関士のヨウニナから、大型船の船長になるために勉強していると聞いたのを思い出した。「ヨウニナは？」

すると、校長は文字どおり顔を赤らめた。「ああ、そうだった。彼女が女性だということを忘れていました……いや、忘れてはいないが、彼女のことをそんなふうに考えたことが……その……」ますます赤くなったその顔は、これ以上言い訳しようがないと告げていた。

わたしは笑った。「大丈夫です。わかりましたから」

マグニが肩をすくめる。「彼女は男性のようなものなのです」

＊

マグニの愉快な思い違いにニヤニヤしながら、わたしはインガ・ファニーに会いにいった。「航海術を教えている展望ルームにご案内します」わたしを見つけると、インガはそう言った。「きっと気に入りますよ」。ふたりで階段を上り展望台まで来ると、その言葉どおり、わたしはとても気に入った。四方が見渡せる大きな窓から、街が何マイルも先まで、そしてその向こうの海まで見える。てっぺんには学校の標識灯が設置されており、海に向けて光を放ち、船へ合図を送っている。残念ながら、この光は現在、二〇〇八年〔訳注・金融危機の年〕以前に建てられた高層のオフィスビルによって部分的に遮られてしまった。当時、レイキャヴィークではさまざまなことが驚くほどの無計画さで進行したようだ。

インガ・ファニーとわたしは職員室に戻り、おしゃべりをしてから海図を眺めた。彼女はさまざまな種類の海図を並べ、多様な航路を示しながら、アイスランドのフィヨルドや海岸沿いの興味深い水路をいくつも見せてくれた。そして、海図のひとつに目をやりながら、ため息をつく。「ふるさとがなつかしいわ」

「海が、ということですか？」と訊いた。

インガは笑った。「わたし、ふるさとって言いましたか？　ええ、そう。そういう意味です」

その言葉を聞いて、わたしは思った。インガは教える仕事が好きだと言っているが、そういつまでも教師ではいないだろう。

＊

わたしの知る海の女たちは決してロマンチストではなく、むしろ正反対だ。しかし、彼女たちの海への思いには、捉えどころがないと同時に確固とした水脈が貫かれている。それは、海からの呼び声である。彼女たちの多くは、物心ついたときから海に行きたがっていたという。防波堤で遊び、父親のあとについていき、子ども同士の遊びでは魚の役を演じ、まだ若いうちから海へ出ていた。海からの呼び声は、あらゆるものに勝るのだ。

はじめて大型船の仕事に就いたときの話を聞くと、彼女たちは一様に、与えられればほぼどんな仕事でも受けたと語っている。最初のころは、嫌いな仕事――たとえばエンジンの操機手や調理係――でも、船に乗るためなら引き受けた。どうやら、彼女たちは大型船の船長以外、あらゆる立場で働いたようだ。このように、どんな仕事でも喜んでやったため、船の構造や漁のしかたが変化した一九〇〇年代はじめ以降、女性たちはふたたび船に乗れるようになった。そして二〇世紀になると、女性たちに与えられるおもな仕事は、船の調理係ということになった。

「ただの調理係」

興味深いことに、漁とは関係のない人たちとアイスランドの海の女について話をすると、彼らの多くは、海で働く女などいたのかと驚いたあと、どうせみな調理係だろうと口にした。彼らにしてみれば、「ただの調理係」はほんものの海の仕事ではないし、男性乗組員と同等ではない。いっぽう、男性が漁船で調理係として働くことも多いが、そういう場合には、ほかの乗組員と同等ではないなどと考える人は、わたしの知るかぎりだれもいなかった。

こうした考えが生まれる理由がなんであれ、調理係は本来、軽んじられる立場ではない。一九九〇年代に船の構造が変わるまで、調理係は料理の仕事が終わると甲板で働くことを求められていたし、それは網を使う小型漁船なら今でも同じだ。理由のひとつは、古い船や小さな船では職種の境界線があいまいになりやすいこと。ある女性はこう言っていた。「忙しいときはいつも甲板で働いていました。あのころは全員が甲板にいたし、調理係も同じです」。料理のほかには、たとえば夜間の見張りなどをしていたという女性たちもいる。労働組合の規則によると、悪天候の場合、調理係は甲板の仕事をしなくてもよいことになっていたが、彼女たちはたいてい仕事をした。というのも、規則がどうであれ甲板の仕事を期待されていたし、何人かが明言したように、いろいろな仕事をするほうが好きだからでもある。[1]

女性はみな料理人に向いているとだれもが思い込んでいたため、一九三〇年代から一九四〇年代になると、海の女たちは調理係という立場を足がかりにして、ほぼ男性が担うようになっていた漁の仕事をまた始められるのではないかと考えた。そのころから一九八〇年代まで、大型船に乗る女性のおよそ七〇パーセントが調理係として働いていた。[2] インガ・ファニーによると、彼女がストックセイリ近辺で海に出はじめた一九七六年当時、調理係一〇人のうち六人は女性だった。ただ、乗組員が少ないため、調理係を含め、全員が甲板でも働いていたという。一九九〇年代になると、正式に調理係として任命される女性の割合は減りはじめ、甲板員に分類される数が増えていく。[3] とはいえ、何十年ものあいだ、大型船で女性がもっとも得やすい仕事は調理係だったのである。

調理係という仕事のおかげで女性たちが海で働きやすくなったのはたしかだが、女ならだれでも料理ができるはずだという思い込みは当然ながら間違っている。海の仕事はどれもそうだが、調理係の女性も一〇代で働きはじめるので、料理が得意でない人も多い。それでも、船に乗るチャンスを考えれば、料理ができなくてもどうということはない。一六歳で調理係を始めた女性が言う。「ハンバーガーとサラダしか作れませんでしたけど、船主がレシピをくれたので、できるようになりました。要するに、やるかやらないかのどちらかです」。別の女性は思い出し笑いをしながら言った。「母からは、『いったいどうするつもり？　あなた料理なんてできないのに！』それでもいいんです」

一九七〇年代は、船長が男性の調理係（や甲板員）をなかなか補充できない時代だった。そのためもあって、多くの女性が海の仕事に就くことができたのだ。ビルナによると、当時まともな調理係が不足していたため、彼女自身もはじめて海の仕事を得られたのだという。「レシピ本を一冊買って——今も持っている——調理係をしていた友人が、なにを買えばいいか教えてくれたの。それで応募した。若い男性も何人か応募していたけど、船長はとてもやさしくてきちんとした人だったから、ほかにまともな男性がいないからといって、厄介者を雇うのは避けたかったんでしょうね」

七〇代になったグズルンは、オウラフスヴィークに住んでいる。沿岸の大型漁船で調理係や甲板員、そしてのちに船主として、ずっと海で働いてきた。あるとき、わたしはビルナとともにグズルンの自宅を訪れた。彼女の話によると、調理係は甲板員より報酬がよかったという。甲板員の賃金を一とすると、調理係は一・二五から一・五だ。どうやらこの賃金格差のせいで、調理の仕事を引き受ける女性が多かったらしい(4)。ある女性はこう言っていた。「最初は甲板員として働きはじめましたが、あとで調理係に変わりました。漁船では甲板員より調理係のほうが報酬はよかったのです。一年分の賃金でマンションの部屋が買えましたから」。この報酬格差と、調理係の大変さが理解されていないことから、調理係は仕事が少なくほかの乗組員にくらべて不平等だと陸の人たちから勘違いされてしまう。あとで知ったのだが、報酬に差があるのは、調理係が料理の計画を立てて献立を考え、食材を購入して、コストを計算し、ほかの仕事もしなければならないからでもある。わたしが会った調理係の女性たちはみな、相応の報酬を得ていると語っていた。唯一の例外は若く未経験の娘で、彼女たちは海で働く一〇代の若者と同じように、船長から仕事ぶりを認められるまでは半分の報酬で働く。また、ほかの仕事でもそうだが、調理係の賃金も個人ではなく任務として割り振られるため、男女を問わず、ふたりで料理をする場合、ひとりぶんの報酬を半分ずつ分けることになる。

昔の調理場は設備が貧弱だった。一九八〇年代になるまで船には冷蔵庫もなく、調理係が食べ物を貯蔵したり保存したりするすべも限られていた。だから、ほとんどの船が甲板に大きな氷棚を置いて、食料を冷やしていた。漁師たちは塩漬けしたラム肉を持っていったし、もちろん釣った魚も食べた。

また、子羊やときには子牛をまるごと持ち込んだときは、作業着に包んで吊し、寒風にさらして、できるだけ長く保存できるようにした。(5)「肉を吊しておいて、それを切り分けるんです」

船は一週間ごとに寄港して食料を補充する。調理係は船でパンを焼き、赤ポテトと缶詰のエンドウ豆を添える。牛乳は三日から四日はもつ。けれども、ある女性が言ったように、「ニシンが大漁のときは」寄港しないため、「運が悪いと一回の漁で一〇日間も海上にいるので、食材が足りなくなってしまうのです」

昔の船にはコンロを安定させる器具もなかったため、悪天候のときに料理をするのは、まさに創意工夫の修行だった。(6)当時働いていた女性は言う。「引き波で船体が沈み込むと、すべてが無重力になって、作りかけのソースがフライパンから浮き上がることもあります。すると、あらゆるものが床に落ちる。今度は寄せ波で船体が浮き上がると、すべてが重くなります。船が傾いたときも、ソースはフライパンから落ちる。立っていることさえ難しいのだから、料理はなおさら。それでもやっていたんです」

一九八〇年代後半になると、新しい大型漁船では乗組員のための居場所が改善され、調理場の設備もよくなった。ある女性はこう言っている。「まるで掘っ立て小屋から宮殿です。床を洗えたし、自分の部屋もありました。すてきでしたよ」。同時に勤務制度も変わったので、大きな船なら、調理係は甲板で働かなくてもよくなった――それでも、多くの女性が依然として甲板でも働いているという。しかし、甲板員の場合、現在では六時間のシフト制だが、調理係はつねに食事を作らなければならないし、「極端に年配だったり若かったりする」乗組員のために特別な食事を用意しなければならない。ある女性はこう語った。「調理係は船でいちばんの重労働です。ずっと働いているのですから。ほかの人たちは仕事が終われば本を読むこともできるけど、調理係は働きっぱなしなのです」。もっと詳しく教えてくれた女性もいる。「わたしの仕事は、朝六時三五分に乗組員を起こし、それから三時間ごとに食事を用意し、それが夜の一〇時まで続くのです」

そのため、いくら調理係の報酬が高いといっても、甲板員として働く女性の多くが、調理係にはなりたくないと口にする。もちろん、ヴィグディスやビルギャのように、風通しのいい甲板で働くのが好きだからという人や、一定の作業をこなすほうが好きだから、という人もいる。また、甲板員のほうは待遇がほぼ固定しているのに対して、調理係は乗る船や料理の腕によってさまざまだ。ある船での経験を話してくれた女性がいる。「よい報酬を得ていましたが、調理係は別扱いでもあったのです。身分としては甲板員ほど高くはみられません。女々しい仕事だ、とね。彼らはそうやって調理係を騙すんです。ほんとうは『女の汚れ仕事』と思っているのに。でも、料理は大事な仕事でもあります。ほんものの食材を持ち込んで調理するのと、加工食品をただ温めるのとでは違いますから」

女性の乗組員は甲板員であれほかの身分であれ、人手が足りないときには料理の仕事を頼まれることもあるようだ。本来の仕事でないことを頼まれても気にしない女性もいれば、嫌がる女性もいる。しかし、嫌がりながらもたいがい引き受けることになるのは、船がもともとヒエラルキー社会だからだ。ただ、いい面もある。調理係は、料理下手のふりさえすれば、「やる気のない女」とみられずして免れることができるのだ。長く海で働いていたある女性は、実際は料理上手なのだが、船で料理を頼まれたことがあるものの、それは一度だけだったという。功を奏したそのやりかたを思い出して彼女は笑い、「その後、二度と頼まれることはありませんでした」と愉快そうに言った。

なんとしても甲板員になる

ある女性が語ったように、アイスランドで漁の仕事をするには、「タフでなければ」ならない。どんな仕事でもそうだが、甲板員にもそれが当てはまる。甲板作業には手のかかるものもあるので、こなすには力強さと機敏性が必要だ。一九八〇年代まで、アイスランドのトロール船はほとんどが「サイドワインダー」で、巨大な網を船体の側面に据える形態だった。サイドワインダーのトロール船は、バランスを崩しやすいため危険だ。そのうえ、ある女性が言っていたように、「トロール網を下ろすときは慎重にやらないと、スクリューに巻き込まれて」しまう。手漕ぎ船はすでに何十年も前に終わっていたとはいえ、こうした船はまだ機械化もほとんどされていなかった。だから、たとえば延縄《はえなわ》漁船の甲板員は、延縄に沿っておびただしい数の釣り針に手作業で餌をつけていたし、大きくて重い網もほとんど手で扱っていた。

甲板員の仕事について、自身の体験を語ってくれた女性がいる。「タラを切って内蔵を出してから、貯水タンクに放り上げて洗うのですが、そのタンクはわたしの頭上高くにあるし、タラはわたしの身体ほど大きいのです。みんな、寝不足でした。一九七六年の法律では睡眠時間が決まっていた――六時間から八時間くらい――のに、そんなのとても無理でした」。彼女の話では、当時、乗組員たちは魚が獲れているかぎり、規則に関係なく働いていた。実際、大漁であればあるほど働き手の睡眠時間は少なくなる。別の女性は「順調」だった一八日間の漁について話してくれた。「漁獲量がすごく多かったので、九時間も働き続けて、三時間だけ休憩がもらえました。そのあと六時間の仕事、六時間の休憩というシフトになり、また九時間の仕事、三時間の睡眠に戻りました。ベッドに入っても働いている夢を見るので、全然眠れません。家に帰っても疲れすぎて、白ワインをちょっと飲んだだけで酔ってしまいました」

現代の海の女たちも、乗る船によって甲板の仕事が違うと話していた。「小型の引き網漁船よりも大型のトロール船のほうがずっと楽です。トロール船の場合、網を海に下ろして、待って、眠って、六時間働き六時間休みです。もし待っている時間に自分のシフトが当たれば、ほとんどの時間なにもせずにすみます[7]」。沿岸で働くある女性は、大型のトロール船で甲板員をしてみたものの、働きたいときにほとんどなにもすることがなく、ただ寝ているだけでうんざりしたと言い、この何年かは沿岸の仕事をしていると話してくれた。「出港は午前三時か四時。二月ならまず船の雪を掃き出さないと出港できません。魚を捕獲するカゴを海中で二四個引いて進むのに五、六時間ほど。兄に呼び出されてから帰宅するまで一二時間くらいですが、もっと遠くまで行くときは一六時間かそれ以上かかります。行きは四時間、帰りは五時間かかることが多いです。荷が多いと船が遅くなりますから」

彼女が話してくれたように、アイスランドの漁はきびしい環境で行なわれている。なんといっても北極圏なのだ。海は極寒のため、救命スーツなしで船から落ちると、数分以上生きていられることはまずない。風の強さは有名で、刺すように冷たい。ある女性が言っていた。「甲板に出るとあまりの悪天候で立っていられず、海に投げ出されそうになることもあります」。北アイスランドでは冬のあいだ、太陽がわずかに顔を覗かせるだけで、ほんの一瞬、山の尾根に文字どおり鎮座したかに見えたあと、ぼんやりとした光はそそくさと消えていく。つまり、冬の漁はほとんどが暗闇のなかで行なわれるのだ。また、土砂降りの雨もよくあるし、冬には猛烈な雪が降り、雨と同じくらいの速度で落ちてくる。「だから悪天候のときは眠れません」と、ある女性が話してくれた。「腕の下に枕を置いて、投げ出されない体勢を取るんです」

アイスランド周辺での漁は、ときに北極圏をさらに進んで極北の氷の間際まで出かけていく。気温は華氏マイナス二〇度かそれ以下になることもある。笑いながらこう言っていた女性がいる。「昔は無邪気でした。アイスランドが寒いと思っていたのですから」。たしかに、アイスランドは北極ほど寒くはないかもしれないが、冬は氷点下になることが多く、危険な状況でもある。何人かから聞いたのだが、きちんと対処しないでいると、甲板に氷が積もり、船体の上部が重くなりすぎるという。ある女性がこう言った。「漁の帰りに、甲板員全員が大変な目に遭ったことがあります。船が転覆しないよう、ひっきりなしに氷を砕き落としていなければならなかったから。ずっと甲板にいて、一〇時間休みなく氷を叩いていました。もう最悪」。冬には、波しぶきや雨が肌に当たると、それも凍ってしまう。こんな声もあった。「家に戻ると母が言いました。『その顔、どうしたの？』鏡を見てみると、顔があちこち青くなっていました。寒すぎて静脈が切れたのです。クリスマスのあいだずっと、目のまわりにその青あざが残っていました。家族にはからかわれました。たしかに、笑えましたよ。わたしは甲板で魚を針からはずして船倉に入れる作業をしていたのですが、顔を上げて魚をはずすときに波しぶきが顔に当たっていたのです。だからそうなったんでしょう。朝から晩まで顔じゅうに氷がついていましたから」

そして、天候のほかにもトラブルが起きる原因はある。多くの女性が語っていたのは、船の機械による問題で、エンジンの故障はもっとも危険なトラブルのひとつだ。エンジンが故障すると、舵取り装置が機能しなくなり、ビルジポンプ〔訳注・雨や波で船底にたまった水を船外に排出するポンプ〕を動かす電気も切れてしまう。ポンプは――悪天候ではよくあることだが――甲板が波に洗われた場合に不可欠な装置だ。ある女性は、まだ若くて海に出はじめたばかりのころ、それを経験したという。「人生は永遠だと思っていた一〇代の愚か者でした。大の男たちが必死の形相をして、救命胴衣姿で走り回っていました。船長は機関士と話そうとしてもインターコムが使えないため、下に降りていきました。舵取りをわたしに任せて、ですよ。あの巨大なハンドルを。すごく誇らしい気持ちになりました。あまりに愚かで、恐れることすら知らなかったのです」

漁船では、乗組員が事故に遭う危険も至るところに存在する。甲板にはあちこちにロープやウインチ〔訳注・巻き上げ機〕やケーブルがあって、そのどれかで重傷を負ったり命を落としたりすることさえある。巨大な網に取り付けられたロープの一本が足にからまりそうになり、すんでのところで気づいたという女性がいる。彼女はすぐさま足を引き抜いて無事だった。首を振りながら話してくれたところによると、もし引き抜いていなかったら「ロープに巻き込まれていたでしょう。引きずられて、片脚を失っていたかもしれません。だから、つねに用心していないと」。その言葉どおり、海の女たちはそうした状況にあって安全に気を配ることは、自分の責任だと考えている。なぜなら、海の仕事が危険だと知っているし、怪我をしないよう緊張感を持っていることも仕事の一部だからである。そして、もし実際に怪我をしてしまっても、船酔いの場合と同じで、本人はなんとかやり過ごそうとする――そもそもそれが可能ならだが。ある女性は、足を怪我したときのことを笑いながら話してくれた。「漁のあいだずっと痛かったのですが、とにかく働きました」。そして数年後にたまたま別の件でレントゲンを撮ったところ、足首が折れた痕があると医師から知らされたという。

海で重大な事故に遭ったことのある女性たちから話を聞いたが、彼女たちは「泣き言」を言って漁の作業を中断させたくなかったと打ち明けた。なかでもひとりの女性は、ひどい事故に遭っている。

いちばん高い甲板から冷凍庫に落ちたというのだ。落下のせいで彼女は障害を負うことになる。しかし事故の直後は「ものすごく痛かった」ものの、「どこも折れていないようだったので」その後も二週間、船にとどまった。船長が漁を続けたがったからだ。「たぶん、わたしがあまり泣き言を言わなかったからでしょう」。彼女はそこで口をつぐんだ。わたしたちは小さなレストランでコーヒーを飲んでいた。「鎮痛剤をのんだだけでした」。やがて痛みが限界に達し、「このままなら操舵手を殺す」と脅すと、ようやく船長は怪我の深刻さに気づき、岸へ向かう別の船に彼女を移したが、それでも港までは二四時間かかった。しかし、この事故で不治の障害を抱えることになった今でも、彼女はなんの恨みも持っていないようだ。「彼はいい船長ですよ」と愛情を込めて言う。残念なのは、怪我のせいで二度と海に出られなくなったことだ。

船上の水産加工場

アイスランドに長くいればいるほど、海の女たちから聞いていた氷の大変さがわかってくる。冬は――春も――凍えそうな気温になるものの、氷点より上になるか下になるかは微妙なところだ。氷点をわずかに下回っただけで、一日に二フィートものどか雪が降ることもある。次の日、氷点を少し上回ると、雪が解けて水たまりができ、どんなブーツを履いていても足が濡れてしまう。そしてその翌日にまた気温が下がると、今度は雪解け水がそのまま氷になるため、きわめて滑りやすく、アイスランド人でさえ滑って転び、骨折したり頭を打ったりしてしまう。

わたしが天候をとりわけ意識したのは、三月のある週、ビルナと一緒にアイスランド南東の街ホプンで過ごしたときだ。その週はブリザードで道路はガラスのように凍って滑りやすく、歩くことも前を見ることもできなかった。ビルナの車には氷が厚くこびりついて窓はすっかり曇っている。ひとたびドアを閉めると、白い石棺に閉じ込められたような気がした。こうした状況での運転術にもビルナは通じていた。わたしたちは両側のドアを開けて、頭を突き出し、目を細めて道路の行く手を見定めながら車を進めた。こんなやりかたでビルナがどうやって運転していたのか、わたしにはよくわからないのだが、ものすごくゆっくり滑りながら街を走っていると、ほかの車も同じようにしていた。

わたしたちの目的はもちろん海の女たちから話を聞くためで、ホプンでは多くの女性に会った。そのほぼ全員が、一九八〇年代から二〇〇〇年はじめにかけて、魚を処理するための巨大な冷凍／加工トロール船（frystitogari）で働いた経験の持ち主だった。一九八〇年代初頭、アイスランドのあちこちでこうした船が導入された結果、大きな変化が生まれた。このような船ではもはや、魚を処理して氷の上に並べて市場に出すことはしない。魚は船上で加工し冷凍するのだ。船は基本的に、動く水産加工場となった。陸の加工場とのおもな違いは、加工を船上で行なうことと、関わる人数が少ないことだ。当然ながら、もっとも大事なのは、船上では一人前の報酬が与えられることで、これは陸の加工場よりもはるかに高い。それを知って、女性たちは意気込んだ。なぜなら、こういう仕事はすでに陸で経験ずみなので、船上でほぼ同じ仕事をして四倍の報酬がもらえるなんて、願ってもないからだ。ある女性はかつて、漁獲量の多いときには朝五時から夜九時まで働いていたという。「魚の処理はだれよりも速かったから、わたしにできないはずないでしょ？」

陸の加工場には管理を担う人たちがいる。たとえば魚の検査係、調査係、加工責任者などだ。新たにできた加工船にもそのような管理者が必要になる、と女性たちはすぐに気づいた。自分たちはどんな立場にも置かれる可能性がある。それならばもっと教育を受けなければ。ある女性は、「漁はわたしの夢であり、血に流れているのです。兄も父も祖父も、みな漁をしていましたから」といまやすっかり聞き慣れた言葉を口にしたあと、こう続けた。「ただ、求めているだけではだめなので、裏からこっそり入り込むしかありません。だから、わたしはハプナルフィョルズルの漁業学校へ行って、冷凍トロール船の仕事を手にしたのです」

たいていの場合、加工船の労働条件は陸と変わらないか、むしろ有利である。加工船の初期に働いていた女性たちによると、船上の加工労働は、陸の同じ仕事よりは楽だったという(8)。船での工程のうち肉体的にもっともきついのは、魚の入った三〇キロの容器を持ち上げること。この仕事は男にとっても女にとっても――イーサフォルドほどの怪力自慢でないかぎり――通過儀礼のようなものだ。容器を持ち上げられた女にとっては、誇らしい勲章となる。「わたしは力持ちなのでラッキーだったし、救急医療を学んでいたので、足とお尻を使って重いものを持ち上げる方法を知っていました。わたしたちはいつも三〇キロの容器を持ち上げていましたよ。それを船底まで持っていって冷凍庫に入れるんです。三〇個から四〇個くらい運んだこともあります」。別の女性は、容器をいちばん高い棚に上げられるようになったと語った。「小柄な男たちは、わたしと同じことができませんでした。すごくいい気分でしたよ」

一九九〇年代後半になると、こうした船の多くで行なわれていた重労働もまたオートメーション化された。その結果、船上の仕事に興味深い変化が起きた。ある女性は言う。「だからもう、女には無理だという理由――重いものを持ち上げること――はなくなったんです」。アイスランドの女性漁師の歴史を考えると――そして彼女たちが甲板員などの仕事を兼任していたことを考えると――皮肉なことだが、この変化によって陸の加工会社の経営者たちは、自社の船で女性が働くことを認めるようになったのだ。ところが、加工船にもまたヒエラルキーがあり、それによって船上で女性にできることが決まるため、甲板で働く気力を阻害されることもあった。「わたしたちがするのは下っ端の仕事で、ようやく甲板で働きはじめると、身体に安全帯を付けられたんです。男たちはそんなものは使いません。女性に対してはすごく保護的でした」。ほかの船では女性も甲板で男性と同等に働いていることを、責任者も乗組員もあきらかに知らなかったのだ。いまや安全基準は変わって、乗組員は男女にかかわらずだれでも救命胴衣とヘルメットを身につけているし、甲板では安全帯を付けることも多い。ただ、こうした変化があり、加工トロール船もできたおかげで、女性が海で働く機会は増えると思われたものの、実際に雇われる女性の数は少ないままだった。遠洋漁船で働く女性の数がもっとも多かった時期――一九七〇年代と一九九〇年代――は、漁をする男性が少なくなった時期でもあり、加工船の登場ととくに関係があるわけではない。

ただ、いくつか例外はあり、それはひとえに少数ながらも影響力のある男性船長たちの決断によるものだ。彼らは男女入り交じった乗組員が加工船にいたほうがいいと考えた。そのほうが船に「家庭的」な雰囲気が生まれるからだ。男たちは頻繁に身体を洗うようになるし、全体的に「まともな」空気ができる。だから、自分が船の管理を担っているかぎり、彼らは女性を乗組員として雇い続けた。たとえば、ヴェストマン諸島のある加工トロール船の船長は、一回の漁に女性を二人から四人雇い、それを二〇年間、船を売却するまで続けた。ホプンでは一九八〇年代から一九九〇年代にかけて、男女混合の加工船乗組員の数がアイスランドのどこよりも多く、それは船長たちがそうしようと決めたからにほかならない。ホプンでは女性が七人——乗組員の半数——も乗っていた船が何隻かある。わたしたちがこの村で行なったインタビューは、ほかの地域とはかなり異なるスタイルになった。ほかの地域では、自分の体験を語ってくれる女性はひとりで、あるいはせいぜいふたりでインタビューを受けた。しかし、絶え間ないブリザードにもめげずに行なったホプンでのインタビューは、大人数のものになった。同席したのは船長（えらそうで、いかにも船長らしい）や、夫と妻（船で同僚として出会った）、友人たち（船で知り合った）で、みな自分たちの経験を口々に話してくれた。ここには乗組員だけのコミュニティができており、それが村そのもののようになって、結婚や生涯の友情に結びつく。こうして、乗組員たちや、偏見なく彼らを育ててきた船長たちが、二〇世紀の海対陸の分断をものともしなかった結果、船上の雰囲気は、みなが言うように「家庭的でまともな」ものになったのだ。

それはそれですばらしい。しかし、ビルナもわたしも少しずつ気づきはじめたことがあった。そうした状況が二〇〇〇年代はじめには終わっていたのである。ホプンには以前、海で働く女性がおおぜいいたのに、二〇一三年にはひとりも見つけられなかった。いったいなぜだろう。二〇〇〇年代はじめになにかがあったのだろうか。そのせいで女性は海から追いやられ、だれもが愛情とノスタルジアを込めて語っていた男女共働をやめてしまったのか。もしかしたら、二〇〇八年に起きたアイスランドの経済危機と関係があるのだろうか。あるいは、漁獲割り当て政策の影響だろうか。わたしはそうした疑問をひとまず脇に置き、いつか必ず答えを見つけようと思った。

無線通信士という選択

船上で女性が働く場合、荷物の運搬や加工や調理のほかに、無線通信士という仕事がある。一九二〇年代から始まったこの仕事は、一九八〇年代後半にテクノロジーの進歩によってなくなるまで、女性にも就業や技術訓練の機会が与えられていた。[9] 歴史家のソウルン・マグヌスドッティルが話を聞いたある女性は、船の無線通信士になるチャンスに飛びついたという。理由のひとつは「運がよければ世界を見て回れるから」だ。[10]

多くの女性がこの仕事に就いたものの、関係する史料はほとんど残っていない。ある記者がインタビューしたフロン・ヒャルタドッティルという女性は、一九七〇年代後半に無線通信士として働き、インタビュー当時の一九八一年にも同じ仕事をしていた。その前までしていた事務仕事をやめたのは、退屈だったのと、最後の年に責任者を任せられたものの、昇格も昇給もなかったからだという。そして、沿岸警備船の甲板員として働こうとしたがうまくいかず、学校に通って無線通信士を目指した。最初のクラスにいたのは「女性ふたりと男性一一人」。自分はそこで生まれ変わったように感じたという。

フロンは学校を卒業後、職を得ることができたが、仕事をきちんとするには電気の知識がもっと必要だとすぐに悟った。そこで、また学校――今度は電子工学の専門学校――に通いはじめ、三週間のコースを履修した。生徒二〇人のうち女性はひとりだけだった。男性講師は「気乗りしないようすで、女はこの分野でうまくやれたことはないし、船乗り《Seamen》にも向いていないと言いました。わたしはただ笑っただけ。船乗りという言い方は気に入っていましたから」。フロンは好成績を上げたものの、それまで科学や数学をあまり学んでこなかったので、電子工学の授業は難しかったという。女子は学校で理数系の科目を勧められなかったし、「数学の教師は女子には話しかけませんでした。数学に興味のある女子にさえです」。インタビューの最後にフロンが語ったのは、すでにわたしたちが何度となく聞いてきた言葉だった。「海を怖いと思ったことはありません。わたしにとって海はいちばん居心地のいい大好きな場所なんです。血のなかに流れているんですね。目の前に新たな世界が広がるのです」[11]

わたし自身は、調査中に無線通信士と会う機会がなかったものの、現代の海の女のひとりから、叔母が船の無線通信士として長く働いていたと教えてもらった。祖母とその姉妹ふたりはアイスランドの初期の旅客船で働いていたという。ある夏、姉妹三人はそろって妊娠して家に戻り、そのひとりとして生まれたのが無線通信士になった叔母だ。叔母を生んだ母は父親の名前を明かさず、アイスランド語で「海の」を意味する名前をつけた。いかにもぴったりの名である。残念ながら、その叔母はすでに亡くなっていた。できることなら彼女に会いたかった。歴史の狭間に埋もれたままでいる海の女たちのひとりに。

機関室に入る

現代では漁が男の仕事と見られているとすれば、船の機関士という職業はなおさらだろう。ソウラ・リリヤとわたしがこれまで多くの記録で目にしてきたように、一九〇〇年代のはじめには、ユリアナをはじめ多くの女性たちが、沿岸用小型船のエンジンを操作したり手入れしたりしていた。けれども、初期の蒸気トロール船のボイラー室や石炭室で働いていた女性はいなかったようだ。[12] ただ、一九四四年にはマルグリエト・グズムンズドッティルという女性が貨物船の機関士として働いている。おそらく、彼女が最初に職を得られたのは、第二次世界大戦中で男性機関士がほとんどいなかったからだ。その後、一九五〇年代までには、さらに多くの女性がトロール漁船の機関士として働きはじめた。そうした初期の機関士のひとりがブリンヒルドゥル・ビョルンスドッティルで、彼女は一度ならず二度までも海難事故から生還している。一度目は一九七一年にアイスランド南部のソルラウクスホプン沖で、二度目は一九七四年にブレイザフィヨルズルで。[13]

一九八〇年までに、一二人の女性が機関士として正式に登録されているものの、プロを養成するレイキャヴィーク船舶機関士学校を卒業したのはふたりだけだ。そのうち最初の女性卒業生であるグズニー・ラウラ・ペーテルセンは一九七八年に卒業し、船で働いたあと、自分自身でもその学校で教えている。[14] 一九八一年のインタビューでグズニー・ラウラは船舶機関士になると決めたことについてこう語った。「家族にお手本がたくさんいました。父、祖父、夫——機関士学校で知り合ったんです——そして義父も。みんな機関士でした[15]」

一九八四年の記事でグズニー・ラウラは、かつて男性の仕事と見られていた漁師のような職業にも女性が参入しつつある、と楽観的に話している。この言葉からわかるのは、彼女もインタビュアーもアイスランドの海の女の歴史についてなにも知らないということだ。また二〇世紀の状況を考慮して、この記事の著者はグズニー・ラウラが「知識や実技を学ぶうえで、ほかの人たちより劣ってはいなかった[16]」と読者に強調しておく必要を感じていたこともうかがえる。興味深いことに、プロの機関士の草分け的な女性たちが教育を受けたのは、一九七〇年代後半だった。これは多くの女性が海に出た時期であり、女性の権利運動が活発になった時期でもあり、アイスランドでは当時、とくに女性の職業と労働における平等に力が注がれていた。[17]

わたしは船舶機関士学校を訪ね、女性機関士について話を聞くことにした。校長室は航海学校と同じ建物のなかにある。残念ながら、女性卒業生の正確な人数はわからなかった。けれども二〇一二年当時、入学した一八〇名のうち八人の女子が授業を受けはじめていたし、最上級クラスで学んでいる女子も五名いるとのことだった。

これまでの数十年で船舶機関士学校を卒業する女性が増えなかったひとつの要因は、おそらく差別にある。かつてこの学校で学んだ女性たちから話を聞いたところ、露骨な差別を受けたことがあり、とりわけ二、三人の同じ講師から受けたという。中退した女性たちに聞いても、学校をやめたおもな原因は差別だったらしい。ある女性機関士はこんな話をしてくれた。自分に偏見が向けられたのは、船の機関士に女性が多くなりすぎると、たとえば教員などもそうだったように、給料が下がりかねないと男性が恐れたからだ。とはいえ、女子学生たちから話を聞いたところ、最近では学校側の姿勢も変わり、以前よりずっと女性を受け容れるようになったという。大きく変わったのは、船舶機関士学校と航海学校が統合して大規模な専門学校になってからで、そこでは木工技術や美容や航空技術も教えるようになった。その結果、以前より多くの女性が入学したため、偏見は少なくなったらしい。

プロとしての訓練を受けた船舶機関士のほかにも、話を聞いた女性が何人かいる。彼女たちは甲板員として雇われたものの、機関室で非公式の操機手として働き、機関士の仕事もしていた。仕事は船の機関士主任から教わったという。インガ・ファニーも最初に得た仕事のひとつが操機手だった。けれども、甲板員の仕事のほうが好きだったので、できるだけ早く甲板員になったという。ビルギャから聞いた話では、ビルギャとヴィグディスが最初の船で働きはじめたとき、船長は機関士の「老人」

に一緒に働いてやってくれと頼んだ。「すると老人は、こんな娘っこふたりと働くなんて、ばかにされたもんだ、と言っていました」。それから、ふたりはさまざまな船で働いたあと、また最初の船に戻ってきた。すでに船長は替わっていたが、乗組員の多くも「老人」も当時のままだった。ビルギャはこの機関士と一緒に機関室で働きはじめ、それから二年以上たって、ふたりは「親友」になった。老人がそう言ってくれたのだという。「わたしは資格もないので、正式な機関士ではなかったけれど、それに見合う賃金はもらっていました。ヴィグディスはその船で調理係をしていましたが、ふたりとも甲板でも働きました。調理係と機関士の仕事をして、甲板に上がって、また下りていくんです」。それを聞きながら、ヴィグディスは椅子に背を預けてコーヒーを手にした。話の先がわかっているようだ。ビルギャが続ける。「その老人は酔うとよく言っていました。もし大金が入って船を買ったら、あるいは娘が生まれたら、どちらかにわたしたちにちなんだ名前を付けるから、と」。ヴィグディスとビルギャはにっこりと笑みを交わした。「そして七年前」とビルギャが続けた。「わたしたちと一緒に働くのをやめてから三年後、彼から電話がありました。ずいぶん久しぶりでした。『ようやく約束を果たせるときが来たよ』と彼が言うので、『さては宝くじでも当たって船を買ったの?』と訊くと、『いや、娘が生まれたんで、ふたりの名前をとってビルギャ・ディースと名づけたよ』」

「ビルギャとヴィグディスを合わせたのね」とわたしが笑うと、ふたりは頷いた。

わたしはこの話が大好きだ。自分では会ったこともないのに、この「老」機関士への愛情が沸いてくるのを感じる。彼に対しても、そして海の女たちが語ってくれた彼のような男たちに全員に対しても。彼らは最初、船で女性たちと働くことになったとき、激しく反発したが、やがて女性の有能さを知るにつれて態度を変えていき、それからは一貫して彼女たちの「親友」になる。この能力をわたしは勇気と呼びたい。エゴや自分のなかの壁を捨て、深く染みついた認識を変える能力こそ、わたしに言わせれば、ほんものの「肝っ玉」である。

船長という障壁を突破する

肝っ玉といえば……

近ごろでは、アイスランドで全長一二メートル以下の船を指揮する場合――ダンゴウオなど沿岸漁の小型船も含まれる――あるテストを受けなければならない。小型船船長のためのこのテストは「プンガプロウヴ（pungapróf）」と呼ばれ、文字どおりの意味は「睾丸テスト」である。わかりやすく言えば「肝っ玉テスト」だろうか。冗談ではなくほんとうだ。この件についてはいっさいだれも書いていないと思われる。ともすれば笑ってしまう知識だし、わたしのような部外者がこの言葉を使うのは場違いかもしれない。この言葉や用法については今さら言うまでもないので、触れないことにしよう。

インタビューをしていてわかったのだが、どうやら西部では多くの女性たちがこのテストを受けたことがあるらしい。それも驚くにはあたらない。西部の小規模な沿岸漁では、腕っぷしの強い女性が今も健在なのだから。それに較べて、東フィヨルドでは、ここ何年かでこのテストを受けた女性は数人しかいない。かなりあいまいな数値だが、なんといってもこのテストを受けた人数を知るのはきわめて難しく、女性の数となればなおさらだ。なぜなら、「肝っ玉テスト」は国じゅうどこででも受けられるし、結果も記録されず、されていたとしても所在がわからないからだ。航海学校ではレイキャヴィーク地域でこのテストを実施しており、校長のマグニの記録にはもちろんきちんと残っている。マグニはごく最近の結果をパソコンで管理しはじめていたので、わたしにも快く見せてくれた。それによれば、二〇一一年から二〇一二年にかけての四学期間に「肝っ玉テスト」を受けた生徒のうち、女性はひとり〜三人、つまり五〜二五パーセントだった[18]。

大型船の船長を目指す人にとって、プロに必要な資質を身につけるのは時間がかかるし、きびしい訓練も必要になる。現代のアイスランドでは、こうした船長こそが権力を象徴し、高給を稼げる職業とみなされている。アイスランドでは、漁船のすぐれた船長と肩を並べられるのは、国民的ヒーローである偉大なサガの英雄くらいだ。昔からレイキャヴィークをはじめとする沿岸の村ではどこでも、六月に「海の男たちの日」という祭りが開かれ、漁船の船長たちも讃えられる。

一八〇〇年代後半には船のテクノロジーが進歩したため、専門的な航海術や船体を扱う技術を学校で教える必要が出てきた。そこで、一八九一年、レイキャヴィーク航海学校が設立された。この学校は船の指揮官を養成し資格を与えるもので、資格を授与された者は職長（フォアマン）ではなく船長（スキッパー）と呼ばれるようになる[19]。大型船の船長に求められる資格を取得するまでにはいくつかの段階があり、修了には一年から四年かかる。この課程を始めるにあたっておもに必要となるのは、一五歳以降に大型船で甲板員として働いた経験が二年あること。歴史家のソウルン・マグヌスドッティルをはじめとする女性たちは、この条件を女性差別だとみなしている。「なぜなら、この学校は海での経験を求めているからだ」とマグヌスドッティルは記している。「こんな制限があると、女性は能力を阻まれてしまう。なぜなら、そもそも女性は未経験な状態から職を得ることが困難なのだから[20]」

原因がどうあれ、そして一九〇〇年代はじめまでは数多くの女性船長がいたにもかかわらず、一九七〇年代までに正式に登録された女性船長はたった一一人しかいなかったし、そのなかのだれひとり航海学校できちんと訓練を受けてはいない[21]。実際、一九七一年にこの学校の校長は、女性が船を指揮するために学ぶなどあり得ないと考えていたようだ。当時、地元レイキャヴィークの新聞は、ノルウェーでひとりの女性が船長養成のための学校に入学したと知り、アイスランドの当時の航海学校長に電話し、これまで女性が入学したことがあるかどうか尋ねている。

「いいえ、そんなことあるわけないでしょう」と校長は答えた。「本校に入学するには、航行期間を示さなければなりません。女性はたいてい調理係や無線通信士の仕事をしているし、それが向いているのです。リーダーとして海に出た女性など知らないし、例外はスリーズル船長くらいですよ[22]」

こうした態度を考えれば、その三年後、シグルンが校長に電話をしたときの反応も驚くにはあたらない。シグルンは、はじめてその航海学校に正式入学をした女性だ。わたしはスティッキスホウルムルにシグルンを訪ねていき、心地よいキッチンで話を聞いた。彼女は笑いながら、海で働くことがずっと好きだったと語ってくれた。「でも、もっといい仕事をしたくて、学校へ行くことに決めたのです。もっと稼ぎたかったから。それで、一九七四年、校長に電話をして、これまで甲板員として二年間働いてきたので、入学できるだろうかと訊きました。すると、長い沈黙がありました。相手は長いこと黙っていたのです。それからようやく、わかった、入学してもよいと答えました。わたしは書類やほかに必要なものをすべて揃えて入学したのです」。シグルンは外洋大型船の船長の資格を得て、船長やそのほかの立場で一七年間働いたあと、引退して教員になった。長く船長を務める女性によくあるように、シグルンも最初は漁船に乗っていたが、その後は貨物船で働いた。そういえば、インガ・ファニーも同じ道をたどったと言っていた。「貨物船のほうが快適なのです」

一九七〇年代後半、シグルンが航海学校に入学したあと、さらに三人の女性が訓練を修了し、一九八〇年代はじめには全員が課程を終えた（インガ・ファニーもそのひとり）。ここでも興味深いことに、四人の女性が次々と入学してきたのは、船舶機関士学校にはじめて入学した女子学生たちと同じ一九七〇年代だった。当時は海で働く女性が増え、アイスランドで女性の権利運動が盛り上がっていたのだ。この卒業生たちは全員すでに船長を引退したり海の仕事をやめたりしているが、インガ・ファニーだけは漁船や貨物船で働き続けている。

＊

四人の女性が卒業したあと、二〇年たった二〇〇〇年代はじめ、ようやくさらにふたりの女性が大型船船長の資格を取得した。そのひとりラウラ・フロンはスティッキスホウルムルで家族の船に乗っているが、同時に、プロのオペラ歌手になる夢も持っている。彼女が船長の資格を取得したのは「念のため」だという。なぜなら、いつでも家族の船で働くことができるからだ。偶然にも――アイスランドなので、偶然ではないかもしれないが――ラウラ・フロンはシグルンと血縁関係にあるという。ラウラによると、船長である父親はこの学校で優秀だったらしい。「わたしも優秀だったのですよ。わたしともうひとりゲイの男性がトップでした」

同じ時期に卒業したもうひとりの女性がラグンヒルドゥルで、彼女は航海学校のクラスで最年少の生徒でもあった。[23] 航海士として何年か働いたが、最近子どもが生まれてからは、加工場の刷新や発展のための研究をしており、そのために今でも定期的に海へ出ているという。彼女たちが入学したのは、海で働く女性の数が増えた一九九〇年代より少しあとのことだ[24]。彼女たちは海の女のパイオニアだ。何人かの女性が語ってくれたところによると、初期に資格を得た女性船長たちは、さながらメイン州のメカジキ延縄漁船船長リンダ・グリーンロウ（映画「パーフェクト・ストーム」で有名）のように、今もなお自分たちを啓発し続けてくれているという。余談だが、船上の身分にかかわらず海の女たちに人気があったのは、アメリカのリアリティテレビ番組「ベーリング海の一攫千金」だ。アラスカのカニ漁師を扱った番組なのだが、観ている彼女たちからすると、この漁師たちは愚かな決断ばかりしているという。

二〇〇〇年代はじめに、またしても航海学校の女性卒業生がいなくなったものの、二〇〇八年以降はその状況も変わった。二〇〇九年にひとり、二〇一〇年はゼロ、しかし二〇一一年には四人、二〇一三年にはふたり、合計で七人が卒業した。これは、学校史のなかで二〇〇八年以前に卒業した女子生徒の数とほぼ同じである[25]。入学する女子学生もここ最近、飛躍的に増えており、二〇一二年と二〇一三年には六人、二〇一四年には五人、二〇一五年にはまた六人。おそらく、新たな女性卒業生もたくさん生まれることだろう。

二〇〇八年はアイスランドにとって打撃的な経済危機が起き、国じゅうが混乱に陥った年でもある。それなのになぜこの年から女性の卒業生が急に増えたのか不思議だが、思い当たることはいくつかある。話を聞いた最近の卒業生たちは口を揃えて、報酬の高い海の仕事をしたかったし、そのために入学したと言っていた。また、先輩たちの時代よりも、女子学生としての少数派意識を持たずにすむと感じているらしく、その証拠にクラスには以前よりも多くの女子がいる。そして最近、この学校がより大規模なテクニカル・カレッジに統合されたことも女子学生が増えた要因かもしれない。大きく変わったことがあるのだ。ほとんどの学習課程や卒業に海での経験が必要であることはこれまでと変わらないものの、授業によっては専門技術教育の一課程として、海での経験がなくても受けられるようになった。これはたしかに大きな変化だろう。そのことについて校長のマグニに尋ねたところ、生徒の数は二〇〇八年以降、全体的に増えているという。「経済危機はわれわれにとってはいい効果がありました」

航海学校と船舶機関士学校には明らかな違いがあった。わたしが話を聞いた航海学校の女性卒業生たちはだれも、めだった差別を受けなかったことだ。シグルンによれば、「わたしは最初の女子学生だったので、ちょっと場違いな感じはありました。みんながこっちを見て『あの女の子はだれだ？』と言うんです。でも、生徒たちも先生もみなよくしてくれましたよ」。最近卒業した女性たちは、とりわけマグニの名を感謝とともに口にした。数年前に大型船船長の資格を取得したスティンロイグはこう言った。「マグニは学校のキャプテンで、そのまわりを小さなキャプテンがおおぜい走り回っているんです」。もしなにか偏見が生じたとしても、それは意図的ではないように思えたし、すぐさま修正された。別の女性卒業生はこう言っている。「この学校がとても好きでした。楽しかったし、男子学生たちの多くは今でもいい友だちです。ただ、入学した当初、ある教員はわたしを見下してこう言ったんです。『いいかい、四〇フィートのコンテナがあって、二〇フィートのコンテナがある。こっちのほうが小さいんだよ』学部長から、調子はどうだいと訊かれたときに、このことを話しました。すると、この教員に伝えてくれて、本人はああ、たしかにそう言ったが意識はしていなかったと答えました。それからは、お互いうまくいくようになったのです」。この女性も優秀な成績を残し、航海術の課程で最優秀賞を与えられた。

実際、女性たちが口にしたのは差別ではなく、航海学校での支援的な体制のことだった。北アイスランドで暮らすステインロイグによれば、貯金ができ甲板員として二年以上の経験も積んだとき、マグニに電話して、海で働きながら通信制で講習を受けることはできるだろうかと尋ねた。するとマグニは大丈夫だと答えた。「ほんとうにいい人です。わたしを特別な目では見ませんでしたから」。彼女は入学し、最初は大型船の比較的容易な資格を取るつもりだった。久しぶりの勉強に自信がなかったからだ。「学校で学ぶのは一九九二年以来で、スペリングもできませんでした。試験では正しい説明ができなかったし、そもそも合格しないだろうと思いながら最終試験を受けました。だから成績を見たとき、なにかの間違いかと思いました。そしてマグニからの電話を待ちました。試験で満点を取ったのは、これがはじめての経験でした」。合格したあと、さらに高度な資格を目指してふたたび通信制で学んだ。やがてこちらも合格すると、レイキャヴィークまで免許証を受け取りにいった。「この免許証は大型船で大きな力を発揮します」。わたしも、こうして彼女の成功を伝えることができて嬉しい。ステインロイグは現在、貨物船で一等航海士として働いている。きわめて早い昇進だ。

ただし、陸のコミュニティでは、女性がそんなポジションに就くなんて信じられないという目で見られるため、大型船を指揮する女性たちはそれを無視するしかない。シグルンは、勤務先の会社が制服を用意してくれればいいのにと言っていた。「制服は効果的なんです。だって、ひと目でその人の立場がわかりますから。アメリカでもいやな思いをしたことがありますが、ロシアや北ヨーロッパではなんの問題もありませんでした」

ラグンヒルドゥルも、アイスランド人以外から向けられた態度について語っていた。「外国の港ではよくありますね。男たちは船員に女がいることに違和感があるのです。アメリカに行ったとき、港の男たちは『ふだんならアメリカ人はこんなに一生懸命働かないんだけどな』と言っていました。わたしが甲板に立っていたからそんなことを言うのです。でも実際、彼らはそれほど働いていません。だらだらしていましたよ」。また、船がロッテルダムに着いたときの反応も憶えているという。「甲板に出ていって、ふたたび出港の準備をしていると、男たちは手を止めて、わたしをじろじろ見るのです。だれかに見られながら仕事をするのはあまり気分がよくないですが、ひたすら気づかないふりをするしかありませんでした[26]」。ラグンヒルドゥルは陸の人たちの態度についてこう締めくくった。「船乗りは陸の人たちのことをオカガニと呼んでいます。いったい海のどこがそれほどよくて、女性は船長になろうと思うのか、オカガニたちは知りたがるのです[27]」

海からの呼び声

海の女たちが語ってきた困難や危険や苦労は、何世紀にもわたってアイスランドの船乗りたちが経験してきたことでもあり、そこに通底するのは海へのひたむきな愛と言うほかはない。漁や海への愛、海の力やその抗いがたい呼び声への愛。ある女性は海で働いていたころのことをこう語っていた。「海はわたしのなかの秘めた力を知らせてくれるし、わたしを、わたしの内側にある自分自身を伸ばしてくれるんです。どこまで遠くに行けるかを教えてくれる。これはお金には換えられません。わたしは海に心から敬意を表します」。また、海でならリラックスできると語った女性たちもいる。海では、仕事以外に心配することはなにもないからだ。心が安らぐという話もよく聞いたし、ある女性はそれをヨガにたとえた。彼女たちは海で見たものの美しさを語った。たとえばイルカの群れ、形を変える雲、水と空とのさまざまな色彩。海に出ることができたのはラッキーだったとだれもが言う。一六歳で漁を始めた女性はこう話してくれた。「二一歳の誕生日のことを憶えています。船の上でした。空は明るく無数の星があって、海はとても穏やかでした。こう思ったのを憶えています。わたしはすごく運がいい――なんと言えばいいか――これは特権だと。そんなふうに思ったんです。そしてこの瞬間は生涯忘れないだろうと。今も忘れてはいません」

多くの女性にとって、海に出ることは人生を変える経験だ。ある七〇代の女性はこう話してくれた。「もし漁がなかったら、わたしの人生はどうなっていたでしょう」

いっぽう、アンナという女性(28)は、漁やそのほかのことを長く語ったあとで、ようやく海と自分とのつながりがいかに深いかを話してくれた。「わたしが海に出たのは、依存症だったからなんです」。わたしたちは、彼女の家の温かく居心地のよいキッチンでお茶を飲みながら話していたので、その言葉がいかにも不釣り合いに思えた。「アルコール依存は今も克服中で、AA《禁酒会》に通っています。若いころ、ちょっと違法行為をしたために、一か月間ひとりで監禁されていたんです。そこにいるあいだもドラッグがほしかった。自分のなかにまだ依存症がありましたが、行くべきところは、自分自身の内側しかありませんでした」わたしたちはしばらく黙って座っていた。「出てきたとき、わたしは別の人間になっていました」

わたしはその女性をじっと見ていた。五〇代で、落ち着いていて穏やかで、家族も友人もいる。おそらくアイスランド人が相手なら話さないことをわたしに話しているのだろう。アイスランドというこんなに小さな国では、プライバシーは貴重で得がたい宝石なのだ。

アンナは言葉を続けた。「外に出られたとき、レイキャヴィークに行きました。一〇一（街の中心部）に入っていくと、そこにはドラッグやパイプを持った男たちがいて、まわりにはなんでもありました。わたしはその場を離れ、魚の加工場で働くことにしたのです。でも、女子寮での生活には耐えられませんでした。『だれだれがこう言っていた』とか『彼がこんなことを言っていたと彼女から聞いた』とか、ネイルの柄のこととか髪型の見ばえとか、そんなことばっかり」アンナは笑った。「男たちのほうが簡単です。けんかになって殴り合って、気がすんだらまた会話を始める。だからわたしは海に出ました。一種の解放でした。海に出れば、陸でなにが起こっていようが、すべて忘れられる。海と仕事とに向き合っているだけでへとへとで、ほかにはなにも考えません。だから心は自由だし、陸からも解放されます。漁をすることで、わたしは穏やかさを取り戻したのです」

アンナは言葉を切り、窓の外の暗闇とガラスに映った自分の姿を見ていた。「海に助けられました」

ヨウニナ　多才な海の女

はじめて会った日、ヨウニナは娘を連れてきたので、わたしたち三人はレイキャヴィークの公園で、温かな夏の日差しを浴びながら腰を下ろした。ヨウニナは小柄で髪は黒いミディアム、瞳は濃いマリンブルー。わたしはスリーズル船長の特徴を思い出さずにはいられなかった。ヨウニナは穏やかな雰囲気で、話し声は静かだった。

ヨウニナは一九七〇年代にレイキャヴィークで生まれ育ち、その名前は自分を取り上げてくれた助産師からもらったものだという。海の女の多くがそうであるように、彼女も小さいころ、漁師の父親と海に出ていた。父はアイスランドの小さな船(29)の名にちなんで、娘をトリッラというニックネームで呼んだ。彼女が海に行きたいとねだると、父は喜んだという。けれども一四歳のとき「まだ無理だとみんなに言われました」。それで一六歳になると東アイスランドに行き、陸でタラの塩漬けの仕事を始めた。その後、「勤めをして、子どもを産みましたが、三〇歳で戻ってきました」。まずはなんとか仕事を得なければならない。トロール船に乗り、甲板員でも調理係でもなんでもやった。調理の仕事が終わるといつも甲板に出た。「ただ好きだからです。海の匂いが」

ヨウニナには子どもが四人いるので、自分が海の仕事をすることについてどう思うか、夫に訊いたことがある。「夫に尋ねたんです。『あなたは海に行きたい？　それともわたしが行ったほうがいい？』すると夫は答えました。『おれは船酔いするんだ』それで『わかった、じゃあわたしが行く』と言ったんです」。夫とヨウニナの両親が子どもの面倒を見ていたが、そのうち「子どもたちも大きくなって、子ども同士で面倒を見られるようになりました」。ヨウニナはシグルンと同じことを口にした。嵐の海にいるときは子どもたちが心配するものの、「末の息子も今は一五歳になって同じ船に乗っているので、いくぶん安心のようです」彼女は笑って付け足した。「もちろん、船に乗る母親はめったにいないし、愛する子どもたちと離れているのはつらいですよ」。しかしそれでもなお、そこには「冒険の匂い」と海への誘《いざな》いがあるのだという。

ヨウニナはあるとき、インタビューで船酔いについて語っていた。「船酔いはしたことがないし、海ほど気分のいい場所はありません。でも船酔いを想像することはできますよ。双子を妊娠していたときは、ずっと吐いていましたから、たぶんそんな感じなのでしょう。船酔いをする人には申し訳ないくらい。大の男が航行中ずっとベッドで泣きながら横になっているのを見てきましたから」。ヨウニナのほうはいつも「すっきりした気分」で帰ってくる。問題が生じるのは海ではなく、むしろ地上だという。「陸に上がるとめまいがして、しばらくベッドから出られません。海で長く過ごした後遺症ですね(30)」

ヨウニナは海で一〇年働いたあと、船舶機関士学校で学ぶことにした。その後、有資格の船舶機関士として何年か仕事をしてから、機関管理者となるべく航海学校に入学したが、その間も海で働いていたため、課程を修了することはできなかった。あるとき、毒を持った斑模様のオオカミウオに指を噛まれ、傷口が化膿してしまった。化膿がどんどんひどくなったため、船長はヘリコプターを要請しようとしたが、ヨウニナは拒否した。ようやく港に戻ると手術を受け、傷は回復したかに見えた。

これを機に、ヨウニナは学校の課程をきちんと終えることに決めた。そして航海学校へと戻り、今回は大型船船長の資格を、「教員からのプレッシャーや励ましのおかげで」取得することができた。仲間の生徒たちや学校職員と別れるのは「少し寂しかった」という。しかし、課程を終えたおかげで大型船の船舶機関士と船長の資格を得られたのだ。学校にいたころ、彼女にはもうひとつニックネームができた。孫と学校の男子学生が付けた「グランマ・ドラゴン（Amma Dreki）」だ。「背中にドラゴンのタトゥーがあるんです(31)」。しかし、この間も指の傷は治らず、結局は切断せざるをえなかった。どうってことないわ、と彼女は言う。切ってしまえばもう煩わされないし、「ありがたいことに、まだ指は九本あるんですから」

「わたし自身は海が怖いと思ったことはありません」とヨウニナ。「でも、スナイフェルスネス半島の西で起きたひどい嵐のことは憶えています。そのとき、船は浮かぶか沈むかのどちらかしかないと思ったんです。状況はいとも簡単に悪化するし、大きな波ひとつで人間が持っていかれることもあります(32)」。船上で命令を出す立場（たとえば一等航海士や二等航海士）について話していたとき、大事なのは及び腰にならないことだとヨウニナは語った。「とくに大型船を走らせているときはね」「船にはそれぞれ特徴があって、動きかたも違います。どの船もキャラクターが強いので、船によって扱いかたを変えなければなりません」

海で働く女性がもっと増えればいいのに、と彼女は言った。女性がいると船の雰囲気がよくなることは、男性乗組員も感じているという。

公園のベンチで、ヨウニナは昼下がりの太陽に顔を向けた。「船に乗っているとリラックスできるんです。海にいること以上に好きなことはなにもありません」

第6章

生きかたのバランス

——船という社会

オーストラリアのタスマニア州ケタリングは、もう何年も前にわたしが漁をしていた小さな村だ。見たところ、以前とあまり変わっていないように思える。お世話になった船長アレックスの家は当時と同じブルー。メインストリートにレバノン人の小さなレストランが一軒あり、それだけは新しい。港のようすも昔とほとんど同じだが、いまでは漁船よりもプレジャーボートのほうが多い。わたしは港長を探そうかと思いながら、あたりをぶらぶらしていた。マリーナの端にボートヤードがあり、その裏側の乾ドックで男たちが船の手入れをしている。わたしはそちらへ近づいていった。

「みなさんは漁師ですか?」と声をかけると、全員が手を止め、そのなかのひとりは手をかざしながらわたしのほうをじっと見た。

「ああ」だれかが答える。

「わたし、ここで漁をしていたことがあるんです」

信じられないというように鼻を鳴らす表情には、冷笑が見てとれた。「ちゃんとした漁か? なにを獲ってたんだ?」

「ロブスターとかサメとか。お世話になった船長を探しているんです。まだご存命かなと思って」

そのとき、船の裏側から男がひとり姿をあらわした。長年、風雨にさらされてきた顔。頭にはキャップをかぶっている。見た目は七〇代後半だが、もしかしたらもっと上かもしれない。「船長の名前は?」

「アレックスよ。アレックス・ジェラード」

「ああ、それならおれの仲間だ。あいつとは同じ時期に漁をしていた」彼はこちらをじっと見た。

「もう死んだよ。一〇年ほど前だ」

「まあ。すると、体調がよくなかったのですね」

「いや、元気だったよ。あんなにタバコを吸ってたわりにはね」。わたしは同意を込めて笑った。何人かは立ったままわたしたちのやりとりを聞いている。少し間があった。「あいつとしばらく漁をしていたことがあるのか?」

「ええ、しばらくね」そう答えながら、自分がいつのまにか漁師らしいやりとりをしていることに気づいた。

彼はなおもこちらをじっと見てから言った。「あんたを憶えてるよ。甲板員としてあいつのもとで漁をしていたな。腕がいいとあいつがよく言ってた。思い出したよ」

その言葉は嘘ではないかと思ったが、もしほんとうに彼が憶えているとしたら、わたしのアメリカ人のアクセントと、この何年間も女性の甲板員がほとんどいなかったからだろう。

「アレックスの奥さんはわたしが料理をすると思ったらしいけど、調理室には入れてもらえなかったわ。わたしが料理をしたほうがどんなによかったか。彼のホットドッグとスクランブルエッグにはげんなり」

男たちのひとりが大きな声で笑い、横の男に目を向けた。「あいつを知ってたそうだ」横の男が笑みを浮かべて言った。「おれはいつも不思議だったんだが、ふだんは野菜をうまいと思ったことがないのに、海で食うとうまいんだ」

それをきっかけに、若い漁師たちは仕事に戻っていった。

新人の分け前

わたしは最初に話した年配の漁師と埠頭を歩きながら、アレックスのことを聞き、それから腰を下ろして漁のことや、知り合いのこと、漁業規制やロブスターの収穫量についておしゃべりをした。そしてふたりで乾ドックに戻ってきて別れの挨拶を交わすと、ほかの漁師たちも何人か会釈を返してくれた。ようやく彼らに信じてもらえたのだ。おそらく、わたしがもう一度ここに戻ってきたら、コーヒーか、あるいはパブでビールを一緒に呑むくらいはできるだろう。乗組員として使ってくれるかどうかはわからないが、少なくとも話すことはできる。アレックスがわたしのことを評価していたという年配の漁師の言葉で、ほかの男たちもわたしが漁師だったと信じてくれた。しだいに、わたしのほうも年配の漁師のことを思い出してきた。彼は優秀で周囲から尊敬される船長だった。

わたしは足どり軽くスロープを上って道路に出た。少なくとも、あのベテラン漁師から見ればわたしはただの女の子だろうが、それでもひとりの漁師だったのだ。遠いオーストラリアまで来てそれがわかったのはよかった。というのも、海の女たちのほぼ全員が語っていたことだが、少なくともアイスランドでは、男であれ女であれ、ひとたび自分で漁師と認めればその人は漁師なのだ。そして、男であれ女であれ、ほぼすべての漁師がいちばん低い地位から働きはじめる。

船には厳格なヒエラルキーがある。船長の言葉がぜったいなのだ。船長は船と運航に関してすべての責任を負う。そのシステムが正しく機能していれば、たとえふだんの——あるいは特別な——作業上の問題や航行の長さや潜在的な危険があったとしても、乗組員たちは自分がなにをすべきか、だれから指示を受けるべきかを知っている。そして、ジェンダーに関係なく全員がこのシステムに従わなければならない。一等航海士と二等航海士、機関士も船長の下で命令を出す立場だ。その下には甲板員や調理係や調理助手といったさまざまなポジションがある。

そしてもっとも下にいるのが新人だ。彼らは船の機能についてなにも知らないし、ベテランに言わせれば、足手まといになるだけだ。なにをすべきかわからないので周囲を苛立たせてばかりいるし、ときには危険な混乱を起こすことさえある。乗組員の分け前は収穫量で決まるのだが、新人が全体の作業を遅らせてしまうと、結果的に収穫量は少なくなる。

海の女たちの話によると、敵意はつねに存在するという。陸のコミュニティにもあるし、少なくとも最初は、仲間の乗組員からも向けられる。女性たちは懸命な働きを船長に見せてようやく船に乗せてもらうと、今度は仲間の乗組員が持つ思い込みを正さなければならない。その第一歩として、新人女性たちは、ほかの乗組員と同じように、まずは大型船で働くための基本的スキルを学ぶ。家族で沿岸漁をしてきた女性たちの多くは、慣れたやりかたを持ち込んでしまうが、それまでの経験がどうあれ、トロール船などの大型船にはじめて乗組員として加わったときには、だれもが見習い期間を経なければならない。

新人の経験はたしかにつらいものだが、わたしが話を聞いた女性の多くは新人時代をなつかしく振り返り、無知だった昔に較べて今では技術が身についたと語っていた。最初は、新人男性も同じだが、彼女たちも不器用で無能だった。しかしそれもひとつの段階にすぎない。二〇一二年までさまざまな大型漁船で甲板員をしていた女性はこう言っていた。「最初はただのクズでした。とにかく漁を経験して、それから次に乗る船を見つけるんです」

彼女たちが語る新人時代の思い出に共通するのは、熟練者たちに混じって働ける喜びだ。ある女性は一九七〇年代のはじめての航行を思い出してこう言った。「最初の仕事は延縄漁船で、わたしの仕事は延縄に餌をつけること。最初はつけ終わるのに一六時間もかかりましたが、しばらくすると速くなりました」。別の女性は最初に引き網漁船――どの国でも重労働として知られる――の甲板員として働きはじめたという。「最初はまったく下手くそでした。すごく遅くて。でも頑張りました。だからその後、新人が入ってきたときも叱りませんでした。『思い出すのよ、カレン、昔の自分を』と言い聞かせて。結局はわたしがいちばん上手になりました」

最初の漁で、新人は半人分の分け前を受け取る。ビルギャとヴィグディスもそうだった。別の女性はコーヒーを飲みながらこう言った。「公平なやりかただと思います。新人や若者の分け前が半分なのは、仕事が半分しかできないし、まだまだ学ぶべきことが多いからです」

女性たちにとって、話のネタがいちばん多いのも最初の航行だ。多くの女性が笑いながら当時の悪戦苦闘ぶりを語ってくれた。ある女性は首を振りながらこう言った。「夜のシフトに当たったときのことです。おしっこをしたくなりましたが、男性のように外ではできないので、トイレに行きました」。ところが戻ってみると、船の位置を確認するための灯浮標を見失ってしまったという。トイレに行っているあいだに、船が波で流れてしまったからだ。「目を凝らして探しましたが、見つけられませんでした。ようやく見つけたと思ったら、それは灯台の明かりでした。それで、船長を起こして灯浮標を見つけてもらいました。きっと船長は全員にバラすだろうと思ったのですが、そうはせず、わたしに羅針盤の使いかたを教えてくれたので、ほっとしました」

最初の航行での試練

海では船長の言葉がぜったいなので、乗組員全体の雰囲気も船長次第ということになる。ベルグリョウト・ソルフィンスドッティルがあるインタビューで語っている。「どの船長にも独特の空気があると思うし、わたしはそうした船長を多く見てきました。船の空気を作るのは船長なので、もしひとりでも船長と場を共有できていない人がいると、遠からず問題が起きます。以前からいる乗組員たちがなんの手出しをしなくても、結局その人物は追い出されてしまう。要するにその場に合わなかったのです(1)」

漁を始めたばかりの女性が、いわゆる「ダメな船」に乗ってしまうのは、かなりよくあることだ。というのも、船長——あるいは船——になんらかの問題があるせいで、乗組員がつねに不足しているからだ。そのため船長は、移民男性か未経験の女性を雇うしかなくなる。何人かの女性によると、最初に乗った船の船長は「だれからも信用されていなかった」し、漁獲量も多くなかったという。なかには、どうしようもなく危険な船長もいる。ある女性はこんな話をしてくれた。

ノルウェー航路の船でした。わたしは甲板員として働いていました。一年後、船長がやめてその息子――彼は今、ドラッグの問題などで刑務所にいます――が船長になったので、わたしは少ししてやめました……たぶん被虐待女性症候群〔訳注・虐待が日常化したため、抵抗の意欲さえなくした状態〕になっていたと思います。あるとき、新しい船長がひどく怒って壁を激しく叩いたので、わたしは無事に帰れるか心配になったほど。相手は大男なのです。ポーランド人の乗組員たちにも同じことをしていました。船長は彼らを解雇しようとしましたが、事務所が雇っているためやめさせることができなかったのです。わたしはその船の仕事をやめました。嫌気がさしていたし、警察が船でドラッグを見つけるのではないかと思ったのです。警察はよく港で待ち伏せしていました。この船長はほんとうに暴力的な人でした。

ときには「ダメな船」の船長が若くて経験が浅く、能力が足りない場合もある。とくに、資格が今より厳しくなかった数十年前はそうだった。そういう船に乗ったことのある女性たちは、恐ろしい話をおもしろおかしく話してくれた。「その船長は最悪でした」とある女性は言う。「たぶん、こんなことはお話しすべきではないのでしょうけど、わたしたちが眠ったとみるや彼は部屋に忍び込んできて、食料やキャンディや持ち物を盗んでいくのです」。ほかの女性はこう言った。「船長はとても若くて、あまり頭がよくありませんでした。乗組員たちがイライラせずにすんだのは、船長が一日一八時間も眠っていたから。夜間、わたしたちは漁をしませんでした。エビが見えないので。だから船のエンジンを切っていました。わたしが舵取りをしなければならず、よく大声で船長を起こしたものです。同僚からは、そんなことをするなと言われました。彼もその船長を最悪だと思っていたこともあって、わたしたちは盟友でした」

そういった状況では、乗組員全体が「どこかおかしく」、能力に欠けることもありえる。ある女性はこんなことを言っていた。「その船にはほんとうにおかしな乗組員がひとりいました。はじめて彼を見たとき妙な印象があって、やがて気づいたのですが、片目がブラウンでもう片方がブルーなのです。海に出ると、彼は片眼をはずして――義眼でした――海賊のような眼帯をつけました。なぜ別々の色なのかと尋ねると、その都度違う話をするのです」。この船の状況は改善されなかった。「船にはゾディアック（空気注入式の小型ボート）が積まれていて、義眼の男がそれを使って（舷側の）トロール網を回収していたのです。そうしないと、スクリューにからまる恐れがあるから。だから彼は毎回そうしていたのですが、そのゾディアックがなくなってしまったのです。ゾディアックは船の先端にロープでくくりつけてあったのですが、あるときわたしたちが甲板に出てみると、ロープしか残っていませんでした。それ以降、ゾディアックは使わず棒でトロール網を引き上げています」

そんな船長や乗組員がいると、船は――驚くにはあたらないが――往々にして、漁獲量もごくわずかだ。また、女性の労働環境もよくない。慣例として、乗組員は漁が終わるたびに、報酬から食費や消耗品費を引かれるのだが、「ダメな船」ではその料金のなかに、どう見ても虚偽のものがあるのだ。「わたしは夏じゅうその船で働いていましたが、まともな報酬はありませんでした」と語った女性もいる。「母がわたしの給与明細を見てくれました。経理課で働いているので知識があるのです。『なぜこんな代金を引かれているの？』実は、船主と船長がグルになって乗組員の賃金をかすめ取っていたのです」

こういう船の場合、航行が進むにつれて事態が悪化していくことが多い。「魚が獲れないとみるや、乗組員が何人か去っていきます。調理係が去り、船員がひとり去り。それで、若い女の子が調理を引き継ぎ、わたしは甲板で働かざるをえませんでした。ある年配の男性は指をほとんど失っていたのですが、エビの梱包という細かな作業をさせられたのです。でも、エビは生きているので跳ね回ります。彼はうまく扱えずに叫び続けていました。『なんとかしてくれ！』」

　ひどい船長や乗組員だけでは不十分だと言わんばかりに、多くの女性が、はじめて乗った船に構造上の問題があったと語っている。「トイレが使えませんでした。穴が閉じないので、座ると排泄物が浮き上がってくるのです。波が来ると悲惨でした。もうひとつのトイレは厨房のそばにありましたが、こちらも（ドアが閉まらず）使えませんでした。船長に訴えても、ひとことふたこと答えるだけ。わたしは二一日間、排便をがまんしてすごく具合が悪くなりました。船長は虫垂炎だと思ったらしく、船をダルヴィーク、アークレイリ、レイキャヴィークで停めました。そのたびにわたしは降りてトイレに行き、三日で全部出せたので、具合がよくなりました」。別の女性は、船のポンプが壊れて水が使えなくなる経験をした。「でも、カバーのはずしかたがわかったので、バケツで水をくみ出していました。やがて別の船が近くを通りかかり、女性たちにシャワーを浴びさせてくれて、水も分けてくれました。でも、男性は三〇日間、一度もシャワーなし。港に戻ったとき、ある男性が言いました。『ああ、気持ちいいなあ。もう二度とシャワーを浴びられないかと思ったよ！』」

　これらは船に乗りはじめて間もないケースだが、なかにはベテラン漁師が新米船長や無能な船長に当たる場合もある。ときにはベテランの女性が、男性乗組員とやっかいな船長とのあいだを取り持ったりもする。トロール船で乗組員と船長の仲介役を務めていた女性はこう言った。「ひどい船長でした。意気地なしで、乗組員からは尊敬もなにもされませんでした。みんな彼が嫌いだから、問題が生じるとわたしに言うんです。『船長に話してくれ』と。乗組員同士でしゃべったり食べたりしているところに船長があらわれると、全員黙ってしまう。船長とどう関わればいいのかだれもわからない。船長のほうは大型船でどう振る舞っていいか知らなかったのです」

違いにうまく対処する

船の大きさにかかわらず、商業船でうまくやっていけるという意味での「ほんもの」の漁師とは、その人の資質といってもいいくらいである。それは、世界を見ることや他者と関わることによって培われるものだ。資質はジェンダーとは関係がないが、男性の場合は「当たり前」に身につくと考えられている。しかし、女性はそれほど簡単ではない。女性は漁師「になる」ために決められたプロセスを経なければならず、そこでは海のスキルだけでなく、男性漁師のなかでどう振る舞うかも学ばなければならない。女性の場合、海では男性と同等かそれ以上であることを、さまざまな段階でみずから「証明」しなければならないのだ。アイスランドでは、加工船を別にすれば、船に女性がひとりしかいないことがほとんどで、何年もその状況で働くことさえ多い。ある調理係の女性は、ほかに女性がいない寂しさがつらいので、同性に一緒にいてもらうためだけにときおり娘を同行させ、アルバイト代まで渡していると言っていた。

船で唯一の女性——数世紀前はあまりなかったことだ——となると、まったく新しいハードルがいくつも持ち上がる。そのひとつは、個人的空間であるはずのトイレや寝場所をどうするかだ。わたしはオーストラリアで漁師の経験をしたあと、海洋調査船の甲板員に応募した。しかし、その船には女性用トイレがないため無理だと言われた。それでも、以前トイレのない船で働いたことがあるので、ドア付きのトイレがあるだけでも贅沢ですと伝えた。しかし、だめだった。どれほどばかげていても、規則は規則だから、と。皮肉なことに、一年後、滞在していたロンドンに手紙が送られてきた。船のトイレは男女別に改修したので、応募し直してくださいという。遅すぎる。もしかしたら、わたしのキャリアは今とまったく違っていたかもしれないのだ。トイレさえあれば。

トイレや身体的問題を女性たちがこの数世紀どう対処してきたか。それについて書かれた記事が、アイスランドにはいくつかあった。女性の場合、舷側からおしっこをしたり、木製の手漕ぎ船でバケツのなかにしたりというのは難しい。しかし、たとえば発明の才あるスリーズル船長は、牡羊の角に「うまいこと」洞を作り、それを「ぴったり収まる場所に置き、おしっこがしたくなったら、そこへできるだけ上手に」していたという。[2] 一七〇〇年代には、グズルン（父称は記されていない）という女性の例もある。グズルンは北アイスランドのスカーガフィヨルズルとオウラフスフィヨルズル地域に暮らし、ニックネームは「ホーンディック・グンナ」だった。牛の角を使って同じように海でおしっこをしていたからだ。彼女も「男の服装」をし、魔力があると信じられていた。あるとき地主が、賃貸料の未払いを理由に彼女を追い出そうとして、魔術をかけられた。それで、地主は羊を何頭か持ち去った。すると彼女は報復として幽霊をその場所に「呼び起こした」。その後、地主の息子は彼女と話し合い、ただで住まわせるかわりに幽霊を追い払ってもらった。やがて彼女は死の床でその土地に呪いをかけ、だれも住まないようにと言い残した。のちに男がひとり住もうとしたが死んでしまい、それ以来そこに住む人間はあらわれなかったという。[3]

船の上でどう用を足していたかという質問に対して、一八〇〇年代後半から一九〇〇年代はじめにかけて、北アイスランドで漁をしていたインギビョルグ・シーグルザルドッティルは、聞き手の男性にこう切り返した。「ああ、（船では）いつもどおり（おしっこを）しますよ。ズボンを下ろして、全部ふつうにします。もし度胸のある男がその気になれば、覗き見もできますよ！[4]」

最近では、乗る船や仕事の種類によって、女性は対処のしかたを変えなければならない。ある女性が笑いながら、沿岸漁での経験を語ってくれた。それは壮絶なまでに身体をコントロールする経験でもあった。「あるときなど、一六時間もおしっこを我慢していました。甲板でしたくないから。船にはトイレがないので、舷側からするしかないのです。でも、天気が荒れていたので、お尻が冷えたり濡れたりするのはいやでした」。男性とは身体的な違いがあるせいで、トロール船でも女性たちには困った問題が起こる。サイウン・ルズヴィクスドッティルという女性がインタビューにこう答えている。「ノット（大きな底引き網）を何時間も引いているあいだ、立ったままおしっこができないというのはとても困ります。用を足すには、ズボンや下着を全部下ろさなければならないのですから[5]」

大型船では乗組員のトイレは共有だが、船にトイレが二つ以上ある場合、もし女性乗組員がいれば、暗黙の了解でひとつは女性用、もうひとつは男性用になる。とはいえ、全体としてみれば、男女別のトイレがあるかどうかは、女性にとってたいした問題ではないようだ。大事なのは使えるトイレがあること。こんな話を教えてくれた女性もいる。「あるとき、船の後方にあるメインのトイレが満杯になったので、全員が前方のトイレまで行くしかなくなりました。それで、男たちが前方のトイレを修理することにしたのです。エアホースをトイレにつないで排泄物を外へ吹き飛ばそうとするとビュッ！　排泄物がそこらじゅうに飛び散りました」。彼女と一緒に笑いながら、わたしはコーヒーを吹きそうになった。「掃除したのはわたしではありませんけどね」と彼女は言い添えた。

もうひとつ設備で問題が起こりうるのは、共有の寝場所だ。大型船の場合、一九八〇年代まで（小型船によっては今でも）乗組員たちは中央にひとつある部屋で、壁沿いの寝台に寝ていた。一九八〇年代の寝室について、女性たちはほとんど口にしなかったものの、ときに若い男性が決まりの悪い思いをしていたと語った人もいる。「ロブスター漁船に乗っていたとき、乗組員は全員同じ部屋で寝ていました」と、ある女性が教えてくれた。「みな、裾の長い肌着を着ていたのですが、ある青年はとてもシャイで、長い肌着をわたしに見られまいとしていました。それで、朝はベッドから飛び出して大急ぎで服を着ていました」

大型の新しいトロール船では、ひとつのキャビンに二つから四つのベッドが備えられていることが多い。往々にして女性は船にひとりしかいないため、ひとつのキャビンを男性乗組員と共有する。こうしたキャビンでは、性的なちょっかいを出すことは厳禁のようだ。男性が女性に言い寄る場合、それは船上のほかの場所で行なわれる。ある女性はこう言っていた。「その船でわたしは唯一の女性でした。だからベッドが二つ以上ある部屋で寝ることもあります。ベッドふたつの部屋はいいんです。ふたりとも別のシフトで働いていたので、部屋にいるときは自分ひとりだから。ベッド四つのキャビンも問題ありません。人が出たり入ったりするので。それにみんな疲れているし、身体も臭かったですから」

ひとつのチーム

レイキャヴィークでリーナに会った。人目を引く長い白髪のリーナは、船上加工責任者兼検査役として三〇年間働いてきた女性だ。わたしたちは、船の乗組員がひとつのチームになるためのプロセスについて話し合った。「みなが同じゴールのために働いています。ひとりひとりが有能な一員となり、ひとつのチームとして働いて、仕事のクオリティを高めなければなりません」。ひとつのチームになるために必要なのは、全員が自分の仕事をよく知り、完璧にこなすこと。一九八〇年代はじめに大型船の資格を得て船長になった女性のひとりが、あるインタビューに答えていた。「グループがひとつになっていると、事故が起きにくいのです[6]」

それはどんなときも真実だし、何世紀も前の小さな手漕ぎ船であっても同じだ。ただ、そうした船と新型の商業漁船には大きな違いがある。以前は、みながそれぞれ一本の糸で魚を釣り、個人の漁獲量に応じて報酬を得ていたが、近代の商業船では全体的な漁獲量がまとめて計算される。だから、結束の固いチームであれば、全員にとって環境が――そして報酬も――よくなる。これはある女性の言葉だ。「あのころが人生でいちばんよかった、と思うこともあります。男性と働くと違いますね。女性と働くよりずっとやりやすい。（加工場で働く）女性は陰口が多くて。でも、海に出るときは別です。ひとりひとりがすべきことをわきまえて実行する。お金をもらうためには働かなければいけないし、みなが一丸となります。最高の報酬を得るために、全員が力を尽くすんです」

乗組員としてなめらかに動くには、ひとりひとりがチームの人間関係に「適応」しなければならない[7]。何人かの女性は、かつての海の女たちを思い出させるようなことを口にした。「うまくやれるタイプでないとだめなのです」。彼女たちは自分のことを「男女《おとこおんな》」あるいは「おてんば娘」だと言った。いつも型破りなことや、「男の子がするようなこと」をしたがるというのだ。ある女性はこんなことを語ってくれた。

だれもが海に向いているわけじゃありません。男でも女でも。海の上は隔絶された場所です。冬は天気が悪いことが多いし。わたしはある女性をひどく怒らせたことがありました。彼女を見て「あなたは海には向いていない」と言ったから。海でやっていけるのは、周囲とうまく関われる人。コミュニケーションがうまい人です。わたしは料理の腕はそれほどよくありませんでした。毎日同じことをして、同じ食べ物を作るのが苦手で。創造力がなかったんです。でも、人とはうまくやれました。すばやく考えることも必要です。男たちよりちょっと先んじて、少しでも早く思いつくんです。船で長く働きたかったら、はっきりと主張し、自分を守らなければ。女というだけで問題が必ず起きてしまうからです。

そのことを、ほとんどの海の女たちは知っているので、どんなことであれ「男たちのひとり」になろうと懸命に働いた。「海ではだれよりもタバコを吸っていました」と言った女性もいた。「船には油や魚の匂いもありましたが、タバコの匂いがいちばん嫌いでした。それでも吸ったのです。一列に並んで網を引くとき、タバコは危険だし扱いにくいのに、男たちはその間も吸っていた。だからわたしもそうしたのです。彼らにできることならなんでもするつもりでした。でも、気分が悪くなりました」。別の女性も似たような戦術をとった。「男たちは女性を動揺させようとして、排泄物とかその手の話をしょっちゅうしていました。だから、わたしたちはさらに下品になるしかありませんでした」。もちろん、それがうまくいかない場合もあった。ある女性は思い出し笑いをしながら、仲間の女性と試したことを教えてくれた。「無線で男たちのように乱暴な、汚い男言葉を使うことにしたのです。でも、無理でした。ふたりとも育ちがよかったから。反抗的なしゃべりかたをしようとしても、ボキャブラリーの持ち合わせがなくて。だから、丁寧に話すしかありませんでした」

女性が船の雰囲気になじむには、負けん気と人当たりのよさと、心の強さと自信、さらにはユーモアのセンスと忍耐力が必要だ。ある女性はこう言っている。「男性からはつねに、ほかの乗組員たちと同じように見られていたし、とくに女性として扱われることはありませんでした。なかには、そういうことが苦手な女性もいるでしょう。わたしにはなんとも言えません。でも、この仕事がだれにでも向いているわけじゃないのはたしかです。海に出るのは女性の仕事ではないなどと言うつもりはありません。大事なのは本人になにができて、どれだけ努力する気があるか、なんです[8]」

女性たちによれば、チームで対等な一員になるためには、男より懸命に働き仕事ができなければならないという。ある女性はこう語った。「女は海に出て、ただなにもせず座っているわけじゃありません。ほかの乗組員より有能なところを見せないといけないんです」。大型船船長の資格を持つラウラ・フロンはトロール船で甲板員として働いた経験を思い出して言った。「甲板で働いていたとき、男たちからはいつも『あの娘《こ》』と呼ばれていました。」甲板で働く同僚女性がもうひとりいて、その人は少しのんびりしていたので、「ばあさん」と呼ばれていた(アイスランド語では「ケルリング」で、海の女に対する揶揄としてよく使われる)。その女性はわたしがいるといつもよりよく働く、と船長が言っていました」。大型船船長の資格を持ち、今は貨物船で一等航海士として働くステインロイグによれば、男と女に評価の違いがあるのはたしかで、それはどんなポジションでも同じだという。「わたしたち女が男の一等航海士と同じように働いても、怠けていると言われます。だから、同じ能力があるとみなしてもらうには、もっと働かざるをえない。その理由は、悲しいことに、男が仕事を牛耳っているからです」

適応することがとりわけ重要なのは、乗組員はチーム以上の存在だからである。船は極限状態における小さな社会――ほぼ男ばかりだが――であり、乗組員たちは海という巨大な境界線によって隔絶されているのだ。

船での暮らしについて女性たちは、乗組員同士の年の差についても語っている。男も女も、ほとんどの漁師は若いうちから海に出はじめるが、その大半はほんの数年かもっと早く船を降りてしまうので[9]、大型船の乗組員はたいてい若者ばかりだ。漁が若者の仕事とみなされるのは、身体を消耗させる仕事だからである。こんなことを記者に語った女性もいる。「この仕事は身体に刻印が残りますし、健康でなければ働けません。それは男でも女でも同じです[10]」

それでも、人生の労働期間の大半、あるいはすべてを漁師として過ごす乗組員も多く、彼らは五〇代や六〇代になっても漁を続ける。海の女から見れば、年配の乗組員と若い乗組員はまったくの別種だ。ある女性はこう言った。「男たちはきちんとした態度で接してくれました。ただ、船には二種類の男がいました。工学や船舶の学校を出たまともな青年たちと、老練の船乗りです。泥酔した状態で船に連れてこられる人や、出港してから二日間起きてこなかった人もいます。ベッドにお漏らしもします。でも、ベテラン船乗りなので、いったん起き出したら見事な仕事をするのです」

年齢による差異はたしかにあるようだが、海の女から見た年配者と若者の違いは、地元の乗組員かそれ以外かによるところも大きい。女性たちは地元の年配男性を父親になぞらえることが多く、実際に父親の場合もある。年配の男性はそもそも女性を船に乗せることに反対しがちだ。ある女性は笑いながら、初仕事での経験を話してくれた。その船は「しょぼくれた男が四人と女がひとり」という状況だったが、最後には彼らと仲良くやれるようになったという。

とはいえ、海の経験と知識を積んだ年配乗組員は、海の女たちにとってだれよりも一目置かれたい相手でもある。船に女を乗せることに反対していた老漁師のことを、にこやかに語ってくれた女性がいた。「その人はときどき失礼なことを言うんですが、言いながらもわたしを励ましてくれるんです。女はだめだという思い込みを、わたしが打ち壊そうとしていたから。わたしは懸命に働きました。彼は六五歳くらいの機関士でした。その後、彼から言われたいちばんの言葉はこれ。「あと七〇年くらい働いていれば、状況もよくなるさ」。別の女性はこんなことを言った。「船ではわたしがいちばん年下でした。二二歳で。ほかの乗組員は四五歳から五〇歳くらい。その多くは、トロール網を舷側で引いていた時代を憶えていました。わたしには親切にしてくれましたが、彼らにとってはやりにくかったと思います。なぜなら、マッチョなイメージを崩せない時代の人たちだから。『おれたちは海の男だ。キツい仕事でもへっちゃらだ』ってね。彼らがやさしくしてくれたのは、わたしが本気で働いていたからなんです」

優位に立つため罠を仕掛ける

男も女も、新米乗組員のほぼ全員が「しごき」という名の試練を受ける。女性が地元の船に乗る場合であれば、いじめはおおむね少なくてすむ。船上で問題が起きるのは、新米女性が顔見知りでないときや、乗組員が地元民でないときだ。「よくある」しごきについて、女性たちは何度も話していたし、出版物のインタビューでは単なるからかいとして語られていた。しごきはチームを作り上げるプロセスとして起こることもあるが、大事なのは本人がどう対応するかだ。ある女性は、はじめての航行について語ってくれた。「彼らはいつもわたしをばかにし、魚の尾を切って数を数えろと言っていました。でも、わたしは真に受けませんでした。彼らは新入りの少年たちも同じようにからかっていました」。恒例の悪ふざけは、カニやタラを新入りのベッドに置いておくこと。「そういうことをやりたがる男がいるのです」と語った女性もいる。「わたしもやられました。一度、カニをベッドに入れられたんです。ただそれをビニール袋に入れて捨てました。彼らがほしいのは反応です。でも反応がなかったので、からかうのをやめました」

新入りが女性の場合、からかいが性的な形を取ることもある。男はそうしたやりかたで優位に立とうとするし、彼女たちもそれを知っている。新入り女性の多くは漁村で育ったので、男同士のしごきの話は耳にしていた。なかには、少年の両足首を持って舷側から吊るすといったひどい例もある。だから、彼女たちは知っているのだ。男は自分が優位にあると思えばなにをするかわからないと。女性たちが、さまざまな形で繰り返し語っていたことがある。船で男と同等に働くには、身体的な強さや仕事の腕だけでなく、からかいを賢く切り返すすべも必要なのだ。そして、ユーモアの力についても彼女たちは語っていた。ユーモアがあれば、女性の苛立ちや怯えを男たちに悟らせずにすむ。そうしないと、男たちはますます図に乗って、からかいは悪化し、女は性的に弱い立場になるため、周囲から認められる乗組員にはなれない。

女性は男性と対等で、周囲から頼られる乗組員になるために働いている。経験豊富な大型船の女性船員たちは、こうした精神的な強さも海の女には必要だと考えているのだ。「ひとつのキャビンを男性と共有で使っていました」ある女性はそう言った。「でも、相手とはシフトが別でした。あるとき、男たちがわたしを呼ぶので、ベッドから起きてドアを開けました。すると、ドアのあちこちに、膨らんだ青色のコンドームが貼りつけてあったのです。わたしはなにもしませんでした。やがて、部屋を共有している男性がシフトから戻ってきて、しかたなく片づけていました」

女性は乗組員として経験を積むと、新入りへのからかいを目撃することもあり、ときには自分が関わることさえある。こんなふうに。

男たちは親切で、ほんものの紳士でした。朝は上階に立って「起床!」と叫び、朝食を作る時間だと教えてくれます。でも、あるとき若い新入りが甲板員に加わりました。青年の初仕事の朝、わたしが窒息しそうになって目覚めると、彼にキスをされていました。跳ね起きてその身体を押しのけると、相手は走り去っていきました。あとで知ったのですが、それが調理係を起こすやりかただと吹き込まれたようです。あなたはからかわれているのだと教えました。かわいそうに、すごく恥ずかしがって。思わず笑ってしまいましたけど。そんなことを信じさせられたなんて、おかしいですよね。

本人の性格や地位によっては、海で働く女性自身が悪ふざけに加わることもある。こんなことを話してくれた女性もいる。「わたしたちも新米男子をからかったことがあります。あるとき、船倉の白い箱に魚を詰めるよう彼らに指示しました。箱には決まったやりかたでオヒョウを並べるのです。彼らが船倉に下りると、わたしたちはその頭上に魚をどんどん投げ入れました。それを必死で箱に並べていた彼らも、ついに手が止まって『やめて！』と叫びました」彼女は笑い出した。「それでも、次々と魚が降ってくるのです」

からかいと嫌がらせ《ハラスメント》との境界線はあいまいだ。嫌がらせの場合は、たちまちいじめに変わることもある。海では、男でも女でもその可能性がつねに存在する。乗組員の社会はきびしい統制とヒエラルキーによって、同僚へのあからさまな暴力は禁じられているため、敵意は嫌がらせの形であらわれかねない。女性の心を折って服従させ、やがて屈辱のうちに船を去るよう仕向ける。不愉快な出来事を経験したある女性は、それがうわべではユーモアを装っていたと語った。「あるとき、スクリューになにかがからまって船が動かなくなったので、沿岸警備隊を呼びました。警備隊に潜水夫がいて、スクリューの修理を手伝ってくれました。イーサフィヨルズルの港まで来たとき、機関士が大声で言いました──当時わたしは二四歳でした──『調理係が生理中で、彼女のナプキンがスクリューにからまっていたんだ！』」彼女はため息をついてこう言い添えた。「わたしはお金のために働いていただけなのに」

女性を支配し辱めようとする典型が、海の男におなじみのポルノ映画だ。今ではパソコンを持っていけるし、ヘッドフォンを使えばキャビンでも人に知られずなんでも楽しめるので、状況は変わったが、つい最近まではみなでビデオを観るのが船でのおもな娯楽だった。同じポルノ映画を観るにしても、男性の異性愛者だけが集まって観るのと、性別も性的指向も異なる人たちのなかで観るのとはまったく違う。さまざまな人がいるこの状況は、大型船で働きはじめたばかりの女性に、昔ながらの罠を仕掛けるにはもってこいだ。「最初の船で働いていたとき、男たちはしょっちゅうポルノ映画を観ていました」と、ある女性が言った。「わたしは気が強いので、あんたたち、あっちへ行って自分の部屋でマスかいてろ、と言ってやりました。乗組員はほとんどが村の外から来た男で、彼らは地元男性よりもそういうことが好きでしたね」

多くの女性たちが笑いながら、こうした出来事をうまく切り抜けた話をしてくれた。これは甲板員として働いていた女性の言葉だ。「彼らはハードポルノを観ながら、わたしの反応をうかがっているんです。やがて年配の男が身を乗り出して『おいみんな、彼女がかわいそうだ、消せよ』と言いました。でもわたしは『大丈夫。どうってことないわ。うまいセックスを教えてくれるならいいけど、これじゃ話にならない。つまらないわ』と応じました。すると彼らはビデオを消して、二度とそういうことはしませんでした」。調理係として働いていた女性はこう言った。「わたしの前にいるのがひどい男で、あとからわかったのですが、ドラッグを使っていたのです。隅の戸棚いっぱいにポルノビデオがあって、その男のものでした。ある晩、ポルノビデオの大きな音が厨房まで聞こえてきました。『その手には乗らないよ』と思ったので、準備中だった食べ物をしまってテーブルから落ちないようにしてから、自分の部屋へ行って本を読みました。音がやむまで待って、さらにもう少し待ちました。それから厨房に戻り、食べ物をテーブルに置いたのです。なにも言われませんでしたが、そういうことは二度と起きなくなりました。

それとは反対に、船に女性がいると、ポルノばかり観るのをやめさせる口実にもなる。ある調理係はこんなことを言っていた。「わたしは知らなかったのですが、同じ部屋の男が船に卑猥なビデオを何本も持ち込んでいたのです。でも、ほかの男性からあとで聞いたところによると、乗組員たちはその男が好きではなく、ビデオばかり観るのも好きではなかったのです。彼らはトランプがしたかったので、わたしが来てよかったそうですよ」

現在は旅行代理店で働いているグズニーは、日当たりのいいマンションの部屋で、乗組員との関係について話しながら、ポルノビデオのことにも触れた。「男性とずっと一緒に働くのは、まったくの別世界です。今はほとんど女性ばかりの職場にいるのだから不思議ですね」グズニーは少し間を置いてから続けた。

考えてみれば、そこにたいした違いはありません。男たちはよくしてくれたし、ほとんどがとても親切でしたよ。わたしも男たちのひとりになったように感じました。唯一、違和感を覚えたのは、乗組員がひとり入ってきたとき。パトレクスフィヨルズルの出身ではない人でした。その新入りがポルノ映画を流してわたしの反応を見ようとしたのです。わたしはただ座って観ていました。「おもしろくないわね」と言うと、ほかの男たちも同意して、ビデオを消しました。彼らはみなわたしの友人でした。今でも会うとハグやキスをするほど。船の上で、彼らはほかの男性乗組員にもだれにも言わない個人的なことをわたしに話したりもしていました。

多くの女性が言っていたことだが、乗組員たちは最初、女性を「守る」意図で仕事を肩代わりしようとする。彼女たちが感じたように、おおかたの男性は好意でやっているのだが、そうした「保護的」行為のもとにあるのはたいがい、親密になろうとする不器用な試みや、前提としての優位性である。女性たちはこういう出来事に対し、みずからの立場や性格に応じて対処することで、最終目標である、尊敬し合える関係や友好な関係を作ろうとする。ある女性はこんなことを言っていた。「みんな、わたしによくしてくれました。あらゆる仕事を、わたしの手から取り上げようとする年配の男性もいました。彼は友人だったし、悪意はないのですが、それはやめてと頼むと、ようやくやめてくれました」。別の女性はこう言っていた。「最初、男たちはわたしを守ろうとして、特別扱いをしました。わたしの世話を焼こうとしたのです。でも、すぐにそれはよくないと察し、わたしには仕事ができるとわかったのです。やがて、わたしの扱いもほかの男性と同じになりました。その後に入ってきた男たちも、わたしがよく働くと聞いたので、敬意を持って接してくれました」

もうひとりの女性は、同じ問題についてこう話した。

最初のころ、わたしはあまり好かれていませんでした。ある夜目覚めると、ベッドに巨大なタラが入っていました。当初、悪さをしていたのは兄弟ふたり組で、彼らはわたしが船にいるのを嫌がっていたのですが、時間がたつにつれて変わりました。仕事で疲れたわたしの手に包帯を巻いたり、薬を塗ったりしてくれました。わたしのナイフを磨いたりもして……守ってくれたのです。でも、そんなことは望んでいませんでした。わたしはふたりの気持ちに応えようとして懸命に働き、強くなりました。だからふたりは変わったのです。もうひとりの男はわたしに言い寄ろうとしてアフターシェイブローションをつけていましたが、魚の匂いは消せませんでしたね。

境界が乗組員の質を保つ

海の女として成功した女性たちがよく語っていたことがある。船の社会に溶け込むためになにより大事なのは、自分自身のためにきちんと境界を決めることだ。船上のポジションにかかわらず、互いを尊重するための境界を女性がしっかりと決めないと、人間関係にたちまち問題が起きる。調理係ふたりが記者に語っていたのは、一日だけ陸に上がって船に戻ったときの惨状だ。そのあいだ、男たちは自分で料理をしていたという。女性のひとりが言った。「厨房に戻って汚れた皿が散乱しているのを見たときは、ほんとうに腹が立ちました。男たちは自分で食事を用意したのはいいけれど、皿は全部そのままだったのです(11)」。こういう無礼な態度は、歯止めがないとどんどん悪化していく。別の女性はこう言っていた。「男たちはわたしを軽く見ていました。それが仕事をやめた理由のひとつです。しょっちゅう言い寄ってきたり、いやらしい話をしたり、ベッドに連れ込もうとしたり。彼らは海に出ると、まるで別のルールでもあるかのように、振る舞いが変わるのです。ただ、全員がそうではなく、若くて愚かな男たちだけ。三〇歳以下の独身男性は騒ぐのが好きですね。わたしをバカにしたのは彼らです。わたしはそんなタイプじゃないのに。海ではほんとうに強くないとやっていけません」

敬意がないことより悪いのは、乗組員による逸脱行為だ。話を聞いたある女性はまだ二〇代半ばで、今は陸で接客業をしているが、二年前に船上でひどいセクハラを受けたという。日がたつにつれて状況は悪化していった。「当時、わたしは若くてすごくシャイでした」彼女は柔らかな声で言った。「あまり自尊心もなくて、自己防衛もできませんでした」自分の両手を見つめながら話す。そして顔を上げたとき、その目には涙があった。「つらい出来事でした」

海で働き続けたい女性たちは、こういうことが起きるのはどうしようもないと感じている。みな、自分たちが直面せざるをえない状況をきちんと把握しているのだ。「もちろん、男がみんな性欲の塊であることはわかっているし、言い寄られることもあるでしょう」ある女性はそう言った。「でも、毅然として断れば向こうも誘ってこなくなります。誘いに乗らないとわかるから」。別の女性は言う。「もちろん、わたしのベッドに入りたがる男もいました。でもだめだと言うと、向こうもそれを尊重してくれます」。ステインロイグもこう言っていた。「女ならだれでもなびくと男は思っているんです。分別のある男でさえ」

それを知っているだけに、彼女たちは性的誘惑につながることをできるだけなくそうとする。相手との境界線を引くため、ほとんどの女性、とりわけ大型漁船で長年働いている女性が心がけているのは、船で化粧をしないこと、女性らしい振る舞いをしないこと、ともかく相手を誘うような行動はしないことだ。大型船船長の資格を持つラグンヒルドゥルはこう言っていた。「それについては細心の注意を払っていたし、船でだれかと性的な関係になったことはありません。髪を整えたり、化粧をしたり、そういうことはしませんでした」。女性たちによれば、そういう振る舞いは「不適切」だという。男性は女性乗組員との性的関係を妄想しがちだからである。

独身のときに漁を始めて、その後ボーイフレンドができたり結婚したりした女性は、セクハラを受けることが少なくなったと言っている。ただ、こんな女性もいる。独身のあいだは船長が親切にしてくれていたのに、いったんボーイフレンドができるとセクハラが始まったというのだ。船長は、自分も言い寄っておけばよかったと思うらしい。それに耐えられず彼女はその船で働くのをやめたという。それが最初からきちんと境界線を引いておくには、意思の疎通、明快さ、一貫性が大事だという。それができれば、働くうえで平等な関係を築ける。平等を目指すには、とにかく笑って、こちらからもやり返すことだと女性たちは言う。「男たちは、なんとかこちらを動揺させようとしてきますが、答えは簡単。向こうの半分程度やり返して動揺させること」(12)。ある女性は新入りのころ、男を撃退した経験を話してくれた。「男たちはとても丁寧でした。わたしのことは男だと思ってほしいと頼むと、そうしてくれました。ただ、年配の男ひとりだけは例外でした。わたしの料理を気に入って次第に近づいてくるようになり、キスをしてきました。だからひっぱたいてやりました。『わたしは男よ。男にそんなことをするの?』そして二週間、ずっと無視していました。すると、彼は謝りにきました。当時こちらは二五歳で、向こうは五六歳くらいでした」

別の女性は、船で男たちとよい関係を保つ方法について話してくれた。

わたしはつねに毅然としていました。そうしていればひとりで旅をするときも船に乗るときも安全です。「わたしはここにいる。わたしを尊重しなさい」とメッセージを発するのです。おそらく女性が不幸な目に遭っているときは——たとえば頻繁に攻撃されるとか——怯えているというメッセージを発しているのではないでしょうか。とにかく、正しいメッセージを出すのが大事なのです。色恋沙汰はなし、ただ働くのみ。女性は安心して仕事をすべきだし、ほかの人と同じように働けるという自信を持つべきです。自分を信じることはどんなときでも力になります。危険はいたるところにあると知っておくべきだけれど、恐れる必要はありません。「わたしを軽く見るな。獲物のように怯えてはいない」というメッセージを送るのです。

レイキャヴィーク南方に位置するグリンダヴィーク出身のクリスティン・ステファンスドッティルは、乗組員同士が平等でいるためには、互いに敬意を持つことが大事だと記者に語っていた。「わたしには自尊心があったし、同僚の乗組員もわたしを尊重してくれました。海で働く女だからという理由で問題が起きたことはないですね。自分の仕事に力を尽くすのは当たり前だし、それは男も女も関係ありません。漁師は、男女の報酬が違わない数少ない仕事です[13]」

するのかしないのか？　乗組員仲間とのセックス

現代のアイスランドの大型漁船では、性的な行動のありかたは船によっても女性によっても大きく異なる。女性たちの言葉によると、乗組員のなかに女性がふたり以上いるときのほうが、船で性行為に及ぶ場合が多いという。つまり、女性ひとりではない状況のほうが、性に対する緊張感が緩むのだ。一隻の船に女性が七人も乗っていた加工船では、多くの女性がそこで結婚相手と出会っている。いっぽう、漁師の夫がいるものの、出会ったのは船ではなく陸でだと強調する女性たちもいた。

乗組員と性的関係を持ったことがあるという女性のほぼ全員が、パートナーとしてつねにひとりを選び、航行中はその人とだけ関係を持っていたと話してくれた。「船の男たちとの関係でいえば、船長ではなくランクの高い男をひとり選んでその人と寝ていました。だから、わたしは『彼のもの』になり、ほかの男からは手出しできなくなるのです。自分ではそんなふうに意識していたわけではありませんが、実際にそうしていたのです」

船の生活になじむためと思って、最初のころは乗組員のひとりと寝ていたが、やがてそれはよくないことだと悟った、と話す女性たちもいた。というのも、そのせいで女性の個人的な空間がないがしろにされるなど、いざこざが生じるからだ。「ある航行で、ひとりの青年と寝ていました」と語る女性がいた。「彼は機関士で、わたしを起こしにくることになっていましたが、ほかの青年たちも競ってわたしを起こしにくるようになり、やがて船長からやめるよう言われました。起きるべき時間までわたしが寝ていられるように」

ほかの職場でもそうだが、不倫はより大きな問題につながりかねない。長く海で働いていた女性が、ビルナとわたしにある出来事を語ってくれた。「その船長は既婚者でしたが、甲板員の女の子と恋に落ちたのです。しょっちゅう電話をして彼女を離そうとせず、やがて子どももできました。それでも船長は離婚しませんでした。妻はその子と母親を助け、さまざまな方法で支援しました」。ビルナが共感を示すように頷いた。ビルナも海の女たちも知っていることだが、アイスランドの妻たちは、それが船上の出来事かどうかにかかわらず、こうした状況になったときはみな同じような行動に出るのだ。わたしはユリアナの育ての母を思い出した。もちろん何世紀か前には、夫とよその女性との子どもを育てた妻たちがほかにもいた。現在のこの船長について、女性はこう言い添えた。「彼はいい人ですよ。ただ恋に落ちてしまっただけなんです」

複数の男と寝る女たちは、海の仕事が長続きしない傾向があったし、ほかの女性乗組員にとってひどく迷惑な存在でもあった。わたしが何度か耳にした例は、その女性が船長の娘で、そのために船ではだれも批判できなかったケースだ。「船長が娘を連れてきたんです。彼女は非常識で、複数の男と寝ていました。そのせいで、わたしたちまでイメージが悪くなって。彼女があまりに愚かだったので、一緒に乗っているわたしも同じだと思われてしまう。ひどい話です」

女性たちから聞いた話のなかで、ただひとり――わたしは会っていない――複数の男と寝ていながら、いまだに乗組員とよい関係を保っている人がいた。これを書いている時点で、彼女はすでに何年も海の仕事を続け、お好みの相手と寝ているらしい。「というのも、彼女は漁師として腕がいいし、力もあるから。相手を選ぶのは彼女のほうなんです。船に乗るとこう言うの。『じゃあ、あなたね。あなたと寝てあげる』。まるで男のようにセックスを扱って、なにもかも彼女の思うまま。だから男たちも一目置いていました」

ボーイフレンドや夫と同じ漁船に乗っていた女性たちは、そのことにほかの乗組員が実にさまざまな反応――問題なく受け容れるケースから嫉妬に狂うケースまで――を示したと語ってくれた。うまく働いていたカップルは、シフトを別にし、人前では親密さを見せないようにしていた。その反対のケースについては、ボーイフレンドと同じ船で働いたことのある女性が語ってくれた。

わたしたちはキャビンも同じでシフトも同じだったので、つねに一緒でした。おそらくほかの人たちは、ガールフレンドがいつも一緒にいる彼を嫉妬していたのでしょう。彼は解雇されました。もうひとつの出来事は、ふたりで漁を始めると、すぐに魚がたくさん釣れたので、ほかの船員に感謝されたこと。船に女性がいると魚がやってくるという迷信があります。彼らは迷信深いし、わたしが船に乗るとどんどん釣れました。わたしが魚を釣り、ボーイフレンドが箱に入れました。魚が次々に釣れるので、箱詰めのチームは追いつかないほど。やがてボーイフレンドは同じ会社の別の船で仕事に就いたのですが、そこではみんなからとても好かれたので、解雇されたのはわたしのせいだと思います。

それとは対照的に、ラグンヒルドゥルは成功例として、夫と働いたときのことを語っている。彼女が航海士で、甲板員である夫の上司という立場だった。「夫が一緒にいると全然違いますね。だれも手出しをしてこなくなりますから。わたしの場合、船で二年働いてから夫と出会ったので、それからは状況が変わりました。夫とは船ではなく陸で出会ったのです。一緒に海へ出るようになり、部屋は同じことも違うこともあります」と言って彼女は笑った。「夫は、海ではわたしの命令を聞かないと言っています。家では聞くのですが、海ではいやなのです」それでいい、とラグンヒルドゥルは言う。なぜなら「海での経験はわたしよりずっと長いし、自分のしていることは正確にわかっていますから。船乗りとしてすごく評判がいいので、みんな彼と働きたがっていますよ」

このような事例はあるものの、大多数の女性たちは仲間の乗組員と性的な関係を持たない。理由のひとつは、それによって面倒な事態になりうることをよく知っているからだ。リーナも言っている。「海に出はじめてすぐ、船ではだれとも性的な関係にならないだろうとわかりました」。別の女性。「すてきな男性がいればその存在に気づきますが、なにもしません。ただ『すてきな人がいるな』と思うだけ。だからって陸でもその人に飛びついたりはしませんよ。気づくだけで、なにもしません」

女性が及ぼす影響

この一〇〇年間、アイスランドでは乗組員のほとんどが男性だったため、女性が船に乗ってくると、少なくとも最初のうちは変化が生じる。男も女もよく口にする変化とは、男性乗組員が衛生や身だしなみに気を使うようになることだ。「女の子が船に来はじめると、男性もぐんとやりやすくなるみたい」と話してくれた女性もいる。「一度も身体を洗わないので匂っていた男性がいたそうなのですが、わたしたちが船に乗ってからは、洗うようになったので匂わなくなり、みな喜んでいるんだとか」。その言葉を裏づけるように、別の女性も記者にこう話している。「女性がいると船のモラルが切り替わる、と男性たちは思っているようです。身体の手入れをするようになるし、言葉使いもよくなり、なにもかも丁寧になるんです」[14]。もうひとりの女性はこう話した。「四度目の夏のこと、船長から聞いたのですが、ある年配の乗組員がシャワーを浴びようとしないので、船長はわたしが船に乗ればシャワーを浴びるようになるだろうと思ったらしく、実際そのとおりになったのです！　すばらしい。その乗組員とは大の仲良しになりました。わたしが船で働きはじめて、ユーモアの面でも改善されたとか。下品なやりとりが少なくなったというのです」

ただ、四、五年船に乗っている女性たちによれば、同じ船にずっと乗っているとこの効果も少しずつ薄れていくという。ラグンヒルドゥルは航海士として働いていたコンテナ船での経験を話していた。「はじめてわたしがその船に乗ったとき、男たちはヒゲを剃り、身だしなみを整えていましたが、二度目になるとガラリと変わってしまい、ヒゲも剃らず下着姿で走り回っていました。それからはずっとそのまま。最初はわたしの手前、仕事にも力が入っていたようです。ある男性が仲間に『おい、あいつがあんなに働いているのをはじめて見たよ』と言っていたほど。でも、それも変わっていって、みんないつものペースで働くようになりました」。もうひとりの女性は、最初のころの経験を語った。

「乗組員たちは言葉使いもよくなって……調理係によれば、みなが夕食に礼を言ったとか。以前はそんなこと言わなかったのに。ゴミを出しておこうと申し出る人までいたそうです」。同僚男性たちの反応について語りながら、親しみを込めて笑った女性たちもいる。「男たちはみなほんとうに礼儀正しかったですよ。ポルノビデオは全部隠して。わたしが船にいるあいだは、人生とか愛とか、すごく哲学的な話をたくさんしていました。女性が周囲にいないときは、そんな話はしないと思いますね」。ある女性は笑いながら、トロール船で働いていたとき、自分の影響で船のビデオ文化が変わったと言っていた。「わたしはロマンス映画のビデオを持っていました。カバーがピンクの。男たちはからかいましたが、わたしが観ているとみんなも一緒に観るようになりました。わたしが船に来てからトロール船がずいぶんきれいになったとか。船長はきれい好きだったので、それ以降、船の衛生状態にきびしくなりました」

その言葉どおり、もし船長に理解があれば、女性の存在によって船のルーティンが変わることもある。調理アシスタントとして仕事を始めた女性はこう言った。「ちょっとした口論になったことがあります。船長には三時にコーヒーを持っていくことになっていました。あるとき、それが一〇分遅れてしまったのです。調理係からは叱られました。でも、寒いなか濡れた乗組員たちが戻ってきたので、そちらにまずコーヒーを出すべきだと言いました。船長に話すと、融通のきかないルールを変えてくれました」。別の調理係も言っていた。「以前ホテルで働いていたので、コーヒーと一緒にオープンサンドイッチを出すと、船長はそういうのを見たことがなかったらしく、とても喜んでくれました」。ある甲板員は言った。「わたしはみんなを扇動しました。あるとき乗組員がそばに来て、仕事が遅れているというので、男たちに『もっと働いて！』とはっぱをかけました。彼らは怒りましたが、そのあと懸命に働きはじめたので、魚がたくさん獲れて、すべてがよくなりました。前より稼げるようになったし。いい変化があったのです」

　こうした変化が生まれるかどうかは、女性の存在を船長がどう思うかにもよる。ラグンヒルドゥルはこんな話をしてくれた。「その貨物船の船長は年配の男性で、船に女性はいらないと言っていました。船に乗ったとき、わたしはそれを如実に感じました。同じシフトで働くときでさえ、彼は話しかけてこないのですから。まるでわたしなどいないかのように。でもあとで聞いたところ、彼はわたしの働きに満足していたそうです。とても勤勉だったと。船に女性が来るとほかの乗組員もよく働くようになったと言っていました[15]」

　そのような改善がみられたため、女性と働いたことのある船長は、できれば女性を雇い続けようとする。リーナはこう言っていた。以前働いていたある船では、つねに自分が唯一の女性だったが、「わたしが休暇を取ると、いつも女性をひとり雇うんです。理由はわかりませんが、おそらく船の雰囲気を変えるために必要だったのでしょう。不思議だなと思っていましたが、訊きはしませんでした。その船には一三年間乗っていましたが、ほかに女性の乗組員はいなかったし、調理アシスタント（彼女はその人のことは乗組員に含めていない）は乗組員のひとりと結婚しました」。グズニーも同じような経験をしている。「最初の航行のあと休暇を取ったとき、女性が何人か雇われていました。わたしが彼女たちにドアを開いたのだと思いましたね」

　現代のアイスランドでは、好感が持てて海の仕事も有能だとわかれば、その女性の地位は劇的に向上するし、経済などの要因で男性の就職がきわめて困難な状況にでもならないかぎり、海の仕事を得るのはぐんと容易になった。ある女性はこう言っていた。「どうしてわたしを選んだのかと船長に尋ねたら、以前わたしを雇った船長が褒めていたからだというのです。『彼女ならできる』とね」。別の女性はこんなことを語った。「女性は仕事を得るのが難しいですね。最初は何人もの船長に電話しましたが、だめでした。でも、何度か漁に出るうちに、仕事ができるとわかってくれたのです。それで状況が変わって、今ではどこででも働けますよ」。さまざまなポジションを経験してきたシグルンもこう言っていた。「一七年間、海で働いていましたが、『ああ、あいつは女だからこれはできない』なんて言われたことはめったにありません。はじめての船で甲板員として働いたときでもね」

大型漁船でつねに女性を雇っている船長や、家族の沿岸漁船に身内の女性が乗っていた船長は、船に女性が乗っているほうがいいと言っていた。ヴァリーはこう話してくれた。「夫は船に女性がいるのを気に入っていました……エネルギーが沸くし……船の雰囲気が穏やかになる、と」。女性を雇ったことのあるトロール船の船長たちも、船に女性がいると雰囲気が変わり、「ふだんの生活に近くて、くつろいだ感じ」になるので気に入っているという。そのなかのふたりが言っていたのは――ふたりとも女性乗組員がいかに優秀だったかを口にしたあと笑って――女性は男性より身の回りが乱れがちだということ。それを知られると、またひとつ神話が壊れてしまうかもしれない。

指揮をとる

女性が船の指揮をとる場合、当然ながら海ではまったく異なる状況に置かれる。船のヒエラルキーに応じた役割があるからだ。ハルドウラ船長やスリーズル船長と同じように、インガ・ファニーもまた、適任の女性を雇うことに力を入れた。彼女は笑いながらこう教えてくれた。「わたしたちは『女の避難所』と呼ばれていました。女性が三人乗っていたからです。わたしは一等航海士、もうひとりは調理係、三人目は甲板員。いろいろな船で一緒に働いたし、仲もよかったので、わたしはいつもふたりを連れて船に乗りました。とても楽しかったですよ」

上級船員が女性の場合、乗組員に対する権威行使のしかたは男性とは違う。ラグンヒルドゥルのケースをみてみよう。

ほとんどの男性はすばらしいですよ。自分のすべきことがわかっているので、わたしは口出ししません。でも、なかには頑固な人もいます。ある男性が甲板のケーブル処理を間違えていたので、別の方法でやるよう伝えると断られました。彼のやりかたは許容できませんでしたが、それでもやってしまったのです。だからほかの男性を呼び、その人にやってもらいました。最初の男性は自分の間違いを悟ったし、わたしの忠告が正しかったこともわかったのです。でもたいていの場合、仕事そのものは問題ではありません。みな、自分がすべきことはわかっているからうまくいくのです。

ラウラ・フロンによれば、部下の男たちからの抵抗もときにみられたが、それは自分が女だからではないという。「わたしが若いからなのです。男であろうが女であろうが関係ありません。年配の男性と二六歳そこそこの女性が一緒にやるのです。わたしは年配男性の話を聞くのが好きですよ。なんでも知っていますし、経験豊富ですから」。ラウラは自分のやりかたを話し続けた。「わたしを認めない男たちについては、まずこちらに呼びました。細かなやりとりはせず、あれをしろ、これをしろという指示もせず、静かにコントロールするのです。そうすれば、彼らはお酒に酔うとわたしを褒めてくれるし、きみは有能だと伝えてくれます」そしてちょっと考えてから言い添えた。「自分の能力を証明したかったら、それをみなに言うのではなく、示してみせること。だからわたしは乗組員を褒めるのが好きなのです」

船舶機関士で航海士でもあるヨウニナは、乗組員を管理することに対して、独特の考えかたとユーモアを持っている。「正直に言うと、船員仲間のリーダーになることに不安はありません。だって船長もグループの一員ですから。ひとりでブリッジにいるとしてもね。人が思うほど孤独ではありませんよ。自然に囲まれているし、鳥やクジラもいる。船長の命令に従うのは乗組員の義務ですが、だからといってくだけた感じで船長を『あの野郎』と呼ぶことすらできないわけではありません。女のわたしでさえ、陰ではそういう言いかたをされていますよ。彼らがわたしの夫をどう呼ぶかはわかりませんが(16)」

これは同意する人が多いのだが、乗組員の上に立つ女性のなかでも、とくに有能な人物は男性よりすぐれた上司になる。というのも、権力あるポジションを得るには勤勉で賢く、精神的にもタフでなければならないからだ。航海士や船長として働いてきたある女性によれば、女性はとりわけそういう役割に向いているという。なぜなら、混乱が起きたときに冷静でいるすべを知っているし、複雑なことや複数のことが同時に起きたときの対処にも慣れているからだ。ラウラ・フロンもこう言っている。「航海士は、能力があるかないかです。同じポジションで二〇年間働いている男性より、わたしのほうがすぐれているとキャプテンが言ってくれました。わたしは一等航海士でした。船長というのは女性向きの仕事だと思いますよ。女性は中心に立つのが得意ですから」

陸での出来事

航行の途中、魚の陸揚げなどの目的で乗組員が上陸することがある。その短いあいだにも、女性たちにはさまざまな出来事が起きる。そのエピソードはただのおもしろい話として語られがちだが、そこには乗組員同士の仲間意識を感じることができる。たとえば、女性たちは海岸沿いの小さなコミュニティでダンスをする。作業着以外の服を持っていない場合は男性乗組員から借りることもある。彼らはそれまで見たことのない女性乗組員のダンスを、おもしろがって見つめる。ラグンヒルドゥルはこんなことを話してくれた。

あるとき、ひとりの船員と一緒に上陸しました。年配の男性です。わたしはふだん街に行くときの服装をしていました。ふたりでバーに行って帰ってくると、彼はみんなにこう言ったのです。「彼女と出かけて、いい思いをしたよ。バーにいた連中が彼女に酒をおごり、おれにも一杯おごってくれたんだ。みんな彼女と話したいからさ。それで、おれまでひと晩じゅうただで呑めたんだ！」このときはわたしも楽しい思いをしましたが、大事なのは、彼がわたしを性的対象として見たことが一度もないという点です。わたしはあくまで船のチームの一員で、たまたま街の男たちからちやほやされたおかげで、彼も得をしただけなのです。

別の女性はあきれたように首を振りながら言った。「あるとき、レイキャヴィークで船から下りたんです。男性乗組員のなかには、わたしを自分たちのものだと感じている人もいます。おもしろいですよね。街でだれかがわたしに近づいてくると『あの男、いったいどういうつもりだ？』と言うのですから」

昔からよくあることだが、寄港先で酔っ払う乗組員もいる。女性のなかにも自分が酔っ払った経験を話す人もいて、現在も漁をしているかどうかにかかわらず、たいていはそれを「若くて愚かだったころ」の出来事として話す。知り合いの海の女について話してくれた女性もいる。その人は、まるで男のように、陸でいつも酔っ払っていたという。「その女性は大柄で力持ちで、酒飲みでした。男と同じように働き、けんかし、男たちを酔い潰していました。相手が潰れないときは、テーブルの下で足を蹴りつけたりして。でも、彼女は結局、職を失いました。寄港先で酔っ払って、仕事に来なかったのです。ただ、わたしたちはまったくタイプが違ってはいても——わたしはシャイでしたから——とても仲がよかったんですよ」

いっぽう、男たちとは飲みにいかないと決めた航海士や乗組員もいる。グズニーは、男性の乗組員仲間が開いたパーティーのことを話してくれた。「そのとき思ったんです。『どうしてこんなことをしたいんだろう？　二日酔いになりたいの？　お金をかけてまで』それで、男たちと飲みにいくのはやめたんです」。インガ・ファニーのほうは賢い方法で対処していた。「船であちこち回っていたころ、わたしは外国語が得意で、ドイツ語、イタリア語などができました。それで、寄港したときお酒を注文する段になると、ダブルのウォッカトニックを注文して、その横にウォッカを置いてもらい、ウォッカトニックを呑むふりをしていました。男たちはわたしがだれよりお酒に強いと思っていたでしょうね」

一九九〇年代、加工トロール船での加工方法や、魚の競り市のやりかたが変わるまで、多くの船が氷の上に魚を詰めてヨーロッパまで売りにいっていた。そうした旅こそ、アイスランド人が外国へ行ける唯一の機会だった。だから、彼らはその旅を休暇代わりにして、妻やときには一〇代の子どもたちを連れ、ギターを携えて出かけていった。漁村に暮らす妻たちは、交替で子どもたちの面倒を見合って旅に同行した。そういう愉快なつきあいが楽しかったと語ってくれた女性も何人かいた。

しかし同時に、旅には悪評もつきまとった。アイスランド人はヨーロッパの港で酔っ払って騒ぐ、という評判ができてしまったのだ。ある女性はこう言った。「ドイツに着くと、男たちはこぞって売春宿に向いました。わたしも行ってアイスクリームを食べました。女が欲しい人もいれば、ただの好奇心で行く人もいたのです」

ときとして、旅先での振る舞いは手がつけられないほどで、そんな場合は船に女性がいると重宝する。ある女性が教えてくれた話では、ドイツでみなが酔っ払って騒いだ夜、乗組員たちが「バーから長椅子を盗み出して船まで運んできた」という。甲板で眠っていたところ、彼女は突然起こされた。「ドイツの警官ふたりが銃をまっすぐこちらに向けて大声を出していたのです」。もしかしたら、彼らは船室に下りるのが怖くてわざとそんなことをしているのかと思った。しかし、「学校で習った」ドイツ語で話を聞いてみると、長椅子の件よりも問題だったのは、乗組員のひとりがバーにいた全員に酒をおごると言っておきながら、なにも払わず帰ってしまったことだという。それはたしかに問題だと思った彼女は、「意識がしっかりしている」乗組員たちから酒代を徴収してまわった。そして、そのようすを見て彼女と話した警官は「代金を半分にしてくれた」という。バーの請求は水増しされているから、というのだ。「そのあとわたしは、乗組員ふたりに長椅子を返しにいかせました」

海の女も海の男も、自分はそれほど飲んでいないと思っている人が多いようだが、それでも平日の昼間に飲んでいれば、どうしても目立ってしまう。アイスランド人が国外で飲むのにはほかにも理由があって、国内では酒が高価なうえ、長いあいだ割り当て制あるいは禁酒措置がとられていたからだ。禁酒令が出たのは一九一五年で、約一〇年後にはワインが解禁になり、一九三五年にはビールだけを禁止する法律に変わった。ビールを禁止する運動が起きたのはおそらく、度数の高い蒸留酒よりビールのほうが安価なため、騒動が増えかねないからだろう。最後にようやくビールが解禁になったのは、一九八九年のことである。[17] 船員は海外でビールを買えたので、少しだけ持ち帰っていたという。もちろん、船員にとっては絶好の機会だ。「父はビールをこっそり持ち帰っていました」と、ある女性は言った。「ガレージはビールでいっぱいでしたよ」

当時はビール以外の品物も入手が難しく、きわめて高価だった。アイスランドでは関税が高く、家庭用品などを税金なしに持ち帰ろうとすれば、スポーツに近い技が必要だったという。一九五〇年代から一九六〇年代にかけて人気があったのはナイロンストッキングで、もう少しあとになるとテレビやタバコ、そしてクリスマス用の七面鳥やニワトリまで持ち帰った。女性たちによれば、欲しい品物のリストを家族から渡され、それを手に入れると――なかにはベビーカーのように大きな物もあった――船の寝台の下やクローゼットや、ほかにも考えつく（そして考えもつかない）あらゆる場所に隠したという。たとえ税金がかかったとしても、海外で物を買えればかなりの節約になる。ある女性は、マンションの部屋を改修する際、タイルや金物類を買って帰り、ひと月分の給料ほども節約できたという。

アルコールや関税回避は、船員の習慣として数十年間、それなりに見過ごされてきたものの、ドラッグの使用は見過ごされなかった。それでも、ドラッグは長いあいだ、船上生活の一部――そして破滅のもと――だった。第5章に出てきたアンナの場合は、みずからの経験によって中毒地獄に陥らずにすんだが、乗組員のなかには日常的にドラッグを使っている者もいる。ある女性は、乗るはずだったイギリスへの漁船に乗らなかったため、危機を免れた経験を語っている。別の漁船に乗っていたとき、けんかをして肋骨を折っていたのだ。「それがよかったのです。漁船が港に戻ったとき、船でドラッグが見つかったために、全員が取り調べを受けたそうですから。当時、わたしはかなり羽目を外していて、ドラッグの常習者でした。今は落ち着いています。あの船に乗らなかったのは、すごくラッキーでした」

国内最大の都市レイキャヴィークから来た乗組員には、ドラッグ使用者が多いとみられている。ステインロイグの船長が、船に乗せるのは「レイキャヴィークから来たヤク中」でさえなければ、未経験の女でもだれでもかまわない、と言ったその言葉を裏づけているようだ。

生きかたのバランスをとる

船で過ごす期間が長い乗組員にとって、海での時間は仕事以上のもの、つまり生活そのものである。肉体労働、いじめ、ジェンダー問題などもその生活の一部だが、冒険的な経験を共有したり、過酷な労働の合間をともに過ごしたりすることも同様である。多くの女性が笑いやジョークとともに語ってくれたようすを見れば、彼女たちが船員同士のユーモアに加わっていただけでなく、それを心から楽しんでもいたこともわかる。だれもが懸命に働くきびしい環境で、笑いはある種の救命具になりえる。ユーモアは勇気をくれる親友のようなもので、疲労やパニックを抑える効果もある。また、狭い空間で何時間も何日も過ごす日常に活気を与えてもくれる。

わたしが話を聞いた女性たちの多くは、いたずらや悪ふざけに加わったことがあると言っていた。たとえば、管に魚を吊して作業員の頭の上に落としたり、ほかの船との無線で冗談を言い合っているところに加わったり、からかったりからかわれたり。経験豊富な海の女たちによれば、乗組員同士の卑猥なジョークは日常茶飯事で、船の文化の一部だという。だから、男も女も一緒にくつろぐには、女性もこういうユーモアをおもしろがる必要がある。女性たちの多くは、おもしろいどころか積極的に楽しんでいると言っていた。

ある女性は、船上のユーモアについて自分の経験を語ってくれた。「船での振る舞いかたは陸とは違うんです。陸ではぜったいに受け容れられないようなことでも、平気で言ったりしたりします。たとえば、あるときわたしは身を乗り出して魚の処理をしていました。防寒具は着込んでいたのに、なんというか自分自身は無防備で、お尻に意識を向けていませんでした。すると、背後から男の乗組員が来て、両手をわたしの腰に当てて、骨盤を前後に揺らしてセックスの真似をしたんです」そう言って彼女は笑った。「まあ、わたしが身をさらしていたようなものですね。だから、相手には不快のしるしとして中指を突き立ててみせただけ」彼女は少し間を置き、考え込んだ。「船はまったく別なんです。もし地上で男性に同じようなことをされたら――わかりませんが――おそらく警察を呼んで、相手を訴えて、騒ぎを起こすでしょうね。だってこれはセクハラだし、間違いなく暴力的行為ですから。でも、船でならよくあることなんです。だからそれほど真剣には受け止めません。みんな一緒に働いているし、仕事はきびしいし。なにかされても笑ってジョークにしてしまう。船は別なんです」

女性たちによれば、船で働きはじめたころは、同僚の男たちとうまくやれることをつねに見せていなければならなかったが、経験を積み安心できる状況になると、それも変わっていったという。ベテランたちは、もはや男からなにをされようと悠然としていられるようになった。アンナの場合、うまくやるために、あえてコーヒーを飲まない選択をしたという。本書を読んですでにお気づきかもしれないが、アイスランドでは、コーヒーは国民的飲み物だ。イギリス人が紅茶を飲むのと同じで、アイスランド人は朝食にコーヒーを飲み、昼前にも、昼食後にも、三時にも、夜にも飲む。そのせいか、アイスランド人はかなりの宵っ張りだともいわれる。コーヒーこそもてなしのしるしなのだ。ビルナと一緒に家から家へ、一日に何軒も女性たちを訪ねていったとき、コーヒーの接待を受けすぎて、神経過敏になってしまったこともある。正真正銘のアイスランド人であるビルナのほうは、もちろんなんでもなかった。というわけで、船でもコーヒーは必需品なのである。だから、アンナがコーヒーを飲まないと決めたのはあくまで個人的なことで、本人によれば、船ではそれが会話のきっかけになるという。「それじゃほんものの船乗りとはいえないな」とみなが言ってくる。「コーヒーを飲まないなんて」。アンナは首を振って笑いながら、紅茶を少しずつ口にした。「そう、それでいいんです」

ベテランのなかには、アイスランド人女性に馴染みの編み物をする人たちもいた。「仕事はストレスだとは思いません。仕事が終われば、あとは日常作業と平和と静寂が待っているので、編み物か読書しかすることはないですから」。リーナの場合は、せっせと編み物やクロスステッチに取り組み、キルトまで作ったという。「自分だけの部屋があったので、縫い物ができるように、機関長がミシン用のテーブルを作ってくれたんです。だから空き時間になると縫い物をしていました」。もうひとり、機関士の女性は海で働いているあいだに、自分のウェディングドレスまで作ってしまったという。男性優位の環境でも、伝統的に女性らしいとされてきた趣味に打ち込めるのは、ベテラン女性たちが海で自信と余裕を持っていることのあらわれだろう。彼女たちにとって、船は男のふりをするところではなく、ありのままの強い女でいられる場なのだ。

*

多くの女性たちが話してくれたのは、海に出るのが大好きで、女性といるより男性といるほうが楽だということ。だからこそ男社会にうまく溶け込んでいけるのだろう。たとえばトランプをしたり、本を読んだり、映画を観たりという船の娯楽に参加するのがいかに楽しいか、彼女たちは語ってくれた。ある女性は、航行にゆとりがあったとき、乗組員仲間と映画を作ったという。「みなで一緒に楽しみました」と言ってから、彼女はなにかを考えるように微笑み、こう付け加えた。「わたしは海の穏やかさが好きだし、何時に起きて何時に食べる、と決まっているのも好き。食事は出てくるしね。男たちも好きですよ。船でのユーモアのセンスが。わたしはどちらかといえば男っぽいから。女性のユーモアは好きじゃない。陰口が多くて。わたしは男性と一緒のほうが働きやすいのです。よくあるお姫様タイプではないので」。ヨウニナも記者にこう言っている。「海で働くのは肉体的にはきついけれど、精神的には元気になります。わたしにはすごく向いているので、いつも気分よく港に戻ってきますよ。船の雰囲気はすごくいいし、船で女性がひとりのときでも、わたしはつねにグループの一員でいられるのです。人間的に魅力のある人たちと、海でたくさん出会いました[18]」

乗組員たちは一体となってひとつのコミュニティを作り、経験を積んだ女性もその一部となる。ラグンヒルドゥルは、こうしたコミュニティが乗組員ひとりひとりにとっていかに重要か記者に語っている。「たとえば、だれかの家で不幸があった場合、甲板に出て働けとは言わず、できるだけその人の助けになろうとするのです。去年、わたしが海に出ていたときに祖父が亡くなりました。そのとき、みんなが見事に連携して力になってくれました[19]」

このような事情を考えると、わたしが会った女性の多くが同業の男性と結婚していたことも、さほど驚くにはあたらないだろう。よく知っている相手だし、自分自身も同じ生活や文化を経験してきたからだ。こんなことを言う女性も多かった。海での生活を知っているからこそ、若いころは船乗りとはぜったいに結婚すまいと思っていたが、どういうわけか結局は結婚することになった、と。ふたりとも海の暮らしをよく知っているので、結婚生活がうまくいきやすい、と語る女性も多い。説明しなくても互いに事情がわかっているからだ。なんといっても海が自分たちの暮らしなのだから。

クジラと格闘する

「簡単な食事ですが」インガ・ファニーはそう言いながら、白ワインを注いでくれた。アイスランドでは、白ワインが夕食の定番だ。彼女が夕食に招いてくれたレイキャヴィークの自宅には、船の仲間たちと、船長を引退した夫が顔を揃えていた。インガ・ファニーはサラダと、スライスしたパンと、庭のグリルで焼いたラムチョップとムール貝を手早く用意してくれた。風を遮る茂みに囲まれた日当たりのいいテラスで、わたしは夕食の席に加わった。客のひとりで、一時期インガ・ファニーの同僚だった元機関士が、わたしの横にさっと座った。

「アイスランドはどうですか?」と彼は訊いてきた。この質問は、アイスランド人がどの外国人にも必ずするもので、そこには祖国へのプライドと、美しくも荒涼とした国をあえて訪れる旅人への好奇心がある。

おそらくこの機関士は、長々とお世辞を聞きたいわけではないだろう。だから、わたしはただ微笑んで言った。「すばらしい友人が何人かできました」

相手は頷いて、次の話題に移った。「ぼくは何度も捕鯨船に乗ってきました。インガ・ファニーもね」。アイスランドは世界でも数少ない商業捕鯨を許可している国のひとつで、国民はそのことにアイデンティティを感じつつも、国外でははげしい論争が起きていることも知っている[20]。元機関士は甲板でクジラを解体するようすを詳しく語りはじめた。膝までクジラの内臓に浸かりながら解体する話は、どんどん写実的になっていく。

わたしは座り心地のいい椅子に背中を預け、これは半分からかわれているなと思った。ふん、わたしは経験を積んだ人類学者なのよ。この程度のことで動揺なんかしない。わたしはにこりと微笑み、もっと詳しく聞かせてと頼んだ。すると、ほんとうにおもしろくなってきて、彼のほうもわたしをからかおうとしていたことを忘れたようだ。やがてインガ・ファニーも会話に加わり、クジラの胃から驚くようなものを見つけた話などを始めた。

ふたりは目をきらきらと輝かせ、冗談を言ったり互いの話を補完し合ったりしている。それを聞きながら、わたしも以前、ロブスター漁船の船長アレックスと、同じように冗談を言い合う関係だったことを思い出した。突然、胸にこみあげるものがあった。もう二度と彼には会えないのだ。

わたしのなかで、納得のいかないことがいくつもあった。この調査をしているあいだ、わたしは優秀な研究者たちが書いた多くの記事や書籍に目を通していた。そこには、先進国の男性乗組員たちが、海で働く女性をはなから否定するようすが描かれていた。しかしアイスランドでは、海の女たちのほぼ全員が――経験が一年しかない人も、漁ひとすじのベテランも――現在の同僚や以前の同僚を親友とみなしている。イーサフィヨルズルのカレンはこう言っていた。「これまで知り合った船員たちに、今でも会いたくなります。船の暮らしや、彼らとの自然なやりとりがなつかしいわ。一緒に働いた男性はみんないい人でしたよ」

アイスランドで女性をいじめたり拒絶したりするのは、同僚の男たちだろうと陸の人たちは思い込んでいるが、海の女たちから話を聞くと、どの人もみな正反対のことを口にする。ベテラン女性たちは何度もこう言っていた。たしかに海の仕事は「男であれ女であれ、だれにでも向いているものではない」が、乗船当初のいじめや一時的な敵意や、嫌がらせでさえも最大の問題ではないという。「そんなことは対処すればいいだけ」。むしろ、海の女をとことん拒絶し、見下すのは陸の人たちなのだ。彼らは海の女を批判し、妬み、じろじろ見つめ、その貢献を無視しようとする。陸の人たちが注意を向けるのは、出版物のインタビューや記事を通してだが、その多くは――なかにはすぐれた例外もあるが――船をバックにして彼女たちを写し、まるでアイドルのように扱っている。問題は男性による排除よりもはるかに複雑なのだ。つまり、海の女にとってもっとも手強いハードルは、船の圧倒的な男社会ではなく、陸にいる男と女なのである。

商業的漁業の世界で男性が女性を拒絶するのは、先進国では普遍的な「事実」だ。だからこそ、アイスランドの陸のコミュニティでもそれが受け容れられてきたように思える。アイスランドでは、何世紀にもわたって女性が長く漁に参加してきたし、二〇～二一世紀には渋々ながら男性乗組員からも認められるようになった。しかし、その事実は簡単に覆されてしまう。結局、海の男たちもまた、陸の見かたに影響を受けるのだ。こうした違い――陸での捉えかたと海の女たちの実体験――があまりに顕著なので、わたしはつい過去に積み上げられてきた事実だけでなく、現在の事実まで疑ってしまいそうになる。

そんなことを考えていたとき、インガ・ファニーがなにか言いたげに、からになったわたしのワイングラスを指先で叩いた。そして、テーブルの向こう側にいる人物のほうに身を乗り出した。引退した船長で、女友だちをひとり連れている。「あなたのことをゲイだと思っていた業者を憶えてる?」インガ・ファニーが彼に尋ねた。元船長は用心深い視線をちらと向けてから、首を横に振り、飲み物を手に取った。「あのことを憶えてない? ああ、知らなかったのね?」。元船長はさらに警戒したようすで女友だちのほうを見やり、飲み物を口にした。

「わたしたち、何年も一緒に働いていたの」とインガ・ファニーが説明してくれる。「わたしは一等航海士で、彼は船長だった。彼は、男たちがみんなピンナップ写真を壁に貼っているのに、わたしにはなにもないので不公平だと思ったのね。それで、デンマークに着いたとき、彼は業者に『プレイガール』誌を買ってきてくれるよう頼んだの」。元船長は思い出したというように頷き、微笑んだ。「なにも起きなかったわ。業者はなにも買ってこなかったから。だから、わたしがその話を知ったのは何年かあとのことよ。わたしはその業者と別の船で会ったの。『きみはあのゲイの船長と一緒にいた人だろ？』と言われて『だれのこと？』と聞き返した。『背の低い男だよ』」。テーブルの全員が、なるほどというように笑いながら元船長を見た。

「でね」インガ・ファニーが続けた。「わたしはたまたま彼がゲイでないと知っていたの。だって一緒に働いていたときも女友だちがたくさんいたから。それで、『いいえ、彼はぜったいゲイじゃないわ』と答えると、相手は『いや、あいつはゲイだ』と言うの。そして、部屋に貼る『プレイガール』を船長から頼まれたことがあるから、と教えてくれた。『それはわたしのためだったのよ！』と答えたわ」

全員が大笑いし、元船長も笑っていた。インガ・ファニーは立ち上がってグリルを見にいった。わたしの横の機関士も笑いながら、身を乗り出してグラスにワインを注いでくれた。

グズルン　生涯を海で過ごした女性

オウラフスヴィークに位置するブレイザフィヨルズルの村では、そびえる山が、まるで動いているように見えた。わたしはしばらくじっと見つめてから、ようやくそれが渦巻く霧のせいだとわかってほっとした。亀裂の入った山腹を、霧が這い上がりまた下りてくる。それはただの幻影で、山が動いているわけではないのだ。

わたしがビルナとともにこの古い漁村を訪れたのは、グズルンに会うためだ。グズルンは七〇歳くらいの女性で、ずっと漁業に携わってきた。海の女として、乗組員を雇う船主として、そしてほかにもあらゆる形で海と関わってきたようだ。彼女の自宅に向かう途中、わたしたちはオウラフスヴィークのドックを通った。大小合わせてたくさんのトロール船が埠頭に係留されている。オウラフスヴィークの漁業は現在、そのほとんどを七社ほどの水産会社が取り仕切っており、この地域で獲れた魚はすべてそこへ集まってくる。地元に割り当てられる漁業権が多いおかげで、雇用は好調だ。近くの村で聞いたところによると、オウラフスヴィークの住民は漁業のおかげで「金持ち」なのだという。「窓のカーテンが上等だからわかるのさ」。グルンダルフィヨルズルの近くに住む人がそう言っていた。

ビルナとわたしは、山沿いの道路のひとつを走っていった。二本の道路のあいだを、滝のようにはげしく水が流れ、その両側の急斜面には家々が段々に並んでいる。霧のなかから一瞬、急峻な山頂が姿をあらわして、また消えた。脇道を入ったところに、グズルンのマンションがあった。玄関に、聡明そうな女の子が出迎えてくれた。彼女は「こんにちは」と英語で恥ずかしそうに言ってクスリと笑い、階段を駆け上がっていった。やがてグズルンが笑いながら姿をあらわし、階段を下りてきた。アイスランドの伝統的なセーター、赤いマニキュア、カールしたブロンドの髪、おしゃれな眼鏡という粋ないでたちだ。「孫なの。家族で来ているのよ」。それを裏づけるように、子どもたちのクスクス笑いや甲高い声が聞こえてくる。

居間に通じる階段に、船の写真や絵が飾ってあった。これはよく目にする光景だ。海の女たちの自宅には、ほぼ例外なく船や海の写真がたくさん飾られている。そして、驚くほど多くの女性たちが芸術家でもあった。風景を写し取って粘土細工や絵画や彫刻を作るのだが、そのすべてが海に関係している。彼女たちの自宅には、乗っていた船の写真が、舷窓を模した丸いフレームに入れられていたり、船の絵を描いたプレートや船を歌った詩が貼ってあったりした。グズルンの家の吹き抜けには、船や海を描いた多くの絵画や、漁師の息子が船に乗っている写真や、何年も前に亡くなった夫が、重量計に載った巨大なオヒョウを持ち上げ、そばにあと六匹のオヒョウが並んでいる写真が飾ってあった。これぞまさに漁師一家だ。

わたしたちにコーヒーを注いでくれたあと、グズルンは若かりし一九五〇年代のことを話しはじめた。

「若いころ、冬の漁のシーズンになると、父と一緒に船を〝漕いで〟いました。みんな、そうしていたのです。大漁のころは、必要とあらばいつも学校を休んで漁に行っていました」彼女は笑いながら小さなケーキを持ってきて、テーブルに置いた。「わくわくしましたよ。どんな天気のときでもね」そう言って椅子にゆったりと座り、一五歳で最初にニシン船の調理係に就いたいきさつを話しはじめた。「わたしたちは四人組の仲良しグループで、魚の仕事をしていました」どうやらそれは、地上の加工場で働いていたという意味らしかった。「わたしたち、レイキャヴィークに行きたかったんです。グループのひとりが、船で調理係をすることになっていたので、みんなでその船に乗ろうという運びになって。流し網漁船です。網を設置したら港に戻るという話でした。天気が悪かったので、ほかの女の子たちはみんな船酔いをしました。調理係になるはずだった子も。それで、わたしが料理をしたのです。港に着くと、ほかの子たちはもう船には乗りたくないと言いました。だから、わたしだけそれから三週間、調理の仕事を続けたのです。うまくいきましたよ。だれも死にませんでしたから」グズルンは笑ってコーヒーを注ぎ足した。最初はレイキャヴィークに行ってくるだけのつもりだったので、帰りはしばらく遅れると家に連絡を入れた。船が戻ってくると、父親が迎えにきていた。「わたしは船長に言いました。『父です。きっとカンカンに怒っていますよ』わたしが船から下りると、父は『うまくいったか？』と声をかけてくれたんです。船長が褒めてくれたので、翌年は父と同じ船で調理係になりました」グズルンはコーヒーを手にした。「そのあとの三シーズン、同じことをしていました」

孫たちが駆け込んできて、はっと立ち止まり、グズルンの顔を見た。グズルンが手招きすると、彼らはそれぞれ小さなケーキを掴んで出ていった。グズルンが笑う。「それが、若いころ船に乗るようになったいきさつ」。わたしは、調理係の仕事はどうだったか尋ねた。「働き手がたくさんいました」グズルンによると、彼女が若かったころは女性がおおぜいこの仕事をしていた。やがて、報酬のよさに気づいた男性も調理係の仕事をしたがり、女たちから職を奪っていった。「賃金がいいと、女性はいつもこんなふうに追い出されるんです。彼らはこう言うの。陸には女に向いた仕事がいくらでもあるだろ、と。もちろん報酬は少ないですよ」グズルンはコーヒーをひと口飲み、唇をすぼめた。「でも、ほかの人たちを悪く言うつもりはないわ」

グズルンの夫は船を所有していたので、結婚後、彼女は夫とともに漁に出た。「フルタイムではありません。子どもが六人いて、することがたくさんあったから」。やがて子どもたちが大きくなると、小型の船を購入して一緒に管理するようになった。

わたしたちはタラを釣って船で処理し、塩漬けしてポルトガルの市場で売っていました。アイスランドでは、昔から塩漬けが魚を保存する唯一の方法だったのです。それから、冷凍もしました。船にごく小さな処理機があったのです。魚市場ができるまでは、なにもかも自分たちでやらなければなりませんでした。船を漕いで、魚を獲って、売る。もし売れなければ塩漬けにします。一九七〇年代から八〇年代までそういうやりかたでした。

わたしたちは天気や経済、グズルンの孫たちのことなど、漁以外のことについても少しおしゃべりをした。彼女は話しながら、窓の外を霧がすばやく流れていくのを眺めていた。スリーズル船長が雲を読む方法を知った霧だ。そのあとグズルンは、夫が亡くなったあとのことを話しはじめた。船の運営や「クヴォウティ（kvóti）」（譲渡可能個別漁獲割当制度）の管理をひとりでこなさなくてはならなかったという。「その船を運営したあと、費用対効果をよくするために、もっと大きい船を購入して七年間運営していました。乗組員も雇って。そのなかには息子もいました」そう言って彼女はため息をついた。数年間は収益が大きかったのだが、その後、フルダとシッギ夫妻も語っていたように、グズルンが夫から譲り受けた漁業権だけでは採算が取れなくなった。漁業権は買ったり売ったりするのと同じように借りることもできるので、最初は別の漁業権主から借りることを考えたが、「それは危険なのです。漁業権のレンタル料を上回る額を漁で稼げるかどうかわからないから」。それならばと漁業権を買い足そうとしたが、価格は上がり続けていた。なにもかもが困難になっていく。「それでやめたんです」

魚の乱獲を防止するために規則を作るのはいいことだが、クヴォウティの漁業権は方法がよくない、とグズルンは言った。なぜなら、地元の小規模漁業者にきびしいやりかただからだ。それに、「すべての魚がひと握りの業者に渡ってしまい、地元のコミュニティは壊滅してしまう[21]」からである。

そのあと、グズルンは熟知しているオウラフスヴィークのコミュニティについて話しはじめた。いろいろなことが変化したことも。たとえば、オウラフスヴィークとグルンダルフィヨルズルを結ぶ道――大通りに出るための手段――もかつては山道で、山を迂回する最後の道としての役割を終えたのは、一九六二年になってのことだ。それまでの山道はとても狭くて、馬と馬がすれ違おうとして、崖から落ちたこともあったという。今では、わたしたちも通ってきた舗装道路ができたおかげで、二〇分しかかからない。暮らしは快適よ、とグズルンは言った。この地域で漁業権を握る主要七社のうち、「三社は女性が経営しているので、「二〇〇八年の金融危機前に多くの男がしたような危険を冒すことはぜったいにない」のだという。

さよならの挨拶をすませて、ビルナとわたしは温かい屋内から出ると、そこには冬の昼下がりのどんよりとした空気があった。「また雪が降りそうね」とビルナが言い、わたしは頷いた。雪の匂いもしていた。ちょっと気分が落ち込んでいるのはなぜだろう。そして気づいた。落ち込みというより、懸念がつきまとって離れないのだ。女性経営者のことを話していたとき、グズルンは自分が若いころから彼女たちを知っていたので、みんなすでに六〇代や七〇代だと言っていた。その夫たちも同じ歳だ。となると、少なくとも彼女たちの会社は近いうちに経営者が変わるに違いない。

わたしは、発展を遂げたオウラフスヴィークの景色を眺めた。ここはアイスランドのほかのコミュニティと違って、観光客を呼び込もうとしているようにはまったく見えない。その必要がないからだ。とはいえ、漁業権を所有する会社がいつかそれを売る決断をすれば、この状況も劇的に変わるだろう。というのも、漁業権の規定によれば、地元以外の新たな業者がコミュニティから権利を買い上げ、ほかの場所で使うこともできるからだ。もしそうなったら、オウラフスヴィークの未来はどうなるのだろう。

ビルナの車まで戻ったとき、突風が吹き、雪がちらちらと舞いはじめた。わたしたちは顔を見合わせ、急いで車に乗り込んだ。まもなく嵐が来る。

第７章

金を払って星を見る

——新たな生き残り策

「ディーサの家まで迎えにいくから」とインガ・ファニーが電話で言った。ディーサは何年か前からアイスランドに戻っており、その家の客用寝室が、この国でのわたしの大切な居場所になっていた。「わたしの土地を見せたいの。夏の別荘を」とインガ・ファニーが続けた。「でもまずは、見せたいものがあるわ」

車で家に着き、(当然のように)コーヒーを淹れると、インガ・ファニーは別の部屋に行って一冊の古い本を持ってきた。「あなたが書いていた一八〇〇年代後半の海の女のことを憶えている？ グズニー・ハーガリンのこと。キツネ狩りが好きだったけど、叔母に止められた女性よ」。わたしは頷いた。当時、わたしはちょうどこの本を書きはじめていて、何章かごとにインガ・ファニーやほかの人たちに読んでもらっていた。それは、海の女に関する内容が正しいかどうか判断してもらうためだ。「あのね、グズニーはわたしの曾祖母だったのよ。それなのに、彼女が海で働いていたなんて全然知らなかったの！」

「えっ？」

「それがアイスランドよ、マーガレット」。まるで、その言葉がすべてを説明しているかのようだ。実際そのとおりなのだが。インガ・ファニーは手にしていた古い本を開いた。「ここに一族の物語が書いてあるわ」そう言って立ち上がったので、わたしは埃っぽいページをぱらぱらとめくった。すぐに戻ってきたインガ・ファニーは、衣類用のビニール袋に入った洋服を持っていた。「曾祖母のよ」と言って注意深くビニール袋から出したのは、黒くて長いウールのスカートと、小さなスクエアカットのジャケットで、現在でもじゅうぶんおしゃれに見える。スカートにもジャケットにも渦巻きと花模様の丁寧な刺繍が施され、その糸がすべてシルバー、それもほんもののシルバーなのだ。黒い生地にシルバーは、はっとするほど映える。「教会での堅信礼用の服だったの。わが一族では、この服が長女から長女へ受け継がれて、それでわたしのところに来たのよ」

わたしは服にそっと触れながら、この服を身につけた勇敢な若い女性を思い浮かべた。堅信礼を受けるのはたいてい一四歳なので、そのころにはもう漁をしていただろう。わたしは海の女から海の女への継承を思った。血統は目に見えないながらも続いていくものなのだ。インガ・ファニーに原稿を読んでもらってほんとうによかった。「これを彼女が着ていたのね」それが事実であることをたしかめるように言った。

「そう」インガ・ファニーは丁寧に洋服をビニール袋にしまった。「それからこれを見て」と箱に詰められた黄ばんだ書類を取り出す。「だれもたいして関心を持っていなかったから、わたしがもらったの」そう言って、彼女はそのひとつを開いた。「グズニーは一六歳で父親を亡くし、ひとりになった。一九歳で結婚し、九人の子をもうけたけれど、彼女の死後まで生きたのは三人しかいなかった。息子のひとりは船の沈没で溺死したの」少し間を置いてから続ける。「わたしの祖父はカナダで暮らしていたんだけど、一九二六年ごろ戻ってきた。焦げ茶色の目、黒い髪、日焼けした肌で、カナダではフランス人だと思われていた。アイスランド人らしく見えなかったのね。アイスランドの農民ふうではなく、アメリカ人ふうの服装をしていたらしいわ」

わたしは、わかりきった質問はすまいと思った。というのも、祖父の外見がなぜアイスランド人らしくなかったか、もし彼女が知っていれば教えてくれたはずだから。外国人船乗りとアイスランド人との接触は、規制はあったもののかなり盛んで、とりわけ規制が緩んだ一八〇〇年代後半からは頻繁にみられた。

アイスランド人と外国人船乗りとの出会いについて考えていたとき、調査で目にしたカトリンの感動的な記事をふと思い出した。波間を漂う漁師用のコートを奇跡的に見つけた女性だ。一九〇〇年代はじめ、乗組員仲間と漁に出ていたカトリンは、近くを航行中の大きな船からフランス人漁師たちが叫んでいる声を聞いた。彼らが叫んでいるのは、どうやら「手袋」のアイスランド語らしいとわかった。アイスランド人なら知っていることだが、保温や防水効果にすぐれたアイスランドの羊毛製手袋は、価値の高い輸出品だ。

乗組員たちは、こんなこともあろうかと予備の手袋をいくつか船に用意していたので、フランスの船に横づけすると、乗船するよう招待された。いっぽうから手袋が、他方からはビスケットとフランスパンが贈られ、どちらも満足して、フランスのごちそうを食べ、お茶を飲み、フランス製のコニャックを飲んだりしながら、楽しいひとときを過ごした。カトリンはそのあいだずっと男性船員用の帽子をかぶっていたので、フランス人からは男だと思われていた。しかし、自分の船に移ろうとしたとき、風に帽子を飛ばされ、お下げ髪があらわになった。船の欄干に集まってさよならを言っていたフランス人たちは驚き、大喜びして叫んだ。カトリンと乗組員たちは手を振って離れていった。[1]

インガ・ファニーは黄ばんだ文書のしわを伸ばした。「グズニーの娘――わたしの祖母――が祖父と出会ったの。とてもハンサムで、祖母は一五歳にしてこの人こそ結婚相手だと悟った。一六歳のときに妊娠して、一八歳で結婚した。これは」と文書を指し示す。「祖母に譲られるべき財産目録、そして結婚後の資産はすべて祖母名義にするという取り決め。破産したとき祖母と子どもたちを守るためね。でも」と言ってページの下にある署名を指し示す。「この署名は当時まだ存命だった曾祖父のものではなく、曾祖母グズニーのものよ」

わたしはその流れるような文字を見つめた。「これがグズニーの署名なのね」

「そう。当時、女性は夫の扶養家族だったから、グズニーは娘の権利を守ろうとして、扶養家族であろうがなかろうが、財産を娘だけの名義にした」インガ・ファニーは微笑んだ。「すてきでしょ？この文書を残しておいてよかった。うちの一族にはよくできた女性が何人かいたのよ」

インガ・ファニーとグズニーの関係を考えているうちに、ふとカトリンの子孫はいったいだれだろうと気になりはじめた。海の女たちには、今もアイスランドで生きている子孫がいるはずだが、インガ・ファニーがそうだったように、本人は祖先が海の女だったと知らないかもしれないのだ。過去と現在とのこうしたつながりはなにを意味するのだろう。インガ・ファニーが大切に残しておいたような先祖伝来の家宝はとても貴重で、それを見ればわたしたちは過去の女性たちをひとりの人間として感じることができる。われわれと同じように、娘の権利を気にかける女性として。わたしはグズニーの時代、つまり一九世紀から二〇世紀への変わり目に、アイスランドでなにが起きていたかを考えてみた。その時代と、わたしが調べてきた二〇〇〇年代はじめの海の女たちとを比較すると、驚くほど似ているところがあった。

目に見えない存在から大量脱出へ

アイスランドで商業的漁業に関わる人たちの数は、ここ最近めっきり減っている。漁業には経済的にも社会的にも大きな影響力があるものの、漁業で生計を立てるアイスランド人は二〇一一年には全体の五パーセント以下になった。(2) 先に述べたように、大型漁船(二〇トン以上)で働く女性は、一九九九年には登録された漁師のおよそ一三パーセント(約九〇〇人)だった。この数十年間の平均は、九から一〇パーセントだ。(3)

ところが、わたしの友人かつ同僚で、統計が得意なヘルガ・トリグヴァドッティルの協力を得てわかったのだが、二〇〇〇年になると海の女の数はおよそ八〇〇人に落ち込んだ。そして、二〇〇七年にはたったの二〇〇人——わずか四・四パーセントにまで急落している。アイスランドで経済危機が起きた二〇〇八年にはその数がわずかに増え、二〇一一年は年間およそ三〇〇人から四〇〇人で安定しており、これは大型漁船の乗組員の約六パーセントにあたる(付録C:女性漁師の数 1998年〜2011年を参照)。つまり、漁師の数が全体的に減るなか、女性は男性よりも速く、漁から手を引いていったのだ。

でもちょっと待てよ、とわたしは思った。これは——あるいはこれときわめて似たことは——たしか一九〇〇年代はじめにもあったのではないか。西側諸国でジェンダー平等が着実に実現されてくると、それまで男性ばかりだった職場が女性に門戸を開くようになった。それならば、このケースでも同じ展開になるはずではないか。なんといっても、世界中でもっともジェンダー平等の進んだ国のひとつと謳われるアイスランドなのだ。しかし、これらの数字はその逆をあらわしている。すでにおわかりのように、一八〇〇年代後半まで、多くの女性が海で働き、そのうちかなりの数が立派な船長になっている。けれども、一九〇〇年代はじめまでに漁が商業化され、女性の社会的役割に対する見かたが変わると、海で働く女性はがくんと減少した。粘り強さと忍耐力で、海の女たちが船に戻ってきてその数を増やしたのは、一九九〇年代後半から二〇〇〇年にかけての数十年のことだ。ところが、現在この職業は女性にとって一般的ではなく、ふたたび排他的になっているように思える。一〇〇年前になぜそうなったかはわかった。しかし、なぜ同じことがわたしの目の前でふたたび起きているのかはまだわからなかった。

考えみると、これは決して不思議なことではないのかもしれない。これらの数字は、わたしとビルナが国じゅうを回って見てきたことの裏づけでもある。かつて大型漁船で働いていたという女性には数多く出会ったが、そのうち今でも続けている人はほとんどいなかったからだ。コミュニティによっては、その傾向がきわめて顕著だった。たとえばホプンという南東の街では、かつて加工トロール船で働いていた女性が、二〇〇〇年はじめごろにもまだ多くいたが、現在も働いている人はひとりもいなかった。大型漁船で働く女性がもっとも多いのは、レイキャヴィークやその周辺都市で、二番目はアイスランド北部の街アークレイリだ。そのほかは国内のあちこちに点在しており、なかには故郷からかなり離れたコミュニティまで出向いて船に乗る女性もいる。そして、イーサフィヨルズルでは、大型漁船で働く女性がひとりもいなかった。よりによってこの地域で、実際にひとりもだ。

それとは反対に、数が比較的「多い」のは、航海学校で学んで船長の資格を得た女性たちだ。ただし、さらに詳しく調べてみると、こうした女性たちでさえ、過去に漁船で働いた経験があったとしても、現在は漁船以外の船で仕事をしていることがわかった。卒業生の何人かは貨物船で働いていたし、ある女性は、わたしがヴェストマン諸島へ行くときに乗ったあのスリルたっぷりのフェリーで航海士をしていた。そのほかは小型船の船長をしていて、なかにはホエールウォッチングなど観光客向けの船で働いている女性もいた。

海で働く女性、とくに漁業に携わる女性が急減したことについて考えていたとき、ある言葉を思い出した。それは、二〇一三年に北アイスランドのアークレイリ大学で「非公式な」ランチプレゼンを行なったときのこと。プレゼンに出向く前、わたしは緊張していた。「非公式」というのは、大学教員が何人か、昼食をとりながら耳を傾けるのだろうと思っていたからだ。けれども会場に入ってみると、さまざまな層のアイスランド人がおおぜい座っていた。

わたしはプレゼンをし、昔も今も海の女たちは目に見えない存在なのです、と言って締めくくった。そのあとは質問タイムだ。以前きびしい言葉をかけられた経験があったが、今回はほっとすることに、挙げられた質問はどれも寛容で興味深く、しかも知的で、こちらから望むような質問だった。やがてひとりの女性が立ち上がり、自分も海で働いていたことがあるので、こういう研究をする人がいるのはとても嬉しいと言ってくれた。「海で働く女性は見えない存在だというのはそのとおりです。ただ、それはいまやすべての漁師に当てはまります。男でも女でも。われわれはみんな目に見えない存在なんです」

それを聞いて、最初わたしは少し困惑した。アイスランドで漁師といえば典型的なヒーローである。船乗りとして活躍するサガの英雄と並ぶ、この国のシンボルであり、目に見えない存在とは正反対のはずだ。しかし、実はその女性の言葉が深いものであり、アイスランドの急激な変化を言い当てていることが、少しずつわかりはじめてきた。彼女の言ったとおりだ。洞察力の鋭い海の女から、わたしはまたひとつ得るものがあった。それにしても、他者の言葉に注意深く耳を傾け、つねに心を開いておくことはほんとうに大事だ。みずからの知識不足から壁を作ってしまい、聞く耳を持たなくなる傾向にも気をつけなければならない。

ある面、この女性はありのままの現実を口にしたのだ。漁業は今なおアイスランド経済にもっとも貢献している産業のひとつでありながら、実際に漁をしている人口はごくわずかで、男女を問わず、その数は日ごとに減少しているように思える。なぜそうなったのか、どんな社会的、政治的要因がこの状況を作り出しているのかについても、彼女は語っていた。また、現在海で働く女性だけでなく男性に対しても、陸の人たちが持っている先入観（そもそも持っているとすればだが）や、その意味についても話してくれた。彼女の言葉は一見シンプルに思えるが、実は奥が深い。わたしがこれまで出会った海の女たちの話を思い出しさえすれば、アイスランドの漁師がなんらかの影響を受けて海から離れたことがわかってくる。あらゆる漁師が影響を受けるということは、女性漁師はなおさらだ。そしてまもなくあきらかになった。こんなにも劇的に変化した大きな原因は、アイスランドの「クヴォウティ（kvóti）」（譲渡可能個別漁獲割当制度）という規則にあったのだ。

金を払って星を見る——アイスランドの漁獲割当制度

クヴォウティという概念は、最初に聞いたとき難しくてよくわからなかった。わたし自身、漁村で育ったので、これもよくある漁業権のようなものだろうとはじめは思った。つまり、年間で許可される捕獲量を決めるやりかたで、ある種類の魚の総捕獲量が一定に達すると、そのシーズンの漁を終える仕組みだ。[4] しかし、少しずつわかってきたのだが、クヴォウティというのは、特別な種類の魚（たとえばタラなど）を一年間に捕獲できる量を規制団体が定め、その固定割合を個別に保証するというものだ。クヴォウティを所有する漁師はシーズンのはじめに、その年に許可される捕獲量があらかじめわかるので、どれくらい稼げるか見当がつく。というのも、基本的には魚を釣る前からその量が割り当てられているからだ。クヴォウティの所有者に対するこの保証割合は、停止も更新もなく継続されるため、さながら私有財産のような働きをする。そのシーズンに獲れた魚だけでなく、まだ獲っていない将来のぶんまで永遠に保証されるのだ。だから、その価値は実際に獲れた魚の現在の値段だけでなく、将来にわたって所有者にもたらされる漁獲量によっても決まる。これは私有であり、政府や外部の斡旋業者が所有するものではないため、いわば商品になったのである。

一九八〇年代初頭にアイスランドではじめてこの漁獲量私有化の制度が導入されると、アイスランドの海で貴重魚を捕獲する権利は、一定数ずつに分配され、まずは政府を通して特定の漁船に「割り当て」られることになった。最初の割り当ては、直近三年間の漁獲量によって決められたため、大型船を所有する漁師やなんらかの方法で大量に捕獲した人たちが多くの漁業枠を手に入れた。

この制度の肝心なところはクヴォウティを獲得すれば、なんらかの形で利用するかぎり、自分の好きにしていいということだ。ライセンスのように登録するものではなく、取引可能な個人の持ち物なので、売ることも貸すことも譲渡することもできるし、投機の元手として使うことさえできる。財力があれば投資目的で大量に買うこともできる。[5]

クヴォウティをはじめて手にした漁師は、ほとんどが漁村で暮らしているが、クヴォウティそのものは地域に関係なくどこでも使える。なぜならこの制度は、アイスランド全体で貴重魚の漁獲量を決めて割り当てるものだからである。また、クヴォウティは魚の先物市場に基づく商品であるため、価格は魚自体の価値とは関係なく変動する。だから二〇〇八年以前の好況な年、その価値は平均的な漁業収益のざっと八〇年分もあった。[6]

このことは、現場（正確に言えば海）にいる男性漁師や女性漁師にとって、どういう意味があるのだろう？　一九八〇年代以降、効果はすぐにあらわれ、クヴォウティを入手できるかどうかは、魚を入手できるかどうかと同じくらい重要になった。[7]　個人所有の漁船（つまりその漁船のオーナー）の多くは、一九八〇年代にそれぞれに応じた漁獲枠を与えられたが、そのあとで漁を始めた人は、すでにクヴォウティを持っている漁師から市場価格で購入しなければならなかった。だから、クヴォウティを所有する小規模漁師は、売りたい誘惑に駆られる。というのも、漁を続けてそこそこの収入を得ることもできれば、これを売って漁をやめ、一生安泰に暮らすこともできるからだ。

だから当然、多くの漁師が漁業権を売った。そしてそれを大手の漁業会社を含む投資家たちが先を争って買った。価格が上昇すると、たとえばグズルンやフルダのような小規模漁業者たちは、もともと持っていたわずかなクヴォウティで満足するしかなかった。買い足したくても、市場価格が高すぎて手が出ないからだ。実際、漁業を続けるために買い足した人たちは、危険な外貨連動ローンに手を出し、二〇〇八年の金融危機ですべてを失ってしまった。また、この制度によって、新たに漁業を始めることもほぼ不可能になった。

そんな経緯を知れば納得できるのだが、アイスランド本島でわたしが話を聞いた女性たち[8]は、ほぼ全員がこの漁業権制度を嫌っていた。自分たちの意見がまったく考慮されていないからだ。[9]　どうやらこの制度は、家族経営の漁業者や小さな漁村や女性たちに与える影響も考慮せずに策定されたらしい。クヴォウティの方針作成に参加した女性は公式にはひとりもいないし、規則の作成にあたって意思決定に加わった女性もほとんどおらず、関連する委員会に任命された女性はひとりもいない[10]。また、漁業運営に関する公開討論の場で女性の姿はおもてにあらわれないし、それを報道するメディアでも、取り上げられたのはたったの一度だけ[11]。この制度が女性に与える影響は、海であれ陸であれ、考慮さえされなかったようだ。ある女性はこう言っていた。「国のためにやっていると彼らは言いますが、実は違います。わずかな男たちがすべての利益を得るためだけにやっているのです」

海の女たちは、割り当てそのものに反対しているわけではない。漁獲量をなんらかの形で制限することは、漁業運営に必要だとみなわかっている。一九七〇年代から八〇年代にかけて漁をしていた女性の何人かは、沿岸警備隊の目を盗んで船長が領海外で魚を獲り、急いで領海内の漁場に戻っていたことを明かしている。ある女性は、乗組員全員の逮捕を免れるよう、ノルウェーの巡視船に頼み込んだと言い、別の女性は一九七〇年代半ばから後半にかけて、巨大な加工トロール船が魚を根こそぎ獲っていった話をしていた。「日本やノルウェーやポルトガルの船でした。長期間、漁をしていましたよ。野蛮なやりかたです」

海の女たちが怒っているのは、この制度の特殊なメカニズムだ。クヴォウティ市場の自然な成り行きに任せた結果、漁獲枠を多く保有する者たちはさらに買い増していき、もともとは特定のコミュニティの漁船に与えられていた漁獲枠もほとんど、あるいは全部手に入れてしまった。こうした投資家たちはたいてい水産加工場の所有者でもあるので、漁業関連の雇用を一手に握っている。多くの漁村にとって、それが経済基盤を成りたたせる唯一の手段なのだ。クヴォウティの大所有者たちがコミュニティに及ぼす影響は非常に大きいため、建前上は平等主義のこの国で、彼らは「クヴォウティ・キング」と呼ばれている。

オウラフスヴィーク地域では、グズルンが言っていた地元の七社がまさしくそういう存在だ。ホプンでは以前、加工船で働いていた女性が多く、わたしたちが会った乗組員は男性も女性も、当時を古きよき時代としてなつかしんでいた。彼らの話を聞きながら、いくぶんのショックとともに知ったのは、ホプンはいまや典型的な「企業城下町」だということである。なぜなら、ほぼすべてのクヴォウティ——そして船も地元の水産加工場も——を一企業が掌握しているからだ。[12] 自分自身やきょうだいや配偶者が職を失うのを恐れて、だれもこの会社に口出しできない。それに、ホプンはいくぶん孤絶した場所で、通勤範囲内にほかの街がない。興味深いことに、この会社の取締役は元政治家で、漁獲枠政策の考案や実現を中心的に担った人物でもあった。

クヴォウティの一大所有者が自身の企業を通して村の雇用を生み続けるかぎり、オウラフスヴィークがそうであったように、村は生き残れるし繁栄もできる。海の女たちは「クヴォウティ・キング」のことを、寛大な君主のことでも話すようにこう言っていた。「キングの存在には慣れます。村を養ってくれるのですから。彼らは自分のために大金を稼いでいますが、それだけでなく、村への責任も感じているのです」。この女性は昔をなつかしみ、以前はキングのほとんどが地元出身で、村のだれもが知っていたし、みなの幸福を大事にしてくれたと語った。しかし、もはやそうでない地域が多くなった。なぜなら、クヴォウティは個人的に所有できる「もの」なので、お金を払う相手ならだれにでも、そして国内のどこにでも売ってよいからだ。

その結果、大企業がほかの会社やさまざまな地域の人たちからクヴォウティを買い取る。大企業はすべての事業を一か所で運営しているため、多くの小規模工場や漁船をあちこちで運営するより、はるかに収益が上がる。だから、小さなコミュニティの主要なクヴォウティ所有者が、たとえばレイキャヴィークの大企業に売却すれば、その会社が一元管理によって大きな利益を上げるのは時間の問題なのである。したがって、この漁獲枠を地元以外の相手に売ると、地元の漁業権を失うだけでなく、漁船も漁業関連の仕事も加工場も、すべてを失うことになる。ある女性はこう言っていた。「船のキャプテンがいなくなったようなものです。この村の面倒を見てくれる船長はもういないのです」。村にとっては大きな痛手となるため、沿岸の村では、地元の所有者がクヴォウティを売却するのは裏切りだと多くの住民が感じているし、いまではその影響をだれもが知っているからなおさらだ。

クヴォウティは世代を超えて受け継ぐこともできる。受け継いだ子どもたちはもしかしたら遠くで育っていて、漁とも、そして漁業権を所有する親や祖父母が住むコミュニティとも、なんの関係もないかもしれない。そうなると、ひとつのコミュニティの未来がまるごと、そのコミュニティとはほぼなんの関係もない親戚の手に委ねられてしまう。ある女性はこう言っていた。「東フィヨルドで、地元民がクヴォウティを買って地域に投資したのですが、その人が亡くなると、息子たちは受け継ぐ気がないため、銀行に投資すべく分割して売ってしまいました。それで、その地域にはもう漁獲枠がなくなってしまったのです」。海の女たちによれば、経験上たいがいは三世代ほどのあいだに、村の漁業はこんなふうに解体してしまうという。

クヴォウティが統合され続けた結果、二〇〇〇年には、漁業の中心地は点在する沿岸の小さな漁村から、国内のわずか四つか五つの地域へと集約された。(13) 二〇〇三年から二〇〇七年のあいだだけでも、会社の合併とクヴォウティの売却によって、四二八の地元水産会社が倒産している。(14) 二〇一〇年には、国内のクヴォウティの七三パーセントが大手企業二〇社の手に渡っていた。こうした企業は「クヴォウティ・スーパーキング」とでも呼べばいいだろうか[15]。

地元の「クヴォウティ・キング」と一元化された「クヴォウティ・スーパーキング」との格差は、いまや相当大きなものになったため、スーパーキングは企業買収の手法を用いて地元のクヴォウティ所有者と交渉していく。ごく最近までイーサフィヨルズルで甲板員として働いていた女性は、村が漁獲枠を失った経緯について話してくれた。「地元でクヴォウティを所有していた会社が売却しようとしなかったので、アークレイリのクヴォウティ所有者が合併したのです。クヴォウティをこの村から移さないというのが協約でした。ところが、彼はクヴォウティを手に入れて自由に扱えるようになると、イーサフィヨルズルのクヴォウティをすべてアークレイリに移してしまい、イーサフィヨルズルにはなにもなくなってしまったのです」

このように、漁業権の大幅な統合はきわめて短期間になされたため、地方の風景も沿岸の村落の暮らしもすっかり変わってしまった[16]。それはつまり、一〇〇年以上も漁に依存してきた村が、次々と漁から手を引いていき、魚関連の商売や仕事もすべて地元から失われるということだ。そして、多くの家族は生きるすべを奪われ、その地を離れるしかなくなる。そうなると、学校は子どもの数が減って廃校になり、村落は骨抜きにされてしまう。地元の監視がほぼまったくないまま、村人の生計手段——コミュニティの存続そのもの——が失われていくことに、女性たちは不満や失望を何度も口にした。

＊

こうしたことが、海の女たちにどれほど影響を与えているのだろう。どうやらかなりのようだ。統計が得意な同僚ヘルガとともに水産業登録簿を見ると、思ったとおり、近年、海の女たちのほとんどが、クヴォウティの大所有者である工場で働いていた。首都圏は、水産業に従事する女性の数がもっとも多く、しかもそれが増え続けている数少ない地域でもある。[17] アークレイリを含む北部も、漁獲枠を多く保有する企業が存在するため、水産業の女性が増えている。ところが、そのほかのほぼすべての地域、たとえば西部や西部フィヨルド、東部、南西部では数が減っている。

想像どおり、漁獲枠を失って打撃を受けた村では、地元の女性が水産業に就くことも困難になった。ある女性はこんなことを話していた。「村には漁をする女性があまりいません。漁そのものをあまりしなくなったから」。別の女性によると、海の女が少なくなったのは「トロール船がもう村にはないからです。わたしが小さいころは、漁船が村の一部でした。でも、まもなくこの漁村も姿を消すでしょう。漁船がどんどん減っているし、もしかしたらもうないかもしれません」。クヴォウティのせいで地元の知識や伝統が失われていく、と話してくれた女性たちもいる。というのも、地元の漁業がすたれると、田舎の若者は上の世代から専門技術を学べなくなるからだ。ある女性が言っていた。「することがなくてドックに佇んでいる男たちがおおぜいいますよ。若者を海に行かせないせいで、気骨のある人たちが減っています。それに、若者は海とともに育っていないので、海に出たいとも思わないし、どちらにせよ、その知識も体力もありません。もはや世代間のつながりはなくなりつつあります。子どもたちは年配者から教われないので、知識は失われてしまう。アイスランドのような国では、とんでもないことです」

興味深いことに、漁業関係の経済学者や科学者たち――漁師ではない――は、国によってさまざまな形があるこの漁獲枠割当制度をよい方法とみなし、「合理的」で「効率的」[18]だと評価している。しかし、漁師からみれば効率的ではなく、実際にはエコロジーや資源管理の点で無駄が多いため、漁業はむしろ独立した小規模漁業者の手に委ねるほうが効率的なのだ。[19]多くの女性たちが、クヴォウティ制度を変えて、持続可能な漁業と持続可能な漁村の両方を発展させるための具体的なアイデアを提案している。そのアイデアの多くは、商品として売買していた漁獲枠を、特定の場所に結びついた共有財産の形に戻そうというものだ。そうすれば、この制度は魚の乱獲を防ぐ役割を果たすだろうし、ごく少数の投資家ではなく、国全体の利益にもなるはずだ。

海の女たちがアイデアを提案したり、人びとが反対の声を上げたりしても、小規模漁業者はどちらにせよ勝ち目がない。目に見えない人たちの声はたいてい、聞き届けられることもないからだ。漁業権が大量販売によって統合されていくなか、海の女たちも、彼女たちが暮らす漁村も巻き添えになったように思える。

クヴォウティの方式やその影響について女性たちに話を聞いてみると、大きな喪失感を抱いている人が多かった。ある女性はこう言っている。「漁がないと、コミュニティの核が失われてしまうんです」。それまでは自然だけのものだった海、漁師の血のなかにあると思えるほど身近だった海が、突如として販売可能な商品として、わずかな人たちの手で管理されるようになった。それ以外の人たちには高価すぎて手が出ない。ある女性が言っていたように、「まるで、空を大きな黒いもので遮られてしまい、お金を払わないと見せてもらえないような感じ」なのである。

トロール船に職を求める——断たれたアクセス

漁業が一元化されたために、海の女たちにはさまざまな影響があったが、そのひとつは漁船や漁業の仕事へのアクセスが制限されたことだ。大型漁船の多くはほかの場所へ移ってしまったため、沿岸の漁村で暮らす女性が漁業関連の仕事に就くには、よそへ行かなければならない。いまや大型漁船の母港となった街まで出向く必要があるのだ。知人もいないであろうその地で、大手企業のどこかに職を求めなければならない。ある女性はこう言っていた。「レイキャヴィークにあるような大型トロール船や大型漁船には、これまで乗ったことがありませんでした」

故郷を離れてしまうと、足場となる仕事を紹介してくれる親戚や友人もまずいないだろう。知らない街では、なにもかもが大変だ。というのも、女性で、しかもたいていは若く——もしかしたら両親の許可もないまま——、ひとりで見知らぬ街へ行き、自力で住む場所を見つけ、引っ越し費用をひねり出し、不慣れな場所で知り合いを作っていくことになるからだ。

多くの女性が語っているとおり、以前は船長も地元の水産会社もコミュニティの一員であり、乗組員を直接雇っていたため、女性はコネを使ったりみずから創意工夫したりして、船で働くチャンスを手に入れていた。しかし、クヴォウティの制度ができてからは、船長個人ではなくたいていは大企業が漁業権も船自体も所有するようになった。その結果、船長の役割は劇的に変わった。以前は船の所有者が船長でない場合、船長の行動に口出しすることはめったになかった[20]。けれども今は、海の女にとって重要なことだが、船長みずからも雇われ人にすぎないため、どこでどういう漁をするか、何日間海に出ているか、何時間働くか、そしてだれを乗組員として雇うかはすべて会社が決める。船長も乗組員も、船に同乗していない人たちのために働いているのだ。そして、女性が船で働こうとすれば、以前は親戚や知り合いの船長に頼んでいたが、今は会社に求職しなければならない。

それに最近まで、乗組員のほとんどは同じコミュニティの出身だったため、メンバーに加わる女性たちも、たいていは若手乗組員と同じ学校に通っていた。だから、メンバーには友人やその父親などもいた。「全員が知り合いでした」と語る女性がいた。「みんな友だちだったのです。だから、わたしはしょっちゅういたずらをしたり、からかったりしていたし、彼らも楽しんでいましたよ」

しかし、それも変わってしまった。今では、田舎の若い女性が大型漁船に乗ろうとすれば、乗組員のほとんどは知らない人だ。かつて海で働いていた田舎の女性たちによれば、現在のように、信頼関係もない見知らぬ人たちと一緒に働くのはいやだという。これは驚くにあたらない。というのも、女性たちにセクハラをしたり、あからさまに敵意を向けてきたりしたのは、まさしくよそ者の乗組員だったからだ。ある女性はこう言っていた。「クヴォウティができてから、漁船は数が減り、より大型になって、それがすべてレイキャヴィークのような場所にあるから、乗組員は知らない人ばかり。以前、漁はコミュニティの一部で、コミュニティとともにあるものだったのに」。別の女性はこう言った。「わたしはレイキャヴィークのような場所へは行きたくないし、そこの大型漁船に職を求めるつもりもありません。乗組員の素性も知らないし、もしかしたら犯罪者かもしれないのですから。たった二〇年ですべてが変わってしまいました。アイスランドはこんな感じで、みんな大きく変わって、すべてがレイキャヴィークに飛んでいってしまったんです」

女性たちが語ってくれたもうひとつの問題は、大型船での漁業活動が変化し、海に出ている期間が延びたことだ。航行が長くなる傾向は一九九〇年代に始まり、現在まで続いている。たとえば最近の記事で、サイウン・ルズヴィクスドッティルは、家族と離れて五五日間も海に出ているところで、残りが二五日あると語っていた。[21] 大型船船長の資格を持つシグルンは、この変化による影響について語ってくれた。「この数年でトロール船は大きく変わりました。大型になって、四週間から六週間も海に出ているようになったのです。昔のトロール船はせいぜい一週間か一〇日間でした。女性にとっては一、二週間だけならいいのですが、四、五週間となるとちょっとね。家族もいるだろうし、若い女性で週末は出かけたいとなれば、そう長くは海にいたくないでしょう。漁をする女性が減ったおもな理由はそこだと思いますよ」

長く海に出ていることは、子どものいる女性にとってはとくに難しい。子を持つ女性たちによれば、それほど長く家族と離れているのはとてもつらいという。ヨウハナ・リリヤは、ロシアのトロール船で一年近く働いたあと、「陸に上がる」決心をしたという。その理由を、彼女はインタビューにこう答えている。「息子に会いたかった。それが決定的な要因でした」[22]。子持ち女性が海で働こうとしても、最近ではとくに難しくなったという。彼女たちは海で働くあいだ、親族に子どもを預けることが多い。そうしたサポートがあれば海に出られるものの、ふつうは故郷のコミュニティでなければ無理だ。ところが、もはや船は故郷から離れた場所にあり、航行のたびに家族と長く離れていなければならないため、子持ち女性は海に出るのを諦めてしまうのだ。

以前海に出ていた女性の何人かは、新型漁船に乗るのが好きではないとも言っていた。甲板員の多くはたいてい、外の甲板で働くのが好きなのだが、新しい大型トロール船では、仕事のほとんどが船内なのだ。実際、ヴィグディスとビルギャを含む何人かが、やめた理由としてそのことを挙げている。また、船の構造が変わったことで船上での交流が少なくなり、孤独を感じる女性乗組員も多い。

「新しいトロール船はひとりひとりに個室があって、部屋にはテレビもあるので、みな孤立しています。以前は、漁場に向かうあいだ、乗組員同士でトランプをしたり、食堂でおしゃべりをしたりしていましたし、わたしはそれが好きでした」

　乗組員の雇用や、漁そのものまで地元を離れて都会化し、人間味のないものになり、一回の航行がぐんと長くなったことで、海で働く女性の能力は、少しずつ船の外へと押し出されていったのである。

「夢のなかで」――二〇〇八年以降、船に乗る女性たち

　もうひとつ、海で働きたい女性を含むアイスランド国民に影響を与えたのは、乱高下する最近の経済状況だ。二〇〇八年一〇月、アイスランドは途方もない経済危機に見舞われ、それは「恐慌」とも言われた。この危機によって、わずか数週間のうちに、国じゅうが破綻に近い状態に陥った。地方のコミュニティでは、こんなふうに語る人たちが多かった。二〇〇八年以前、漁業権が売却されたときに地元では恐慌を経験しているので、二〇〇八年の恐慌では自分たちよりもレイキャヴィークのほうが影響を受けたはずだ、と。[23] いっぽう、海の女たちにとっては影響が大きく、漁の仕事に就くための競争が激しくなったという。ある女性はこう言っている。「経済危機のせいで多くの企業が破産し、大工、電気技師、エンジニア、建築家も多くが解雇されました」。同時に、アイスランド通貨の価値が半減したため、魚の価値、とくに外国市場での価値は急上昇し、「漁師の給料は天を衝く高さ」になったのだ。

このような苛烈競争のなかで、経験豊かな女性が仕事を手に入れると、職にあぶれた男性漁師から怒りを買うこともある。カレンはわたしがイーサフィヨルズルの自宅を訪ねたとき、そう話してくれた。「みんな仕事をほしがっていました。だから、わたしの悪口を言う男もいましたよ。自分を差し置いてわたしが仕事を手にしたので、怒っていたのです。わたしが漁をしているあいだも、その人は家でぶらぶらしているしかありませんでした。でも、わたしは腕がよかったし、船長に気に入られていたし、経験も豊富でしたから」。カレンはちょっと間を置いて、家の修理をしに来ている元乗組員仲間に次の修理場所を指示してから、話に戻った。「女性の場合、船長と顔見知りであれば、職を得ることができます。でも、知り合いでなければ、船長は男性を雇うでしょうね。わたしはラッキーでした。みんなに知られていたから、雇ってもらえたんです。職を手にした女性は、長く続けられますが、いったんやめてしまうと、ほかの女性が入ってくるのは難しいです。だから、数は減り続けるでしょう。女性たちは仕事に就く手立てがないのですから」。それは大事なポイントだ。要するに、未経験の新人が仕事に就けないと、結果的に経験のある女性がどんどん減っていき、ついには海の女がだれもいなくなってしまうのだ。

こんなことを言う女性も多かった。船を移るのは以前よりはるかに難しいし、現在の経済状況では、経験にかかわらずどんな女性でも、新たなポジションを得るチャンスはまずない。これは、ある女性の言葉だ。「漁師も船長も、あらゆるポジションをめぐって争っています。いまや、高学歴で経験豊富な漁師でさえ、海の仕事を見つけるのに苦労しているのです。なかには、外国まで行ってヨットの仕事をしている人もいます。男性漁師が仕事に就けないとなれば、当然ながら、女性漁師は海の仕事を夢見ることさえできません」

恐慌のあと、職を得るのがどれだけ大変だったか、女性たちは次から次へと語ってくれた。一九九〇年代後半、船長が苦労して乗組員を探していた時期とは大違いだ。ある女性は言う。「恐慌のあと、船に乗るのはほんとうに難しくなりました。恐慌前は、漁師がそろって投資家になりましたが、恐慌後は海に戻ってきたのです。別の女性はこう言う。「以前、職を探している人が一〇人だったとすると、それが四〇人になったのです」

ステインロイグは、恐慌のあいだに職探しをした経験を語っていた。「また連絡するから、と言われました。九月が過ぎ、経済危機が宣言されると、船に乗る手立てはなくなってしまったのです。祖父ほどの老齢男性が優先的に採用されました。大工もほかの職人も、みなが職を失いつつあるときに、わたしなど選択肢に入れてもらえず、見向きもされませんでした」。それでもステインロイグは諦めず、航海学校に戻って大型船船長に必要な資格をすべて取り、職を得た。

別の女性は、二〇〇八年以降に海の女たちが味わった経験を要約してくれた。「よくあることですが、金融危機が起きると女性は地域から押し出されて、男性は羽振りがよくなります。だから、なんとなく男が女を追い出したように思えるのですね」

コミュニティが変わり、暮らしが変わる

アイスランドで女性が海へ出るのを阻む要因はこのようにたくさんあるが、いちばんはコミュニティの付き合いや文化が変わったことだ。ビルナとともにさまざまなコミュニティの家庭を訪ねまわ

り、海の女たちから経験を聞いているうちに、彼女たちの暮らしについても耳にする機会が多くあった。それによると、この数十年でコミュニティも、人びとが世界を見る目も大きく変わったという。そのことは、わたしがアイスランドに来はじめてからのわずか数年間ですら感じられた。一九五〇年代から一九九〇年代後半まで海で働いていた女性たちは、若いころのことをよく口にしていた。ある女性はこう話した。「選択肢はふたつしかありませんでした。水産加工場で働くか、漁に出るか」。ほとんどの女性は一四歳になる前に働きはじめる。ある女性が顔をしかめて言ったように、それ以外の道といえば、きわめて若くして子どもを産むことだけ。「わたしが子どものころ、女性にはあまり選択肢がありませんでした。子どもを多く産めば家にいられるし、加工場で働かずにすみますから」

昔は道路が整備されていない――あるいは道路自体がない――せいで、人里離れた地方のコミュニティはとくに冬場、隣村にもレイキャヴィークにも行けずに孤立していた。夏場でも、村同士の行き来は危険な場合が多く、何時間もかかったし、首都までは何日もかかることさえあった。小さなコミュニティでは飛行場を備えるところも多かった。それがまともに行き来できる唯一の方法だからだ。けれども、天候が悪いと小型飛行機は飛べなくなるうえ、運賃も高い。その結果、地元から出かける現実的な手段は船で、それもたいがいは漁船なのである。海外に出かけることはほぼ考えられなかったが、ただこちらも漁船でなら行ける。このように限られた選択肢しかないなか、聡明な女性たちにしてみれば、漁は最良の選択だった。報酬がよく、冒険心を味わえるし、組織に属さずにすむし、旅行もできる。それに、地域社会で用意される狭い人生から逃れられるからだ。

ところが、その後ふたつの大きな変化が同時に起こった。ひとつは、人里離れたコミュニティからほかの場所へ通じる手段が急速に整ったこと。一九六〇年代から新しい道路や橋ができて村は少しずつ主要道路につながり、以前なら冬は通行できなかった山道や崖を回り込む道などが、山を貫通したり、フィヨルドを潜り込んだりしてトンネルを作ったことで道路に変わった。そのおかげで、地方の住人は以前よりずっとたやすく、必要なときに、あるいは行きたいときに、夏でも冬でも出かけられるようになった。また、若い女性が人生のチャンスを求めて広い世界に目を向けることも可能になった。

もうひとつの大きな変化は、水産加工場の所有権が変わるとともに、政治的状況や入国管理法も変わったため、東ヨーロッパを含むヨーロッパ各国同士の往来が以前よりずっと自由になったことだ。水産加工場で働く外国人は数十年前からいたものの、一九八〇年代になると、ポーランド人移民がおおぜい流入し、それまで地方のアイスランド人女性がほぼ独占していた加工作業の多くをこなすようになった。[24] その結果、地方の小さなコミュニティで育った若い女性は、水産業にあまり親しみを持たなくなる。ある女性はこう言った。「若い人たちはもう加工場で働かないから、魚が身近ではないし、職業として頭に浮かばないんです。以前は魚に関する仕事をしたがる人がいたのに、今はもうそんなふうに思わないんですね」

一九八〇年以降、コミュニティで起きたもうひとつの大きな変化は、児童労働法の制定により、以前は許されていた一〇代の若者による海や工場での労働が、ほぼ禁止されたことだ。[25] これは、児童労働や、子どもという概念や、子どもの遊びに関する考えかたが変わりつつあったことのあらわれだ。「以前よりみんなおとなしくなっています。家のなかで過ごすことが多くなったから。昔はいつも外で遊んでいたし、公園で遊ぶ子たちがたくさんいましたが、最近はほんの少しだけ。今じゃ、子どもを外に追い立てないといけないのです。親は昔より過保護になっていいます。わたしたちは防波堤の付近でよく遊んだけれど、最近は子どもの姿を見ません」

水産加工場の労働者が変わり、労働法が変わり、子どもの概念も変わった結果、思春期になったとき、漁を「してみたい」と思う女性はどんどん少なくなっている。漁が身近でなければ、憧れる人も減っていく。ある女性が話してくれた。最近の女の子は「作業に慣れていません。魚と一緒に育っていないし、包丁で魚を切ったこともないのです。親が過度に心配して、海までひとりで歩いていくことも許してもらえません。女の子たちは後退してしまったのです。変化はきわめて急でした。わたしが生まれたのは一九五七年で、妹は一九六五年ですが、妹はわたしのように働かなくてよかったのです。両親は妹を海にすら行かせませんでしたよ」

こうした変化が起きたことで、田舎の女性は漁以外にも道が開かれ、小さなコミュニティの外の世界を経験することが可能になった。「状況は昔とまったく違います」とシグルンは言った。「いい仕事に就きたいと考えるとき、漁はもはやまっさきに思い浮かぶ仕事ではないのです。でも、以前はそうだった。高い報酬を望むなら、漁しかありませんでした。最近は、村のなかでもそんなふうには考えません。若い人にとっては、海で五週間も六週間も過ごすより、ほかに楽しいことがたくさんあります。海に出ているあいだに逃してしまうことは多いですし。わくわくするような仕事ではないのです」。ある女性が漁をやめたのは、「警察学校に行くチャンスがあったから」だという。イーサフィヨルズルのカレンは、恐慌後の混乱にうんざりしてしまったせいもあるが、漁をやめたのは、ほかの夢を追いたいからでもあった。「このバー〈ランギ・マンギ〉を開きたいと思ったんです。それがやめた理由。やめたというより、ほかの可能性の扉を開いたということですね」

アイスランドでは、もはや生活のために漁をしている人は五パーセント以下で、漁の基点となる場所も統合された。そのため、地方ですら漁は日々の暮らしからどんどん切り離されてきたのだ。移動手段が整い、高等教育が行き渡り、地元を離れることも含めてほかの可能性も増えた。そのうえ、女性が漁の仕事をますます得にくくなっていることもあり、アイスランドの女性は漁を仕事として考えることさえ少なくなった。なによりも、漁はもはやコミュニティの暮らしに不可欠なものではなくなり、若い女性たちには海に出る同級生もいないし、父親もきょうだいも母親も漁をしない。そういう環境では、かつては憧れだった漁も、いまや「馴染みがない」あるいは「やりたくない」という感覚すら超えて、自分と関係がなさすぎて考えもしない、というのが実情だ。

それがよくわかったのは、グルンダルフィヨルズル沿岸のコミュニティで暮らす高校最終学年の生徒たち（みな一九歳くらい）二五人と話したときのことだ。そのうち、男子三人と女子ひとりの計四人は、家族で漁をしたことがあった。そして生徒全員が地元のコミュニティを愛しており、歳を取ったらここに戻ってきたいと口にした。けれども、家族が営む甲殻類の養殖業を今後も手伝っていく、という生徒ひとりを除く全員が、今はとにかく少しでも早くここを出たいと話していた。男子も女子も、漁を職業として選ぶ生徒はいなかった。

どこかほかの場所へ

その後も、わたしはさらに広い視野で考え続けていた。とりわけ女性が海から遠ざかっている最近の事情を思うと、さながらアイスランドの突風を受けたように打ちのめされる。海に出る人が少なくなった要因のひとつは、国じゅうが都会化していることだ。わたしは、アークレイリで講演した際、海で働く女性が口にした言葉を思い出した。アイスランドの人口も労働力も、田舎から都会へ移り続けている、というのだ。あまりにも劇的に人びとが移動するこの状況は、一九〇〇年のときと不気味なほど似ている。二〇世紀の始まりには、八八・一パーセントのアイスランド人がまだ地方の田舎に住んでいた。当時、多くの人たちが港に近いコミュニティに移りつつあった。そして第二次世界大戦後は、レイキャヴィーク近郊へ流れ込みはじめた。その結果、一九九八年には、アイスランド人の六六パーセントが首都圏に住むようになり、沿岸の小さなコミュニティに住む人は二〇パーセントほどで、田舎に住む人はわずか九・三パーセントになった。[26] しかも、これは二〇〇〇年代はじめに漁業権の大々的な統合が行なわれる前なのだ。

都会化は、二一世紀になってますます進み続けた。たとえば、二〇一三年には人口の七〇パーセントが首都圏に住んでいる。地域でクヴォウテイを所有する数少ない地方都市、たとえばアークレイリでも、人口は増えているものの、漁業コミュニティは減っている。二〇一三年には、西アイスランド全体で見ても、国の人口の五パーセントしか住んでいないし、そのうち半分以上がブレイザフィヨルズルから何マイルも南のアクラネスに集中している。巨大なフィヨルドの下に立派なトンネルができたため、アクラネスから車で四五分走ればレイキャヴィークに着くようになった。だから、いまやアクラネスはレイキャヴィークへの通勤圏なのだ。イーサフィヨルズルの漁業コミュニティをはじめとする西部フィヨルドには、人口のわずか二パーセントしか暮らしていない。[27]

人びとの住む場所が変わったことで、田舎のコミュニティは人口が減少し、地理的にも文化的にも隔絶され、社会や文化や政治の中心から遠ざかってしまった。つまり、この国の精神に影響を及ぼす考えかたや、政治や、地域政策が、いまやほぼ都会化しているのだ。同時に、いまや都会人となった大多数のアイスランド人は、田舎のコミュニティに対する知識も関心も失いつつある。家族経営の農場にまだ家族のだれかが残っているあいだは、都会に住む子どもたちが夏に農場を手伝うことも多かったが、最近では年配の農家もいなくなったため、このつながりさえ失われてしまった。ところが、そうなると今度は、都会のアイスランド人が田舎を見る目も変わってくる。第二次世界大戦後に都会へやってきた人たちの多くが、田舎での貧しい過去を忘れたがったのに対して、その後の世代は貧乏自体を知らないため、田舎のルーツを大事な遺産として見るようになったのだ。このところ、都会の人たちが、かつては一族の農場だった土地に「夏の別荘」を建てて大切にしている。とはいえ、そこに定住する人はほとんどいない。彼らにとって田舎は過去の遺産であって、現在ではないのだ。

都会への誘惑が強まるのは、田舎の沿岸コミュニティに公共サービスがなくなりつつあるからだ。それには二つの理由がある。ひとつは政府の集中化政策によって、公共サービスが統合されたこと。もうひとつは、地方のビジネスが、とくに漁業権を失った地元のコミュニティでは、顧客を引きとめておけなくなったこと。「当時、グルンダルフィヨルズルにはすべてがありました」ある女性がそう教えてくれた。「でも、都市とこの沿岸コミュニティとの差は以前よりも開いています。公共サービスが減っているから。イーサフィヨルズルや周辺のコミュニティを見ればわかりますが、公共医療サービスがなくなりつつあります。中央政府が地元から手を引いてしまったんです[28]」

地方で暮らす海の女たちは、都市を重んじる中央政府のやりかたを破壊的だと感じている。なぜなら、レイキャヴィークの政治は利己的で、地方のコミュニティの生存そのものを脅かしているからだ。都会的な生活は、海の女たちが大切にし望んでいるものとは異なる。ある女性が口にした言葉は、アイスランドじゅうの田舎でわたしが話を聞いた女性たちの声に重なるものだ。「男も女も、昔のほうがずっと強かったと思います。今は弱い。レイキャヴィークの男たちは、敗者になれと教えられているのです。タイヤがパンクすると、112（緊急援助サービス）に電話するのですから」彼女は笑って付け加えた。「まあそんなものかもしれませんが。女性たちの関心はとても狭くて、どうでもいいようなことばかり。みんなが同じことに興味を持つのです。レイキャヴィークから来る人は、自分がなにを基盤に生きているのか知らないし、環境のバランスを崩しても気にならない。食べ物を育む場所とつながりを持つことがどれほど大事か、理解していないのです」

国民の大多数、つまりレイキャヴィーク周辺で暮らす人びとは、当たり前だが、わたしが話を聞いた海の女たちとは考えかたがまったく違う。現在でも、漁は報酬がいいので重用されているが、もはや昔のように敬意を持たれる職業ではなくなった。そして、都会人たちはますます漁という現実から遠ざかり、漁や漁師の暮らしを憧れとして、あるいは非現実的なものとして捉えるようになった。漁は現在のかっこいい職業というよりも、アイスランドの伝統として、昔話に近いものとして見られがちなのだ。そのことは、アイスランドを描写しているとされる写真集からも、そして近年おびただしい観光客向けの画像からも見てとれる。

漁師の暮らしを憧れとして、別世界のものとして捉える見かたは、最近のあるアイスランド映画にもあらわれている。この映画は、実話をもとに、ほぼトロール漁船上の出来事だけを描いたものだ。レイキャヴィークで封切られた際、わたしもたまたま観たのだが、そのときの反応や、レイキャヴィークでのレビューからは、この映画が都会の住人に好感を与えたことがわかる。ところが、わたしが会ったアイスランド人で、ほんものの漁に携わっている人たちは、この映画を嫌っていた。映画には乗組員としてひとりの女性が登場する。彼女にはモデルがいて、実際すぐれた甲板員として評判が高かったようだ。しかし、映画のなかでは新人の域を出ていない。そして、男たちにも明るい光は当てられておらず、乱暴で無愛想で、情緒障害を抱えた人間として描かれている。なによりも、わたしが会った船乗りたちを苛立たせたのは、映画制作者たちだ。漁師の姿を描いていながら、漁のことをほとんど知らないように思えたからだ。

かつては、よい暮らしへの夢であった漁が遠い存在になっていくにつれ、アイスランド人女性の望ましい役割やイメージも変わってきた。ふたりのアイスランド人女性がミスワールドで優勝した一九八〇年代後半以降、アイスランド人女性の理想像は、主婦や母親から性的魅力のある女性に変わった。[29] 海で働く男まさりの女性も、主婦に負けず劣らずこの理想像にはそぐわない。アイスランドのフェミニズム研究者たちは、二一世紀のこの流行に、一九二〇〜三〇年代と似たフェミニズムへの反動を見てとった。[30] 当時も、海で働く女性たちにきびしい目が向けられていたからだ。二〇〇〇年代はじめにも、アイスランドでは男らしさが注目を浴びた。男性銀行員たちは「ビジネス・バイキング」(多くはクヴォウティ所有者とつながりがあった)としてヨーロッパやほかの国々に「侵出」し、投資取引を続けてきた。[31] 勇ましい企業家のイメージは、二〇〇八年の経済危機で著しい打撃を受けたものの、性差を強調する雰囲気は、女性たちにもその人生の選択にも影響を与えずにはいなかった。

わかってきたのはこういうことだ。いまや若い女性の多くが都心やその近郊で育ち、漁業の知識もないため、彼女たちにとって漁師という職業は過去の暮らしの遺物であって、一匹狼的な心躍る仕事ではない。そして、田舎の女性でさえ、漁の多くがもはや地元では行なわれていないため馴染みがないし、漁の仕事を得るのは昔よりはるかに難しく、仕事を得られたとしても、おそらくは見知らぬ他人と、海で長期間働くことになる。そのうえ、女性たちは強さや自立よりも、女性らしさや性的魅力を強調しようとしている。フェミニズム運動への反動である。アイスランドは今でも漁業国を名乗っているものの、海に対する国民の知識も、海や漁とのつながりも、遠い地平線へとますます後退しつつある。水産政策、国際経済、社会の変化、人口動態の変動など多くの要因も漁業人口の減少に関わっている。こうした変化は個人レベルよりもはるかに大きく、その結果、なんとしても漁を仕事にしたいと思う女性はどんどん減っているように思える。以上のことを踏まえると、アイスランドの女性が海で働きたいと思うだけでもすごいことだ。

新たな生き残りの道を探して

スナイフェルスネス半島の南側に位置するアルナルスタピで、わたしは小さな港を見下ろす断崖に立っていた。アルナルスタピは漁村というにも小さすぎるほどで、家々が集まっているだけなのだが、今では絶景目当ての観光客用宿泊施設も数軒ある。春には、断崖に渡り鳥のフルマカモメやウミバトやウやツノメドリがやってきて、今わたしの眼下にいる人びとと同じように、ここから魚を狙うのだ。眼下の港は少々混み合っていて、港に収まりきれないほどたくさん停泊している。どれも沿岸での糸釣りやジグ漁（strandveiði）用の船で、こうした漁は数年前に始まった。クヴォウティ制度とは関係なく、独自の免許があればできるようになったのだ。この免許があれば、ほぼすべてが可能となる。というのも、政府が小規模漁業者のため新たに許可したもので、とくに小型船船主への夏場の漁獲割り当てを目的としているからだ。ただし、これは糸釣りとジグ漁に限られている。クヴォウティの漁業権は糸釣りやジグ漁の漁師に売ることはできるが、その逆は許可されない。そういう方法で、糸釣りやジグ漁のための漁業権の総量を守っているのだ。また、糸釣りやジグ漁のなかでも船主が操業する船に限定され、船長は船を一隻しか持てない。[32] 漁獲量には制限があり、船が契約する地域ごとに総割当量が決められる。船はその総量に達するまで漁ができる。それは、西アイスランドのこの地域の場合、夏場のひと月のおよそ四日間にあたる。その結果、小さな港にかなり多くの人たちが集まってきて、近場にいる回遊魚を短時間で釣り、終わると帰っていくのだ。

漁獲量としてはじゅうぶんではないものの、これが小規模漁業者に許される割当量なのだ。その収入だけでは暮らせないが、冬場の収入を補えるのはたしかだし、漁をしたい人の希望をかなえることもできる。ただ、そのせいで、これまで商業的漁業には不向きのため下落していた小型船の価格が、急上昇した。大企業はこの状況を嫌い、これを「趣味の魚釣り」と呼ぶ大手水産会社もあった。しかし、時間的にも収入面でももの足りないにしろ、何人かの女性が言っていたように、「港に活気が戻ってきた」ことはたしかだ。漁業権を失ってしまったコミュニティにとってはなおさらである。

おかげで、女性たちもまた、限られた漁獲量のなかではあるが、海で働けるようになってきたようだ。人びとは家族や少人数のグループでジグ漁を行なう。協力して魚を釣る夫婦もいれば、共有の船を買うつもりだと教えてくれたきょうだいもいる。そして、少なくとも、西アイスランドでは、ひとりで漁をする女性も何人かいる。ジグ漁の船長に必要なのは、沿岸用の「肝っ玉テスト」に合格していること。多くの女性や男性が、その資格を取ろうとしている。

わたしは夏の太陽を浴びて漁の光景を眺めているうちに、はっとした。これはいわば現代の遠隔基地ではないか。ここアルナルスタピは、かつて人びとに愛されたドリトヴィークの遠隔基地から入江いくつぶんかしか離れていない。遠隔基地と同じように、こうした漁では、特定の地域に機会が与えられ、人びとは一定期間だけやってきて、泊まれるところに泊まる。もちろん、現代では宿泊施設やサマーハウスや友人宅があって、ありがたいことに洞穴で寝泊まりする必要はないが、それでもどこか似ていて笑ってしまう。漁業権や大型船のせいで女性が締め出されてきたことを考えると、これは——少なくとも政府がこの政策を続けるかぎり——希望の光だ。

とはいえ、沿岸漁が遠隔基地の漁に似ているのと同じように、クヴォウティの漁業権制度も古い時代のやりかたに似ている。かつて、ごくわずかな地主だけが海に出る権利を持ち、漁を管理下に置いていたのだから。現在も、わずかな業者だけがこの種の管理を担っている。ただし、こちらの場合は直接海へ出て、魚を獲る権利を主張する。そのふたつに違いは多いものの、不平等であることにはまったく変わりがない。

ただ、沿岸漁そのものを見ると、ここにも希望の光が感じられる。アイスランドでは、二〇一一年から二〇トン未満の小型船も登録を義務づけられるようになった。ヘルガとともに調べたかぎり、二〇一一年にはおよそ一〇〇人の女性が沿岸用の小さな家族船で漁をしているとみられる。この数は驚くにはあたらないだろうし、おそらく何世紀にもわたって女性たちが沿岸漁に参加してきたことのあらわれでもある。(33)

沿岸漁のことでもうひとつ重要なのは、ヴァリーやフラーテイ島のフロンなどが行なっていたダンゴウオ漁だ。これもほとんどが西アイスランドの漁で、クヴォウティ制度の外側にある。(34) 小型船でタラなどを釣る沿岸の延縄漁は相変わらず漁獲量を制限され、クヴォウティが必要である。いっぽう東アイスランドでは、女性が漁をするのは家族や農場単位で、漁をする女性は村にひとりかふたりだけだ。あるいは、フルダと夫シッギのような年配カップルは、金銭目的でなく海への愛で漁に出ている。とはいえ、今も女性を含む小規模漁業者が多く操業している地域は、ほとんどが西部だ。西アイスランドで現在漁をしている家族は、何世代にもわたって漁や農業をしてきたため、その仕事を一族の伝統やアイデンティティに不可欠なものとみなしている。ブレイザフィヨルズル地方で海の仕事をしている女性がこう言っていた。「この地域は、ほかの土地とは違うのです。わたしの曾祖父母は島に住んでいました。そこでは、だれもがしょっちゅう海に出ていたのですよ。わたしたちも卵やケワタガモの羽毛を採りにいっていました。家族にとって、海に出るのは日常の一部なのです」。別の女性も言っていた。「ここの人たちは海で働く女性を受け容れやすいかもしれません。だって慣れていますから」

二〇一三年には、日帰り漁の一七パーセントがこうした沿岸漁になり、クヴォウティ制度のために漁業権を失った地域に活気が戻りつつある。同じ年、西部フィヨルドは沿岸用小型船の数が三七八隻ともっとも多く、次が北アイスランドで、三番目が西アイスランドで三一七隻。大きな水産業者がすでによそへ行ってしまったため、小型船は獲れた魚の多くを地元に持ち帰る責任がある。また、小型船は新鮮な魚の切り身を供給する大事な役目も負うようになった。これは「アイスランドから輸出されるきわめて貴重なシーフード[35]」なのだ。こうした船は女性が働き続けている船でもある。

このように、小さいながらも重要な政策が決定したことにより、沿岸漁の自営漁業者が増えてきた。これは、クヴォウティ制度やその社会的、経済的、文化的影響をめぐって、国内のさまざまな方面から抵抗や懸念が続いたからでもある。グズルン・パウルスドッティルは漁をする家族とともに、西部フィヨルドのイーサフィヨルズスルに近いフラーテイリという小さな漁村で暮らしている。フラーテイリは、数年前にクヴォウティの漁業権を失ったことで大打撃を受け、それ以来、生き残りのために闘ってきた。グズルンは夫や子どもたちと沿岸漁をしている。この村にとって、沿岸漁は生命線になった。グズルン一家は魚を干物にし、わずかなクヴォウティの漁業権を購入して漁を手がけ、その一部はローンで返済している。グズルンも若いころは漁をしていたが、現在は夫とともに陸で働き、その間、息子と娘は海に出ている。最近、グズルンは「胸をはって伝統を守る」という文章を書き、そのなかでこう記している。「わたしたちが小規模漁業を選んだのは、ほかより確実だと思ったからだ。結局、このほうが自由で、環境に適しているのもたしかで……フラーテイリを含む西部フィヨルドのほぼ全域で、漁と水産加工は地域社会の背骨である。漁師たちは文化の大事な担い手で、それは食料という意味だけでなく生活面でもそうなのである」そして少しばかり懸念と不満を込めてこう結んでいる。「わたしたちは年に三か月しか漁ができないのだが、政府はそれをさらに短縮しようとしている。なぜなら、大企業はすべてを独占したがり、政府も追随しているからだ[36]」

グズルンがこの記事を書いたのは、自分の家族のためだけでなく、沿岸漁を行なうほかの家族のためでもある。彼らは不安定な立場にありながら、なんとか漁で生計を立てようとしている。沿岸漁船の船長ヴァルディスの父親は、自身も船長なのだが――この家族も、クヴォウティ制度のもとで生き残ろうとする西アイスランドの漁業一家だ――彼はこう言っている。「自然にはさんざん怖い目に遭わされているのに、そのうえ政府にまでとは勘弁してほしい」

わたしは、一九〇〇年以降のことをふたたび思い出していた。とくに西アイスランドにおいて、女性が小型船で漁を続けていた時代だ。彼女たちは当時の新しい商業的漁業の外側で働きながらもなんとか生き残り、小規模漁業を支えていた。もしかしたら、この細いながらもきわめて強い糸のような沿岸漁は、女性がふたたび生き残る手立てであり、いつか新型船が女性に道を開くまで待機する場なのかもしれない。そのときが来れば、きっと女性たちはうまくそこへ入り込んでいくはずだ。

木を植える

「さあ、行くわよ」とインガ・ファニーが言った。「あの土地を見せたいの。ブーツは持ってきた？」わたしが頷く。「よし」

インガ・ファニーのジープで出発した。しかし、目指したのは街の外ではなく、レイキャヴィーク港だ。問いかけるようなわたしの視線に、彼女はにこりと笑った。「わたしの船を見たいだろうと思って」。以前から推測していたとおり、インガ・ファニーは航海学校の講師をすでにやめ、ふたたび海の仕事をしていた。今では、ヨーロッパ大陸北部とアイスランドとの貿易を手がけるコンテナ船の航海士だ。コンテナ船は漁船より快適だし、今ではこちらのほうが好きだという。「漁はあとから身体にこたえるの。あれは若いときにやるものね」

埠頭に着き、彼女が電話を入れると、警備がやってきた。わたしたちは小型の輸送車に乗せられ、いくつもの警備用ゲートを通過して船にたどり着いた。「これよ」。船は巨大だった。インガ・ファニーは板とロープの不安定なタラップを駆け上がっていく。おそらく、寝ながらでも駆け上がれるだろう。

船内を見て回ると、いろいろなことがわかった。乗組員には個人用キャビンがあり、すべて海面よりずっと上で、大きな窓もついている。航海士用のキャビンに入っていくと、そこは広々していて、デスクにはパソコンがあり、小部屋にはダブルベッドと読書灯。その横は居間になっていて、薄型テレビと心地よさそうなソファ、その向かいに大きな窓がある。「かなり贅沢なのね」

インガ・ファニーが小首を傾げた。「ええ、まあね」

食堂には、この船の乗組員一三人ぶんよりはるかに多い椅子が置いてある。広くて日当たりのいい空間はカフェテリア形式になっていて、両側は窓。脇には乗組員用の快適そうな居間があって、カウチとテーブルが置かれていた。そのあと、わたしたちはブリッジに上がった。ここはとてつもなく広い。まるで宇宙船エンタープライズ〔訳注・アメリカのテレビ番組「スタートレック」に登場する宇宙船〕の内部みたいだが、こちらのほうが広くて近代的だ。コンピュータがいくつも並んでいるものの、船長席や操縦桿や操舵輪は見当たらない。

「操縦はどうするの?」

インガ・ファニーがにこりと笑い、わたしたちは制御装置のほうへ歩いていった。「これよ」と彼女が軽く叩いた制御盤にわたしは目をやった。「船の航路はほとんどコンピュータで制御しているの。でも、わたしは舵を取るのが好きだから手動でもやるのよ」。わたしたちは各種のコンピュータの前を通っていった。ひとつは船の航路を示すGPS、もうひとつは水深を測る装置、別のコンピュータは船の電気系統やビルジ〔訳注・船底の汚水〕、保管庫、エンジン、貨物のデータベースを管理するためのものだ。わたしは感嘆しながら見回した。

「これを全部管理しているのはだれ?」

「わたしよ。あとはもうひとりの航海士。六時間シフトの交代制なの」

「じゃあ、海の知識のほかにも、今はコンピュータの専門知識が必要ね」

インガ・ファニーは笑った。「そうね、コンピュータシステムについてはたしかに知っていないと」

わたしは六時間交替の勤務について尋ねてみた。もし眠ってしまったらどうなるのか。彼女はこちらに目を向けた。「わたしは女よ、マーガレット。子どももいるの。不規則な睡眠には慣れているから、われわれ女性にはたやすいわ」。そして、ブリッジには装置があって、もし勤務中の航海士にまったく動きがなかったら、居眠りの場合を警戒し、船長のキャビンでアラームが鳴るようになっていると教えてくれた。船はスケジュールにもとづいて運行されており、ヨーロッパのさまざまな港へ行ってはまた帰ってくる。乗組員は二週間勤務して二週間休みの交代制だという。「最初、乗組員は金銭面で文句を言っていたけど、今はだれも長く働きたがらないわ。陸での生活のほうに重きを置いているから。それは、女性も含めてだれにとってもいいことだと思う」。最近は、男性も女性も育児休暇を取るという。「わたしが息子を産んだときは、そんなものはなかったけどね」

「今は漁船でも同じように、乗組員は交替勤務なの」とインガ・ファニー。「最初はみんな嫌がっていたけれど、今では気に入っている。家で過ごせる時間が増えたから。わたしはいい方法だと思うわ」。最近、漁船はどれくらいの日数、海に出ているのか訊いてみた。「そうね、今は冷凍よりも鮮魚のほうに価値があるから、市場としては船をなるべく早く戻らせようとしているの。女性にとってはいいことよ」。わたしは微笑んだ。それはよかった。そうした変化を、女性が実際に享受できるようになってほしいと思う。

わたしはインガ・ファニーに、長年海で働いてきて、なぜ船長の職に就かなかったのかと尋ねた。

そのほうが報酬はいいはずだ。「退屈だからよ。近ごろじゃ、船長の仕事は安全管理だけ」。だから、ほとんどの時間はキャビンでパソコンに向かっているという。「わたしは舵を取るのが好きなの。その仕事は今ではほとんど航海士がしている。もちろんコンピュータもね」

わたしは船を見回した。これはなかなかいい仕事だし、わたしには向いていたかもしれない。何年も前にオーストラリアで海洋調査船に乗ったが、結局、海の仕事は続けなかった。もし続けていたら、きっとインガ・ファニーたちと同じように、もっと教育を受けてよりよいポジションを目指していたに違いない。おそらく、航海学校に通って船長の訓練を受けていただろう。ほんの小さな出来事によって、人生は簡単に変わってしまう。もし違う道を行っていれば……と周囲を見回しながら考える。こういう人生も悪くなかったはずだ。

そういえばステインロイグも今、おそらくこれと似たような船で航海士として働いているし、ヴェストマン諸島のフェリーを操縦している女性もいる。ほかにも、わたしがこれまで会ったり人から聞いたりした女性たちは現在、ホエールウォッチング船やブームの観光船で船長や乗組員として働いている。ラウラ・フロンは「観光船の仕事は好きですよ」と言っていた。毎日、家に帰って家族と一緒に過ごせるからだ。わたしは、航海学校に行く女性が増えている意味を考えてみた。アイスランドでは今後、男性も女性も、乗組員として漁をする人たちが増えていくとはとても思えない。しかし少なくともこうした女性たちは海で働こうとしており、そこには希望がある。ひそかな予感ではあるが、たとえ逆境にあっても、遠からず女性たちが新たな役割を果たしていくのではないだろうか。

「あなた、ぼんやりしていたわね」とインガ・ファニー。わたしは考えごとをやめ、凪いだ海から視線を戻した。「さあ、船を下りましょう」

わたしたちは、南岸沿いに一時間走ってから、砂利道へと入り、それはやがてでこぼこ道になった。インガ・ファニーはいとも簡単にハンドルを操る。大きく猛々しい川のほとりに、三角屋根の小さな別荘が一軒建っていた。「ここは何世代も前からわたしたち家族の土地だったの」。キャビンの周囲には二〇フィートほどの高さの樹木が並んでいる。アイスランドでこういう木を見ると、少し場違いな感じがする。「ずっと前に叔父が植えたものよ。わかると思うけど、ここでは木が育つのに長い時間がかかるの。木は風を防いでくれるのよ」。実際、小さな別荘は風から守られ、静かに建っている。わたしはもはや風に慣れてしまっていたので、静まるまで風のことを忘れていたほどだ。

わたしたちは破砕溶岩とまだらな芝土を踏んで川のほうへ向かった。「叔父はよくここでサケを釣っていたの」。険しい土手のてっぺんに立って、激しく流れる川を見下ろす。こんなところからどうやって川まで下りていくのだろう。もしかしたら、上流の土手にはもっと傾斜の緩い箇所があるのかもしれない。車に戻ると、インガ・ファニーがジープの後部座席から、苗木の植えられた木箱と、球根の入った袋を取り出した。わたしがラッパズイセンの球根を手渡し、インガ・ファニーが植えていく。この手つかずの風景に外国の植物を共存させてよいかどうか少し議論になったが、春になって黄色いラッパズイセンが咲けば、それを見た人は喜ぶだろうと話し合った。

それから、インガ・ファニーに促されて、木箱の苗木をひとつずつ手渡していく。「わたしは木が大好き」とインガ・ファニー。「今までにもずいぶん植えたのよ。ほらあそこ」と彼女は周囲の土地を手で示した。わたしは目を細めて見た。大木の生い茂る太平洋岸北西部から来た人間には、最初、木がまったく目に入らなかったのだ。けれどもやがて、岩や苔に囲まれてほとんど見えないながらも、たしかに木の姿があらわれてきた。

「ちょっと小さめなのね」と言葉を選ぶ。

インガ・ファニーは笑った。「ここはアイスランドよ。五年のあいだ、木はじっとしてこの先も生きるかどうかを決めるの。だから五年後には、成長しているかやめているか、どちらかね」。彼女は次の苗木を受け取り、苔むした土を少し掘ってそのくぼみに置いた。そしてまわりに土を押し込んでいく。わたしにも、あちこちに小さな木々が見えるようになってきた。そのほとんどは、生きると決めているように見える。

インガ・ファニーがわたしから苗木を受け取った。「みんな逆境のなかで生きているの」。彼女が木のことだけを言っているのではないとわたしにはわかった。「わたしたちはそうやって生きていくのよ」

訳者あとがき

アイスランドというと、どんなイメージが浮かぶだろう。北極に近い最果ての地、海に囲まれた小さな島国、ときおり噴火する火山、オーロラ、火星を思わせる荒涼とした大地、そして国名から感じられる「氷に覆われた寒い国」といったところではないだろうか。いっぽうで、近年ではツーリズムに力を入れている観光立国であり、北欧の他の国と同じくジェンダー平等が進んだ国、あるいは、電力を自然エネルギーでまかなっている国としても知られるようになってきた。うらやましいことに、エネルギーの七割は水力発電、三割は地熱発電でまかなわれ、火力発電所も原子力発電所もないらしい。もっとうらやましいことに、首相はまだ四〇代の女性である。

訳者のわたしも、アイスランドについては、いつか行ってみたい国のひとつではありながら、漠然としたイメージしか持っていなかった。だから、なんとか少しでもほんとうの姿を知りたくて、まずは椎名誠の『アイスランド——絶景と幸福の国へ』（小学館文庫）を読んで予習した。そして、訳しながら地名が出てくるたびに、どのあたりだろうと地図を見て確認し、渓谷や半島の名前が出てくると、インターネットでそれらしき画像を探し出してその雰囲気を頭に入れてから訳文を考えるようにした。

そうして、わたしは訳しながら著者と一緒にアイスランドを旅した。フェリーで荒波に揉まれて小島に渡り、ときには入江から海を眺めて、はるか昔に船を漕ぎ出した海の女たちを思った。ガタガタ道を車に揺られつつ、アイスランドのほうぼうを訪ねまわる旅にも同行することになった。まるで著者とともに冒険に乗り出したような気分だった。

著者のマーガレット・ウィルソンはアメリカ人の人類学者である。本書の発端は一九九九年、アイスランドの友人から遊びにこないかと誘われたこと。国をあちこち見てまわっているうち、著者は偶然、一八～一九世紀にスリーズルという有名な女性船長がいたことを知る。それならば、ほかにも女性漁師はいたのだろうか。しかし、だれに聞いてみても、女性の漁師などいないし聞いたこともない、という答えばかりが返ってくる。なぜだろう。著者はがぜん興味を引かれ、さまざまな人の力を借りながら史料を調べていった。

すると、思いもかけない事実が次々と明らかになっていく。かつてこの国に女性漁師たちがおおぜいいたこと、力が強く、男に負けずに働いていたこと、船長として活躍した女性もいたこと、報酬は男女平等だったこと……。それなのに、いつからか彼女たちは「目に見えない存在」になってしまった。なぜなのか。その謎を探っていく過程が本書のストーリーである。かつてあれほど賑わいを見せていた地方の漁村から人がいなくなったのはなぜなのか、彼らはいったいどこへ行ってしまったのか。そして海の女はどうなったのか。アイスランドの漁はどう変わったのか。まるでミステリー小説のように、謎が少しずつ解明されていく。

それを明かしてくれるのは、過去の史料と、そして本書の中核をなす海の女たちの「なまの声」である。わたしは訳しながら、「聞き書き」から伝わってくる臨場感とパワーをひしひしと感じた。著者はアイスランドのすみずみまで出かけていって海の女たちに会い、彼女たちの率直な声をたんねんに聞いていく。

著者がこれほど思い入れを持って海の女たちから話を聞けたのは、彼女自身、若いころにオーストラリアで漁をしていたことがあったからだ。ちょっとした行き違いさえなければ、もしかしたら研究者ではなく漁師になっていたかもしれない。それほど漁が好きだったという。だからこそ海で働く人たちの気持ちがわかるのだ。

過去の史料を調べて著者が知ったのは、女性たちが奴隷のような身分で働かざるをえなかったことや、食料が乏しく飢餓に近い状態だったことなど、きわめて厳しい環境である。いっぽうで、海の女たちの魔力的な力や、天気を読む能力、アザラシ狩りの技術などを褒めたたえる記述も多く残っており、彼女たちが海で活躍していたこともよくわかる。しかし、産業が発展して船の構造が変わり、あるいは女性への見かたが変わっていくにつれ、「男は外」「女は内」という役割分担がはっきりしてきて、船に乗る女性は少なくなっていった。要するに、海の女の歴史は社会の映し鏡でもあったのだ。

インタビューに応じた女性たちのなかには、祖先や家族も漁師で、「自分には海の女の血が流れている」と語る人が多かった。漁業権によって漁を制限されるなど、時代の変化を経験しながらも、彼女たちは海に出ることをやめようとしない。それは、抗いがたい「海からの呼び声」があるからだという。たとえ命の危険があってもなお、その魅力に逆らうことはできないというのだ。

興味深いのは、女性たちへのインタビューのなかに本音があらわれるところである。たとえば、はじめて船の仕事に就くまでのいきさつは、どのケースもひたむきで心に沁みる。船乗りとなる女性の多くは幼いころから家族とともに海に出ていたのだが、それでもいざ船で働こうとすると周囲から反対されたり、ほかの船員から嫌がられたりして、さまざまな壁に阻まれる。それをどうやって突破し、とにかく船に「乗り込んだ」のか。そこには涙ぐましい努力と工夫があった。

また、船上での生活も、経験者の言葉となると興味深いことこのうえない。船酔いにはどう対処したのか。船に女性がひとりしかおらず、女性トイレもないときはどうするのか。男性甲板員から言い寄られたらどう切り返すのか。ポルノビデオを見せられたらどう反応するのか。切実でありながら、思わず笑ってしまう「あるある」のエピソードがもりだくさんだ。女性たちは毅然と、したたかに、しかもユーモアを失わない態度で男性に混じって働く。アシスタントではなく、あくまで対等な乗組員として。

漁師として長く働いてきたある女性の言葉が、海の魅力をうまく言いあらわしていて印象に残った。「漁が好きなんです。へとへとになって、汚れて、血まみれになって、ばたんきゅう。実に気持ちがいい。漁は三位一体です。人間と神と自然との。天国なんて嘘だと思います。獲れた魚を船に積んで帰るときの気分は、なんともいえません。大事なのはお金ではなく、なにか別のものなのです。フィヨルドがきらめき、太陽が昇ると、ものすごく大きな贈り物をもらった気分になります。そういうときに、天国はここだとわかるんです」

本書を訳しながら、わたしも著者と同じように海の女たちに魅了され、そしてすっかり「アイスランドに恋して」しまった。そのような機会を与えてくださった青土社の永井愛さんに感謝している。

研究者である松本涼さんには、訳文をていねいにチェックしていただき、心からお礼を申し上げたい。アイスランド語の表記はもちろんのこと、専門用語の訳しかたについても相談に乗っていただいた。本書の完成にあたって松本さんが果たしてくださった役割は非常に大きいことを記しておきたい。

本書はアイスランドの女性漁師たちの歴史やジェンダー論という学術的な面もありながら、海の女へのインタビューの部分が大きいことから、一般読者にも楽しんでもらえるはずだ。読者が新たなアイスランドと出会ってくだされればさいわいである。

二〇二二年九月

向井和美

解説——極北の島と「海の女」

松本 涼

北大西洋の果てに浮かぶアイスランドでは船は身近な移動手段であり、漁は長きにわたって島民の生活を支える大事な生業だった。二一世紀の今でも漁業は国を支える産業のひとつであり、海外輸出額の二〇%前後を海産物が占めている。しかし、そのようなアイスランドにおいても海や船はまず男の世界とイメージされ、女性と海との関わりについてはほとんど知られていなかった。本書はその隠された「海の女」、すなわち女性の漁師や船乗りの歴史に光を当てたものである。

著者マーガレット・ウィルソンはアメリカ出身の人類学者であり、現在はワシントン大学で人類学科・スカンディナヴィア学科の兼任准教授を務めるかたわら、アイスランド北部アークレイリにあるステファンソン北極研究所の連携研究員にも名を連ねている。元からアイスランドや極北地域をフィールドとしていたわけではなく、本書以前にはブラジルの貧困に関する調査を出版している。[1] 彼女はたまたまアイスランドの友人を訪ねた際に西南部の漁村ストックセイリに立ち寄り、スリーズル船長（Þuríður formaður Einarsdóttir, 1777-1863）のことを知る。スリーズルは優れた船長として漁船を指揮し、地元では有名な女性だった。ウィルソン自身も漁船で甲板員として働いた経験があったことから女性の船乗りというテーマに興味をもち、アイスランド中をめぐる五年以上の調査研究を経て世に出されたのが本書である。

アイスランドにおいて、一九九八年から二〇一一年の間に自身のフルタイムの職を漁業と答えた女性の数は約二〇〇から九〇〇人の間で推移しており、商業的漁業に従事する人口の六〜一三%を占める。[2] ヨーロッパの漁業依存国における一九九〇年代の平均が三・一%[3]ということを考えると、現代でもアイスランドには女性の漁師が多いといえる。本書が明らかにするように、一九世紀以前にはもっと多かった。それにもかかわらず、女性の漁師・船乗りの存在は現在、スリーズル船長以外はほとんど知られていない。世界経済フォーラムによるジェンダーギャップ指数で一〇年以上連続首位を保つジェンダー平等先進国であり、漁業も盛んなこの国で、なぜ彼女たちの歴史は語られないのか。この疑問を出発点として、著者の「海の女」を探し出す旅が始まる。ちなみに書名ともなっているseawomenという言葉について直接の説明はないが、ソウルン・マグヌスドッティルらの先行研究が用いているアイスランド語 sjókonur（文字どおりには「海の女」）を著者が訳した造語のようだ。

本書はアイスランドの歴史の始まりから現代までの海の女の歴史をたどるため、調査に用いられた資料も多岐にわたる。主に前近代については文献調査、二〇世紀以降についてはインタビューの比重が大きい。文献調査は中世に書かれた『植民の書』や歴史物語サガに始まり、近世の行政文書や裁判記録、海難事故の記録、住民の日記や外国人が残した旅行記、近代以降については新聞などが対象となる。インタビューは一九四〇年代から二〇一三年までに海で働いたことのある一五〇人以上のアイスランド人女性や、女性を雇った経験をもつ男性の船長や船員に対して行われた。本書は学術研究の成果であると同時に、彼ら・彼女らの生きた声や著者自身の体験談もふんだんに含み、読み物としてもおもしろい。

第1章・第2章では、近世までの漁業を取り巻く環境が考察の対象となる。アイスランドは八七〇～九三〇年頃に、主にノルウェーから北大西洋に向かった船乗りたち（いわゆるヴァイキング）が無人島に住み着いたことによって始まった社会である。一〇〇〇年頃にはキリスト教に改宗し、全島集会を中心とした自治的な社会を形成するが、一二六二～六四年には故地ノルウェーの王の支配を受け入れる。その後、一三八〇年にはノルウェー＝デンマーク同君連合によって実質的にデンマーク王の支配下に入り、デンマークによる支配は一九一八年の自治権獲得、一九四四年の完全独立まで続くことになる。本書ではとくにデンマーク統治下の近世において、漁業が生存のために重要性を増した様子が描き出される。

アイスランド近世の特徴は、何よりも環境の厳しさにある。アイスランドは島の北端が北極圏に接する割には暖かく、沿岸部なら冬でも平均気温は〇℃前後にとどまる。これは暖流であるメキシコ湾流（北大西洋海流）が近海を流れているおかげで、内陸部に行くほど氷河も多く気温も下がる。中世温暖期と呼ばれる九～一三世紀には南部で大麦の栽培も可能だったと考えられているが、とくに一七〇〇年代以降には気候の寒冷化とそれにともなう飢饉に加え、一七〇七～八年の天然痘の流行で人口の四分の一が亡くなり、さらには一七八三年のラーキ火山の噴火によって数年間も続く飢饉に見舞われる。加えて一七世紀に始まったデンマーク王による独占貿易政策（一六〇二～一七八六年）によって、アイスランド人との商取引は原則としてコペンハーゲン商人のみに限定されていた。著者はこのような自然環境の変化と人為的な政策がアイスランド内で労働人口と物資の不足を招いたため、男女を問わず農場労働者は漁に出て食料を獲得するのが「ふつう」だったと考える。本書が発掘した豊富な証言が示すように、一八・一九世紀には海に出る女性は珍しくなく、とくに漁業に適した西部、南部では多くの女性が男性とともに（ときには女性だけで）漁に出て、船長として船を指揮することもあった。しかしその歴史は現在、ほとんど語られることがない。それはなぜか。

その答えは、第3章以下で徐々に解き明かされていく。一九世紀以降の漁業の近代化やナショナリズム・独立運動の進展がどのように女性の役割や海の女のイメージを変えていったか、二〇世紀の都市化やフェミニズムとはどう関係するのか、さらに一九八〇年代以降に導入された漁獲制限政策が女性のみならずアイスランドの漁業にどれだけ深刻な影響を与えたかなど、興味深い問いがいくつも俎上に上がる。読者はぜひ自身の目でその探求の旅を追ってみてほしい。

隠された歴史の発掘

本書は豊富なインタビューや全体に散りばめられた著者自身の体験談が魅力的なエスノグラフィーであり、同時にアイスランドの隠された歴史を明らかにする優れた研究成果でもある。アイスランドの一般社会においてもウィルソンの一連の研究への反響は大きかった。二〇一五〜一七年にかけてレイキャヴィーク海洋博物館で特別展も開催され、好意的なレビューが寄せられている。[4] 解説者が本書の存在を知ったのも偶然この特別展を見たからだった。二〇一五年は一九一五年にアイスランドで四〇歳以上の女性に参政権が承認されてから一〇〇周年に当たり、特別展はその一環でもあった。担当キュレーターでウィルソンの研究協力者でもあるイーリス・グズビャルガルドッティルは、この企画は博物館展示に別の道を拓くものとしても有効だと発言している。[5] 従来の展示ではほとんど語られなかった側面を見せることで、教科書や博物館が語る歴史が全てではないことを示し、より多様な視点から歴史を見直すきっかけにもなると期待されていた。

もちろん、アイスランドの歴史研究、とくにジェンダー史における価値も大きい。たとえば中世アイスランド・北欧社会におけるジェンダーについては一九八〇年代から研究が進展してきた。[6] とくに女性と海との関わりについてはジュディス・ジェシュの論文「ヴァイキング世界における女性と船」が扱っている。[7] そのような研究でまず参照されるのは、本書第2章にもオイズル・デュープウーガとして登場する深慮のアウズルもしくはウンヌルの事例である。深慮のウンヌルはアイスランドへの植民航海を主導した女性で、サガのひとつは「女ひとりでこんな戦乱のさなかからこのような財産と従者をともなって脱出できたためしなどどこにもないように人びとは思った」と語る。[8] これはウンヌルの例外的な非凡さ、女性たちのなかで傑出した性質を表すものと理解されている。このように、女性が航海を主導したり漁をしたりする事例はないわけではないが、あくまで例外であり、通常は男性の活動だったという解釈が一般的だった。

それに対し、本書はより豊かな女性と海との関係を示唆する。本書は主に近世以降の歴史を扱い、史料の少ない中世の実態に関して明言はしないが、『ギスリのサガ』に登場する女性奴隷に注目している点は興味深い。この女性ボウトヒルドゥルは手漕ぎ船を巧みに操り、敵の船を振り切って主人公を無事に逃した。[9] 著者はこの例を女性漁師の精神的・肉体的な強さ、とくに操船技術の高さの傍証として引いているが、それにとどまらない価値もありそうだ。サガに関しては、サガが語るのは上層住民の世界であり、その背景には下層の人々の暮らしが隠されていることが指摘されてきた。[10] サガなどの叙述史料に女性の船乗りや漁師が登場するのは希だが、記述対象の偏りを考慮すれば、中世にも使用人や奴隷の間ではむしろ女性も漁をするのが「ふつう」だったのかもしれない。

このような視点は、北欧社会における女性をめぐるより大きな議論につながる可能性もある。古アイスランド語で書かれた文献には「楯乙女」と呼ばれる女性戦士が多数登場する。武器を取って戦う女性が実在したかについては、とくに近年人骨やDNAの分析技術が発達した結果、女性の墓に武器が副葬されている事例が複数見つかったことで議論が活性化している。女性ヴァイキングをめぐる議論は学界をこえて注目を集めているが、[11] 本書が近世から一九世紀までのアイスランドについて明らかにした漁における性別分業の弱さ、女性が船に乗ることへの抵抗のなさを考えると、ヴァイキング遠征に女性が参加することも生活の延長として特別なこととは考えられていなかった可能性もある。ただし、それはただちにヴァイキング時代や中世の北欧が男女平等社会だったことを意味するわけではない。前近代アイスランドにおいても農場主とその妻のような社会上層では男女の役割分担や行動規範は明確に異なっていたし、労働に関しても織布が女性の仕事とされたように、全てにおいて無分業だったわけではないため、慎重な考察が必要だろう。

また、海の歴史は近年アイスランドや北欧にとどまらず関心の高まっている分野だが、海や船上の社会は男性の領域という理解が一般的である。女性の役割も重要だったという指摘もあるが、その多くは沿岸での小規模漁業や魚の加工・売買への関わり、[12] または船に乗る夫を陸で待つ妻の役割などを扱い、[13] 船上で男性と同様に働く女性についての情報は少ない。女海賊など例外的な事例に限定されている。[14] そのようななかで『ヨーロッパの北の海』第一一章「海に生きる女たち」は一九世紀の北の海におけるジェンダーをかなり詳細に扱っている。[15] そこでは地域によってさまざまな形態があったことが指摘されているが、大まかには北海では男性が海上での仕事を担い、女性は餌付け・水産加工などの沿岸での季節労働に従事する傾向がみてとれる一方、バルト海やノルウェー北部では女性による沿岸漁業や船での移動は珍しくなく、性別による分業は北海よりも未分化だったと分析されている。ただしバルト海でも一九世紀後半以降には漁業・農業の近代化が進み、中産階級的理想も浸透した結果、女性は家庭、男性は扶養者という役割分担が進んでいく。この点はアイスランドとも共通し、このようなヨーロッパの他地域、また世界の他の時代・地域の事例と比較することで、どのような条件が女性と海との関わりを強める／弱めるのかをより的確に理解できるだろう。

さらに本書は、女性の漁師・船乗りという存在を軸として前近代から現代までのアイスランドの歴史を綴っているため、この極北の島で人々の生き方がどう変わってきたのかを描き出してもいる。性別や年齢にかかわらず、生存のために必要なことはなんでもやっていた社会から、一九世紀後半を転換点として職業が分化し、賃金労働を通して人に雇用されるのが一般的な社会へとアイスランドは大きく変わっていった。それと連動して海に出る女性の実態や彼女たちへの眼差しも変化したのである。時代の変化を大きな流れのなかで描くことで、かつては「ふつう」だったものが公の歴史からどのように消えていったのかという実例を示している点もとても興味深い。[16]

世界の果てで生き延びる

以上のように、中世史研究者という門外漢から見ても本書は魅力に満ちている。この解説は二〇二一年に執筆した書評[17]を元としたが、専門分野の違いにもかかわらず本書を取り上げたのは、解説者自身も本書と出会い歴史を見る眼が変わったからだ。たとえば、先述した『ギスリのサガ』のボウトヒルドゥルのくだりは自分でも読んでいたが、そこに女性による漁の可能性が示されていることには気づかなかった。同じような気づきが、アイスランドにかぎらずさまざまな地域・時代に関心をもつ読者にも生じることを願いたい。

また、二〇二一年一二月にはアイスランドで『ヴェルブージン』(*Verbúðin*、英題 *Blackport*)というミニドラマが放映された。これは一九八〇年代の西部フィヨルドの架空の町を舞台とし、漁業権をめぐる駆け引きやそれにともない変わっていく人間模様や地域社会を描いた政治ドラマで、アイスランド国内で高評価を得て政治家もコメントしている。[18] 漁業資源の保護や経済的観点から、アイスランドの漁獲制限政策は国外でも好意的に紹介されることが多かった。しかし、それには地方のコミュニティを破壊してきたという側面もある。この点も本書が光を当てた隠された歴史のひとつといえるだろう。漁業権をめぐる議論は今も続いており、今後のアイスランド社会を考える上で欠かせない視点であることはまちがいない(なお、漁業政策についてはアイスランドの現代政治を専門とする塩田潤氏にご助言いただいた。記してお礼としたい)。

アイスランドが日本で紹介されるときには、雄大な自然の光景とともに、ジェンダー平等や高福祉、個人の自由が達成された社会という明るい面が選ばれることが多い。それも事実ではあるが、その反面、近代化以前の激しい貧富の差や都市と地方の格差、親族関係の濃さゆえのしがらみや生きづらさ、女性の権利拡大も一筋縄には進まなかったことなどはあまり知られていないのではないだろうか。[19] 本書は、そのようなこれまで見えにくかったアイスランド社会の横顔を照らし出す。

たとえば本書後半では、一九世紀後半以降に男の世界となった船に女性がどのように乗り込み、どんな生活を送ったかが具体的に描写されている。数多くのインタビューから浮かび上がる船上社会の様子や「海の女にとってもっとも手強いハードルは、船の圧倒的な男社会ではなく、陸にいる男と女なのである」（二九五頁）という指摘は、アイスランド社会の実態が今も、ジェンダー平等先進国というイメージよりずっと複雑であることを思わせる。

それでも、本文を締めくくる「みんな逆境のなかで生きている（We're survivors）」というインガ・ファニーの言葉が象徴するように、アイスランドの人々は過酷な自然環境や歴史の荒波のなかを生き延びてきた。本書はその闘いの軌跡をたどる旅の記録ともいえ、現代と過去のアイスランドをより深く知るために、そして世界を異なる角度から眺めるために、欠かせない一冊である。

（まつもとさやか・アイスランド中世史、福井県立大学）

1 *Dance Lest We All Fall Down: Breaking Cycles of Poverty in Brazil and Beyond*, Seattle, 2010.

2 Margaret Elizabeth Willson, "Icelandic Fisher Women's Experience: Implications, Social Change, and Fisheries Policy", *Ethnos* 79-4 (2014), 529.

3 同上 530.

4 たとえば、"From Iceland — Women Have Always Made Waves Here: Unearthing The History of Iceland's Female Sea Workers", *Grapevine*, 2015.6.5, https://grapevine.is/icelandic-culture/art/2015/06/05/women-have-always-made-waves-here-unearthing-the-history-of-icelands-female-sea-workers/ や Eygló Svala Arnarsdóttir, "Heroines of the sea", *Iceland Review* 54-5 (2016), 78-81.

5 Karin Murray-Bergquist, "Women at Sea", *Stúdentablaðið*, 2016.5.17, http://studentabladid.com/efni/women-at-sea

6　Jóhanna Katrín Friðriksdóttir, "Gender", Ármann Jakobsson & Sverrir Jakobsson eds., *The Routledge Research Companion to the Medieval Icelandic Sagas*, London; New York, 2017, 226-239. 基礎文献として以下の二冊が挙げられる。Judith Jesch, *Women in the Viking Age*, Woodbridge, 1991 ならびに Jenny Jochens, *Women in Old Norse Society*, Ithaca; New York, 1998.

7　Judith Jesch, "Women and Ships in the Viking World", *Northern Studies* 36 (2001), 49-68. その内容の一部は松本涼「中世アイスランドの商業――羊毛布と女性」斯波照雄・玉木俊明編著『北海・バルト海の商業世界』悠書館、２０１５年、１４９－１８２でも紹介した。

8　谷口幸男訳「ラックサー谷の人びとのサガ」４章『アイスランド　サガ』新潮社、１９７９年、３１３。

9　大塚光子訳『アイスランド　サガ――スールの子ギースリの物語』三省堂、１９８７年、１０８－１１６。

10　Orri Vésteinsson, "A Divided Society: Peasants and the Aristocracy in Medieval Iceland", *Viking and Medieval Scandinavia* 3 (2007), 117-139.

11　女性ヴァイキング論に対する社会の反応についてはジェシュによるブログ記事が詳しい。"Let's Debate Female Viking Warriors Yet Again", 2017.9.9 ならびに "Some Further Discussion of the Article on Bj 581", 2017.9.18, http://norseandviking.blogspot.com/2017/09/some-further-discussion-of-article-on.html. 議論再燃の発端となったビルカ墓跡Ｂｊ５８１を含む考古学の成果については、Leszek Gardela, *Women and Weapons in the Viking World: Amazons of the North*, Oxbow Books, 2021.

12　たとえば、スコーネ地方のニシン取引では魚の下処理や塩漬けを女性が担っていた。フィリップ・ドランジェ、高橋理監訳『ハンザ　12－17世紀』みすず書房、２０１６年、２５３。

13　たとえば、大西吉之「オランダと海――偉人・英雄から水夫と妻へ」金澤周作編『海のイギリス史――闘争と共生の世界史』昭和堂、２０１３年、２８６－２９０。

14　薩摩真介「海賊――「全人類の敵」？」同上、１９６－１９７。

15　デヴィド・カービー、メルヤ－リーサ・ヒンカネン、玉木俊明他訳『ヨーロッパの北の海――北海・バルト海の歴史』刀水書房、２０１１年、３０３－３３３。

16　Unnur Dís Skaptadóttir, "Seawomen of Iceland: survival on the edge", *Gender, Place & Culture* 25-3 (2018), 465-

467を参照。

17　松本涼「書評 Margaret Willson, Seawomen of Iceland : Survival on the Edge, University of Washineton Press 2016」『北欧史研究』38号、2021年、77-82。

18　農林水産大臣のスヴァンディス・スヴァーヴァルスドッティルは、このドラマがアイスランド社会がビジネスと政治の危険な関係を見直すきっかけになったと発言している。"Consolidation and Control of Quota Permits Under Scrutiny", *Iceland Review*, 2022.2.18, https://www.icelandreview.com/news/consolidation-and-control-of-quota-permits-under-scrutiny/

19　最近は推理小説の翻訳やトーキョーノーザンライツフェスティバルにおける映画の上映などを通じて、現代のアイスランド社会が抱える問題も以前より紹介されるようになった。入江浩司「アイスランドの推理小説作家――アーナルデュル・インドリダソンを中心に」小澤実・中丸禎子・高橋美野梨編著『アイスランド・グリーンランド・北極を知るための65章』明石書店、2016年、368-372ならびに松本涼「氷の国のノイ」村井誠人・大島美穂・佐藤睦朗・吉武信彦編著『映画のなかの「北欧」――その虚像と実像』小鳥遊書房、2019年、194-197を参照。

参考文献

Aðils, Jón J. 1971. *Einokunarverzlun Dana á Íslandi, 1602-1787*. 2nd ed. Reykjavík: Heimskringla.

Alþingisbækur Íslands, 1711-20 [The Parliament Books of Iceland, 1711-20]. 1967. Vol. 10. Reykjavík: Sögufélagið.

Andrésdóttir, Ólína. 1924. *Ljóðmæli eftir Ólínu og Herdísi Andrjesdætur*. Reykjavík: Gutenberg.

Andrésdóttir, Ólína, and Herdís Andrésdóttir. 1930. *Ljóðmæli eftir Ólínu og Herdísi Andrjesdætur*. Reykjavík: Gutenberg.

Árnason, Ragnar. 2008. "Iceland's ITQ System Creates New Wealth." *Electronic Journal of Sustainable Development* 1 (2): n.p. Accessed September 6, 2015. http://www.ejsd.co/docs/ICELANDS_ITQ_SYSTEM_CREATES_NEW_WEALTH.pdf.

Baigent, D. 2005. "Fitting In: The Conflation of Firefighting, Male Domination, and Harassment." In *In the Company of Men: Male Dominance and Sexual Harassment*, edited by J. Gruber and P. Morgan, 45-64. Boston: Northeastern University Press.

Benediktsson, K., and A. Karlsdóttir. 2011. "Iceland: Crisis and Regional Development—Thanks for All the Fish?" *European Urban and Regional Studies* 18 (2): 228-35.

Bergþórsdóttir, Kolbrún. 2001. "Stundum er eins og fólk haldi að þetta nám sé ekki menntun." *Sjómannablaðið Víkingur* 63 (1): 32-34.

"Bergsættarkonurnar voru fisknar." 1984. *Morgunblaðið,* December 21, B15.

Binkley, M. 2005. "The Bitter End: Women's Crucial Role in the Nova Scotia Fishery." In *Changing Tides: Gender, Fisheries, and Globalization*, edited by C. McGrath, B. Neis, and M. Porter, 64-75. Black Point: Fernwood Publishers.

———. 2002. *Set Adrift: Fishing Families*. Toronto: University of Toronto Press, Scholarly Publishing Division.

Bjarnason, Kristmundur. 1978. *Saga Dalvíkur I*. Dalvík: Dalvíkurbær.

Björnsdóttir, Guðrún. 1948. *Íslenzkar kvenhetjur*. Reykjavík: Bókfellsútgáfan.

Clausen, Oscar. 1938. "Vinnufólkið á Ballará." *Fálkinn* 11 (50-52): 42-43.

Dowling, J. 2011. *"Just" a Fisherman's Wife: A Post Structuralist Exposé of Australian Commercial FishingWomen's Contributions and Knowledge, Sustainability, and Crisis*. Cambridge, UK: Cambridge Scholars Publishing.

Durrenberger, P., and G. Pálsson. 1987. "Ownership at Sea: Fishing Territories and Access to Sea Resources." *American Ethnologist* 14 (3): 508-22. Accessed November 2, 2014. http://www.jstor.org/stable/644955.

Durrenberger, Paul, and Gísli Pálsson, eds. 2014. *Gambling Debt: Iceland's Struggle with the New World Order*. Boulder: University of Colorado Press.

Eggerz, Friðrik. 1950. *Úr fylgsnum fyrri aldar I*. Series: Sögn og sagan. Reykjavík: Iðunn.

Egilsdóttir, Svanhildur. 2004. "Minni sjómanna/flutt af Svanhildi Egilsdóttur á sjómannahófi í Ólafsvík 2003." *Sjómannadagsblað Snæfellsbæjar* 9:72-73.

Einarsdóttir, Sandra Sif. 2002. *'Meykóngur' and þjóðasagnahetja: Sagnir og samtímaheimildir um þuríði Einarsdóttur*. Bachelor's thesis, University of Iceland.

Einarsdóttir, Thorgerður. 2005. "Women in Iceland: Strong Women, Myths, and Contradictions." In *Female Well-Being: Toward a Global Theory of Social Change*, edited by Janet Mancini Billson and Carolyn FleuhrLobban, 181-206. New York: Zed Books.

Einarsson, Níels. 2011. *Culture, Conflict, and Crises in the Icelandic Fisheries: An Anthropological Study of*

People, Policy, and Marine Resources in the North Atlantic Arctic. Uppsala: University of Uppsala Press. Accessed November 16, 2014. http://www.diva-portal.org/smash/get/diva2:399170/FULLTEXT01.pdf.

Eiríksson, Hallferður Örn. 1977. Interview with Gunnfríður Rögnvaldsdóttir. Audio recording, May 18. SÁM 92/2722 EF, reel E 77/22. ÍSMÚS-Íslenskur músík- og menningararfur. Accessed November 11, 2014. http://www.ismus.is/i/audio/id-1016348.

———. 1968. Interview with Sigríður Guðmundsdóttir and Ólafía Jónsdóttir. Audio recording, March 12. SÁM 89/1852 EF, reel E 68/46. ÍSMÚSÍslenskur músík- og menningararfur. Accessed November 11, 2014. http://www.ismus.is/i/audio/id-1007682.

———. 1967. Interview with Þórunn Ingvarsdóttir. Audio recording, December 7. SÁM 89/1752 EF, reel E 67/201. ÍSMÚS-Íslenskur músík- og menningararfur. Accessed November 11, 2014. http://www.ismus.is/i/audio/id-1006158.

———. 1965. Interview with Einar Guðmundsson. Audio recording, July 12. SÁM 85/283 EF, reel E 65/14. ÍSMÚS-Íslenskur músík- og menningararfur. Accessed November 11, 2014. http://www.ismus.is/i/audio/id-1002362.

Ferrer, Tuni. 2012. *The History of Coffee in Iceland.* Posted February 29, 2012. http://nordiccoffeeculture.com/the-history-of-coffeein-iceland/ Accessed March 20, 2015. http://nordiccoffeeculture.com/the-history-of-coffee-in-iceland.

Garðarsdóttir, Ólöf. 2002. "It Is Saving the Child: Regional, Cultural, and Social Aspects of the Infant Mortality Rate in Iceland, 1870-1920." *Saving the Children: Regional, Cultural, and Social Aspects of the Infant Mortality Decline in Iceland, 1770-1920*. Reykjavík: Háskólaútgáfan.

Gíslason, Grímur. 1999. "Erum orðnar talsverðir sjóarar í okkur: Segja sjókonurnar Lilja Matthíasdóttir og Sæbjörg Logadóttir hásetar á Vestmannaey VE." *Sjómannadagsblað Vestmannaeyja* 49:54-59.

Gíslason, Þórður. 1986. "Katrín Unadóttir: Síðasta sjókonan í Rangárvallarsýslu." *Sjómannadagsblað Vestmannaeyja* 36:21-26.

Grzetic, B. 2004. *Women Fishes These Days*. Halifax, NS: Fernwood Publishing.

Guðmundsson, Baldur. 2011. "Ólétt á vertíð." *DV*, July 4. Accessed March 13, 2014. http://www.dv.is/frettir/2011/6/4/olett-vertid/.

Gunnarsdóttir, Þórdís. 2013. "Helvítis kallinn." *Fréttablaðið*, June 1, 3.

Gunnarsson, Gísli. 1987. *Upp er boðið Ísaland: Einokunarverslun og íslenskt samfélag, 1602-1787*. Reykjavík: Örn og Örlygur.

———. 1983. *Monopoly Trade and Economic Stagnation: Studies in the Foreign Trade of Iceland, 1602-1787*. Lund: Ekonomisk-historiska Institutionen.

Gunnlaugsdóttir, Sigurlaug. 2008. *Farandverkafólk á uppgangstíma sjávarútvegsins: Skilyrði og viðhorf, 1974-1983*. Master's thesis, University of Iceland, Reykjavík.

Gunnlaugsson, Gísli A. 1993. "Everyone's Been Good to Me, Especially the Dogs: Foster-Children and Young Paupers in Nineteenth-Century Southern Iceland." *Journal of Social History* 27 (2): 341-58.

Gunnlaugsson, Gísli A., and Loftur Guttormsson. 1994. "Transition into Old Age: Poverty and Retirement Possibilities in Eighteenth- and Nineteenth-Century Iceland." In *Poor Women and Children in the European Past,* edited by John Henderson and Richard Wall, 251-68. Routledge: London.

Gústafsdóttir, Guðný, Sigríður Matthíasdóttir, and Þorgerður Einarsdóttir. 2010. "The Development of Icelandic Womanhood at the Turn of Two Centuries, from Motherly Nature to Sex Appeal." In *Þjóðarspegilinn, Stjórnmálafræðideild. Rannsóknir í félagsvísindum XI*, edited by Silja Bára Ómarsdóttir, 2-9. Reykjavík: Félagsvísindastofnun Háskóla Íslands.

Hafstein, V. 2000. "The Elves' Point of View: Cultural Identity in Contemporary Icelandic Elf-Tradition." *Fabula: Zeitschrift für Erzählforschung* 41 (1-2): 87-104.

Hagstofa Íslands [Statistics Iceland], 2014. http://hagstofa.is/.

———. 2013. http://hagstofa.is/.

———. 2012. "Vinnumarkaður" [Labor Market]. Accessed November 2, 2014. http://hagstofa.is/Hagtolur/Laun,-tekjur-og-vinnumarkadur/Vinnumarkadur.

Hákonardóttir, Inga Huld. 1985. "Fast þær sóttu sjóinn og sækja hann enn." 19. Júní 35 (1): 70-71.

Halldórsdóttir, Erla Hulda. 2011. *Nútímans konur: Menntun kvenna og mótun kyngervis á Íslandi, 1850-1903*. Reykjavík: Sagnfræðistofnun/RIKK, Háskólaútgáfan. PhD thesis, University of Iceland.

Hansen, Vilmundur. 2013a. "Fjarveran frá fjölskyldunni oft löng." *Fiskifréttir* 31 (March 27): 16.

———. 2013b. "Forréttindi að fá að umgangast sjómenn." *Fiskifréttir* 31 (March 27): 18.

Heijnen, Adriënne. 2007. "Vikings and Fishermen: Cultural Dynamic of Risk-taking and Innovation in Icelandic Business Practice." In *Enterprise, Cultures Nationals et Mondialisation*, edited by Joël Brémond and Joël Massol, 423-39. Nantes: Centre de Recherches sur les Identites Nationales.

Helgadóttir, Guðrún. 1995. *Skáldkonur fyrri alda II*. 2nd ed. Akranes: Hörpuútgáfan.

Helgason, þorsteinn. 2013. "Tyrkjaránið sem minning." *Ritið* 13 (3): 119-46.

Hermannsson, Jens. 1977. *Breiðfirzkir sjómenn II*. Reykjavík: Skuggsjá.

———. 1976. *Breiðfirzkir sjómenn I*. Reykjavík: Skuggsjá.

"Húsið, sem flestir skoða, og konan, sem það er kennt við." 1972. *Tíminn Sunnudagsblað*, 11 (15), April 30, 339-41.

"Hvað var vistarbandið?" 2002. Vísindavefurinn. Accessed May 28, 2014. http://www.visindavefur.is/svar.php?id=2377.

"Í eina tíð réru konur á sjó á móti körlum." 1971. *Vísir*, October 29, 13.

Íslendingabók. Genealogical database. Accessed November 2014. https://www.islendingabok.is/.

"Íslenskar konur eru góðir sjómenn." 2000. *Morgunblaðið*, June 14, C7.

Jónsdóttir, Ingibjörg. 1922. "Í Breiðarfjarðareyjum fyrir 50-60 árum." *Hlín* 6:48-66.

Jónsdóttir, Rannveig. 1981. "þær hafa brotið hlekki vanans." 19. Júní 31:26, 28-31.

Jónsson, Brynjúlfur. 2010. *Sagan af þuríði formanni og Kambránsmönnum*. Selfoss: Sæmundur.

———. 1975. *Sagan af þuríði formanni og Kambsránsmönnunum: Með viðauka og fylgiskjölum. Edited by Guðni Jónsson*. Reykjavík: Guðni Jónsson.

———. 1954. *Sagan af þuríði formanni og Kambsránsmönnunum: Með viðauka og fylgiskjölum. Edited by Guðni Jónsson*. Reykjavík: Menningar- og fræðslusamband alþýðu.

———. 1941 [1893]. *Sagan af þuríði Formanni og Kambsránsmönnum* [The Saga of þuríður Formaður and the Kamb Robbers]. Reykjavík: Eyrbekkingafélagið.

Jónsson, Guðni. 1949. "þuríðarbúð á Stokkseyri." *Morgunblaðið*, July 17, 325-29.

Jónsson, Helgi. 1949. *Látra-Björg*. Reykjavík: Helgafell.

Jónsson, Sigurgeir. 2013. "Ár á rússneskum frystitogara." *Fiskifréttir* 31 (March 27): 8-12.

Jósepsson, þorsteinn, and Steindór Steindórsson. 1984. *Landið þitt Ísland I*. Reykjavík: Örn og Örlygur.

Júlíusson, Játvarður Jökull. 1985. *Sagan af Sigríði Stórráðu*. Reykjavík: Víkurútgáfan.

Karlsdóttir, Anna. 2009. "Are Living Fish Better Than Dead Fillets? The Invisibility and Power of Icelandic Women in Aquaculture and the Fishery Economy." In *Gender, Culture, and Northern Fisheries*, edited by J. Kafarowski, 67-84. Edmonton, Alberta: CCI Press.

Konráðsson, Gísli. *Söguþættir eftir Gísla Konráðsson, 2*. bindi. Ísland, 1850-1860.

Kristfinnsson, Örlygur. 2011. *Svipmyndir úr síldarbæ II*. Reykjavík: Forlagið.

Kristjánsdóttir, Dagný. 2013. "Tyrkjaránið og Guðríður Símonardóttir sem blæti." *Ritið* 13 (3): 27-46.

Kristjánsson, Júlíus. 2005. "Björg Einarsdóttir öðru nafni Látra-Björg." In *Súlur: Norðlenzkt tímarit*, edited by H. Ágústsson, 52-76. Reykjavík: Sögufélag Eyfirðinga.

Kristmundsdóttir, Sigríður. 1997. *Doing and Becoming: Women's Movements and Women's Personhood in Iceland, 1870-1990*. Reykjavík: University of Iceland Press.

Loftsdóttir, K. 2010. "The Loss of Innocence." *Anthropology Today* 26 (6): 9-13.

Lög um breytingu á lögum um aðbúnað, hollustuhætti og öryggi á vinnustöðum, nr. 46/1980 [Act on Working Environment, Health and Safety in Workplaces, No. 46/1980]. Accessed September 7, 2015. http://www.althingi.is/lagas/nuna/1980046.html, English translation at http://eng.velferdarraduneyti.is/acts-of-Parliament/nr/1957.

Lowe, M., and C. Carothers. 2008. *Enclosing the Fisheries: People, Places, and Power*. Bethesda, MD: American Fisheries Society.

MacAlister Elliott and Partners. 2002. *The Role of Women in the Fisheries Sector (A Final Report to the European Commision Directorate for Fisheries)*. Lymington: MacAlister Elliott and Partners. Accessed November 2, 2014. http://ec.europa.eu/fisheries/documentation/studies/role_of_women/mainreport_en.pdf.

Magnúsdóttir, Þórunn. 1988. *Sjókonur á Íslandi, 1891-1981*. Reykjavík: Sagnfræðistofnun Háskóla Íslands.

———. 1985. "Sjókonur lögskráðar á Íslandi, 1891-1981." In Íslenskar kvennarannsóknir 29. *Ágúst-1. September 1985*. Edited by Helga Kress and Rannveig Traustadóttir, 75-81. Reykjavík: Háskóli Íslands.

———. 1984. *Sjósókn sunnlenskra kvenna frá verstöðvum í Árnessýslu, 1697-1980*. Vestmannaeyjar: Þórunn Magnúsdóttir.

———. 1979. *Sjókonur á átjándu- og nítjándu öld*. Bachelor's thesis, University of Iceland.

Magnússon, Ásgeir Blöndal. 1989. *Íslensk orðasifjabók*. Reykjavík: Orðabók Háskóla Íslands. Accessed November 2, 2014. http://www.visindavefur.is/svar.php?id=6166.

Magnússon, Gunnar. 1982. *Ingimundur fiðla og fleira fólk*. Reykjavík: Vaka.

Magnússon, Magnús. 1985. *Iceland in Transition: Labour and Socio-economic Change before 1940*. Lund: Ekonomisk-historiska föreningen i Lund.

Magnússon, Sigurður Gylfi, 2010. *Wasteland with Words: A Social History of Iceland*. London: Reaktion Press.

Manntal.is [The National Archives Census Database]. Accessed November 2014. Manntal.is.

Mcguire, James. 2014. "Virtual Fish Stink, Too." In *Gambling Debt: Iceland's Struggle with the New World Order*, edited by Paul Durrenberger and Gísli Pálsson, 121-37. Boulder: University of Colorado Press.

McPhee, John. 1989. *The Control of Nature*. New York: Farrar, Straus, and Giroux.

Nadel-Klein, J. 2000. "Granny Baited the Lines: Perpetual Crisis and the Changing Role of Women in Scottish Fishing Communities." Women's Studies International Forum 23 (3): 363-72.

Neis, B., and S. Williams. 1997. "New Right, Gender, and the Fisheries Crisis: Local and Global Dimensions." *Atlantis* 21 (2): 47-62.

Óla, Árni. 1972. *Aldaskil*. Reykjavík: Setberg.

———. 1949. "Hörð lífsbarátta: Árni Óla skráði eftir frásögn Stefáns Filippusarsonar." *Morgunblaðið*, April 3, 178-79, 183-84.

Oslund, Karen. 2011. "The Image of Iceland in the Local and Global Nexus of Whaling Politics." In *Iceland and Image of the North*, edited by Sumarliðii R. Ísleifsson, 285-304. Reykjavík: The Reykjavík Academy.

Pálsdóttir, Guðrún. "Proudly Keeping Tradition Alive." *Slow Fish*. Accessed May 28, 2014. http://www.

slowfood.com/slowfish/pagine/eng/resistenza/dettaglio.lasso?-ida=65.

Pálsson, Gísli. 2000. "Finding One's Sea Legs: Learning, the Process of Enskilment, and Integrating Fishers and Their Knowledge into Fisheries Science and Management." In *Finding Our Sea Legs*, edited by B. Neis and L. Felt, 26-40. St. John's, Newfoundland: Institute of Social and Economic Research.

———. 1993. "From Commons to Quotas: The Formation of Icelandic Fisheries Policy." *North Atlantic Studies* 3 (2): 17-24.

———. 1991. *Coastal Economies, Cultural Accounts: Human Ecology and Icelandic Discourse*. Manchester, UK: Manchester University Press.

Pálsson, G., and A. Helgason. 1995. "Figuring Fish and Measuring Men: The Individual Transferable Quota System in the Icelandic Cod Fishery." Ocean and Coastal Management 28 (1-3): 117-46. Accessed November 2, 2014. http://dlc.dlib.indiana.edu/dlc/bitstream/handle/10535/2129/Figuring_Fish_and_Measuring_Men_The_Quota_System_in_the_Icelandic_Cod_Fishery.pdf?sequence=1.

Pálsson, G., and P. Durrenberger. 1983. "Icelandic Foremen and Skippers: The Structure and Evolution of a Folk Model." American Ethnologist 10, no. 3:511-28.

Pálsson, Gisli, and Paul Durrenberger. 1996. "The Politics of Production: Equity and Efficiency." In *Images of Contemporary Iceland: Everyday Lives and Global Contexts*. Iowa City: University of Iowa Press.

Petersen, Adolf. 1964. "Eyfirzka perlan." *þjóðviljinn*, year 4, no. 17, May 24, 1964. http://timarit.is/view_page_init.jsp?pageId=3107713.

Pétursson, Halldór. 1965. "Frá liðum dögum: Frásögn þorbjargar Steinsdóttur frá Borgarfirði eystra." In *Úr syrpu Halldórs Péturssonar*, edited by Halldór Pétursson, 118-53. Reykjavík: ægisútgáfan.

Pfeiffer, Ida. 2007 [1853]. *Visit to Iceland and the Scandinavian North*. London: Ingram, Cooke.

Pinkerton, Evelyn. 2014. "Groundtruthing Individual Transferable Quota." In *Gambling Debt: Iceland's Struggle with the New World Order*, edited by Paul Durrenberger and Gísli Pálsson, 109-20. Boulder: University of Colorado Press.

Power, N. 2005. *What Do They Call a Fisherman? Man, Gender, and Restructuring in the Newfoundland Fishery*. St. John's, Newfoundland: ISER.

Sigfússon, Sigfús. 1933. *Íslenskar þjóð-sögur og -sagnir*. Vol. 10. Hafnarfjörður: þorvaldur Bjarnason.

Siglingastofnun. 2012. *Lögskráningagrunnur sjómanna*. Reykjavík: Siglingastofnun

Sigurðardóttir, Anna. 1985. *Vinna kvenna á Íslandi í 1100 ár*. Reykjavík: Kvennasögusafn Íslands.

———. 1983. "Sjósókn kvenna." *Vera* 2 (4): 25-27.

"Sjókonur ófáar á Íslandi." 1984. *Morgunblaðið*, January 22, 52-53.

"Sjómannslíf, sjómannslíf draumur hins djarfa manns . . . Konur eru jú líka menn!" 2008. *Sjómannadagblað Sandgerðis* 6: 16-18.

Sjómennskan er atvinna sem bæði kynin hafa og geta stundað." 1994. *Sjómannadagsblaðið* 71 (1): 66-69.

Skaptadóttir, Unnur Dís. 2000. "Women Coping with Change in an Icelandic Fishing Community: A Case Study." *Women's Studies International Forum* 23 (3): 311-21.

Skaptason, Jóhann. 1967. "Merki þuríðar formanns enn á lofti haldið." *Hlín* 44 (1): 119-21.

Skúlason, Bergsveinn. 1988. *Bárusog: Sögur og sagnir úr Breiðafirði*. Kópavogur: Hildur.

———. 1984. *þarablöð: þættir frá Breiðafirði*. Reykjavík: Víkurútgáfan.

———. 1981. *Hrannarek: þættir frá Breiðafirði*. Reykjavík: Víkurútgáfan.

———. 1976. *Gamlir grannar: Viðtöl og minningar*. Hafnarfjörður: Skuggsjá.

———. 1974. *Útskæfur: þættir úr Breiðafirði*. Reykjavík: Leiftur.

———. 1972. *Lent með birtu: Sögur og sagnir úr Breiðafirði.* Reykjavík: Leiftur.

———. 1970. *Áratog: þættir úr atvinnusögu Breiðfirðinga*. Reykjavík: Leiftur.

———. 1962. *Breiðfirzkar sagnir II*. Reykjavík: Bókaútgáfan Fróði.

———. 1959. *Breiðfirzkar sagnir II*. Reykjavík: Bókaútgáfan Fróði.

———. 1950. *Sögur og sagnir úr Breiðafirði*. Reykjavík: Ísafold.

Stefánsson, J., and P. Roughton. 2010. *Heaven and Hell*. London: MacLehose Press, Quercus.

Stella, L. 1996. "No Place for Wimps: Working on Western Australian Trawlers." *Anthropologica* 38 (2): 173-95. Accessed November 2, 2014. www.jstor.org/stable/25605838.

Sveinbjarnardóttir, Inga Hrefna. 1987. "Hvalur var kveikjan að hugmyndinni." *Sjómannadagsblað Neskaupsstaðar* 10 (1): 51-55.

"Tvítug stúlka stóð upp frá saumavélinni og fór að róa með grásleppunet." 1975. *Tíminn*, July 22, 40.

Valdimarsdóttir, Jóhanna. 1997. "Breiðfirskar konur á sjó: þær voru kallaðar vergjarnar, sóttu fast og gáfu körlum ekkert eftir." *Brimfaxi* 10 (1): 30-31.

Vasey, Daniel. 1996. "Premodern and Modern Constructions of Populations Rergimes." In *Images of Contemporary Iceland*, edited by G. Pálsson and P. Durrenberger, 149-70. Iowa City: University of Iowa Press.

"Við getum ef við viljum." 1985. *þjóðviljinn*, January 6, 12-13.

Willson, Margaret. 2013. "Icelandic Fisher Women's Experience: Implications, Social Change, and Fisheries Policy." *Ethnos: Journal of Anthropology* (April): 1-26. Accessed November 2, 2014. http://dx.doi.org/10.1080/00141844.2013.783606.

Willson, Margaret, and Birna Gunnlaugsdóttir. 2014. "Resilience in Rural Iceland." In *Gambling Debt: Iceland's Struggle with the New World Order*, edited by Paul Durrenberger and Gísli Pálsson, 137-50. Boulder: University of Colorado Press.

Yngvadóttir, Oddný. 1987. "Breiðfirskar sjókonur." *Sagnir* 8:56-62.

Yodanis, C. 2000. "Constructing Gender and Occupational Segregation: A Study of Women and Work in Fishing Communities." *Qualitative Sociology* 23 (3): 267-90.

"þetta fer eftir því hvað konan getur og vill leggja á sig." 1994. *Sjómannadagsblaðið* 71 (1): 72-74.

þórðarson, Gunnar, and Jónas R. Viðarsson. 2014. "Coastal Fisheries in Iceland." *Summary Report, Matís-Food Research, Innovation & Safety*, March.

þorsteinson, Hannes, Jón þorkelsson, Ólafur Davíðsson, Pálmi Pálsson, and Valdimar Ásmundsson, eds. *Huld: Safn alþýðlegra fræða íslenzkra I*. Reykjavík: Snæbjörn Jónsson, 1935-36.

"þuríður formaður." 1994. *Sjómannadagsblaðið* 71 (1): 70-71.

Örnólfsdóttir, þórunn María. 2014. *Hið breiðfirska lag: Vélvæðing í sjávarútvegi á Breiðafirði upp úr aldamótum 1900 og breytingar á sjósókn kvenna*. Master's thesis, University of Iceland.

原注

はじめに

(1)　Loftsdóttir 2010.

(2)　アイスランドの火山噴火については、わたしが2014年9月に本書に取り組んだとき、火山学者たちは、1700年代後半の噴火による動物の死因はフッ化物か硫黄かを議論していた。この議論については、vulkan.blog.is を参照。

(3)　この週刊誌「Þjóðólfur」は http://timarit.is/view_page_init.jsp?issId=136976。最初の部分は1892年と思われる。

(4)　"Húsið, sem flestir skoða" 1972.

(5)　Magnúsdóttir 1979.

(6)　スリーズルはヨウン・オウラフソンとともにレイキャヴィーク近郊のロイガルネスで暮らしていた。Magnúsdóttir 1979.

(7)　G. Jónsson（1949, 328）は脚注で、これらの日付にはいくつか矛盾があると指摘している。また、1828年から1829年にかけてスリーズルが同居していたというギスリ・ソルギルソンとの関係についても記している。

(8)　Magnúsdóttir 1979; "þuríður formaður" 1994; B.Jónsson 1941[1893].

(9)　Pfeiffer 2007, 44 [1853]; "Húsið, sem flestir skoða" 1972.

(10)　Binkley 2002; Binkley 2005; Grzetic 2004.

(11)　MacAlister, Elliott, and Partners 2002.

(12)　Stella 1996, 176.

(13)　Yodanis 2000.

(14)　Kristjánsdóttir 2013, 30.

(15)　John McPhee（1989）は著書 *The Control of Nature* でこの件をうまく説明している。

(16)　S. G. Magnússon 2010.

(17)　Magnúsdóttir 1979; Magnúsdóttir 1984.

(18)　"Við getum ef við viljum" 1985, 12-13.

(19)　"Bergsættarkonurnar voru fisknar" 1984, 15.

(20)　"Sjómennskan er atvinna sem bæði kynin hafa og geta stundað" 1994, 66-69.

(21)　"Íslenskar konur eru góðir sjómenn" 2000, C-7. アイスランド語では "þessu var ágætlega tekið af mínum prófessorum en að vísu nefndu þeir nú hvort ég gæti ekki hugsað mér eitthvað annað."

(22)　"Sjókonur ófáar á Íslandi" 1984, 52-53.

(23)　Hákonardóttir 1985, 70-71.

(24)　Magnúsdóttir 1985.

(25)　Magnúsdóttir 1988.

(26)　Willson 2013.

第1章

(1)　Sigurðardóttir 1985.

(2)　I. Jónsdóttir 1922.

(3)　Valdimarsdóttir（1997）、以下も参照。Skúlason 1984, 33-35; Skúlason 1950, 47-49; Hermannsson 1977, 218-19.

(4)　彼女はバッラルアウに住んでいた。

(5)　Hermannsson 1976, 77, 201-3; Sigurðardóttir 1985.

(6)　グズルンはフラッカネス出身のコルベインという男と結婚していた。別の文章では、彼女の名前はクリスティンとなっている。Eggerz（1950）参照。

(7)　Eggerz 1950.

(8)　Hermannsson 1976, 207-8; Sigurðardóttir 1985, 28.

(9)　Gunnarsson 1987.

(10)　同上

(11)　1700年代後半までは「自由労働者」になる人もいたが、農場主が嫌がったため、のちに規則が変更され、土地所有者以外のすべての人が農場に拘束されることになった。Gunnarsson（1983, 21）参照。

(12)　Gunnarsson 1987.

(13)　Gunnarsson 1983, 17.

(14)　Gunnarsson 1983, 14; Gunnarsson 1987.

(15)　Gunnarsson 1987.

(16)　Magnúsdóttir 1979.

(17)　Gunnarsson 1983, 14.

(18)　Vasey 1996, 166.

(19)　Garðarsdóttir 2002, 22; Vasey 1996, 162.

(20)　Gunnarsson 1983, 20.

(21)　Gunnlaugsson 1993.

(22)　ómagar の単数形が ómagi。

(23)　これは、1200年以上前にさかのぼるアイスランドの住民に関する系図情報を含むデータベースÍslendingabók による。
(24)　I. Jónsdóttir 1922, 48-49.
(25)　Gunnarsson 1987.
(26)　Gunnarsson 1983, 18.
(27)　Sigurðardóttir 1985.
(28)　“Sjókonur ófáar á Íslandi” 1984, 52-53.
(29)　Skúlason1984; Sigurðardóttir 1985.
(30)　Yngvadóttir 1987.
(31)　Skúlason 1984; Magnúsdóttir 1984.
(32)　I. Jónsdóttir 1922.
(33)　Vasey 1996, 163-64.
(34)　Gunnarsson 1983, 18.
(35)　Yngvadóttir 1987; Sigurðardóttir 1985.
(36)　Vasey 1996, 163-64.
(37)　Sigurðardóttir 1985.
(38)　Gunnarsson 1987, 252.
(39)　ほとんどの船は甲板がなかったが、1700年代後半にデンマーク人が少数の甲板船を導入した。Gunnarsson（1983, 22）参照。
(40)　グリーンランドのものとはかなり異なるものの、konubátar が存在した。これらの船は、ふだん滞在していた農場とは別の島で、女性が牛の搾乳や羊の世話をするのに使用していた。こうした手漕ぎ船にはマストも帆もなかったが、通常は島から島への短距離を漕いで渡るのに適していた。スクーラソンによれば、男性はそのような船を使いたがらなかったという。Skúlason（1970, 123）、Sigurðardóttir（1983）も参照。
(41)　Óla 1972, 190-93.
(42)　Stefánsson and Roughton 2010.
(43)　カトリンの姉の夫の名前はステファン・グズムンドソン船長。Þ. Gíslason（1986, 21-26）参照。
(44)　Yngvadóttir 1987; Magnúsdóttir 1979.
(45)　Magnúsdóttir 1979.
(46)　同上 1979.
(47)　Magnúsdóttir 1984, 49-50; Sigurðardóttir 1985.
(48)　Magnúsdóttir 1979, 18-19.
(49)　同上
(50)　同上
(51)　“þuríður formaður” 1994.
(52)　同上
(53)　B. Jónsson 1941 [1893]; B. Jónsson 2010 [1893], 257-58.
(54)　“Húsið, sem flestir skoða” 1972.
(55)　Alþingisbækur Íslands（1711-20）参照。Sigurðardóttir（1985）も参照。
(56)　Magnúsdóttir 1984.
(57)　I. Jónsdóttir 1922.
(58)　Magnúsdóttir 1984.
(59)　同上
(60)　1900年ごろ、西フィヨルドの少なくともひとつの地域、現在のシンゲイリという小さな沿岸コミュニティの近くでは、女性は stúfur と呼ばれる道具で釣る秋の漁獲を許されていた。stúfur は重さが半分で、釣り針が50あり、女性の使用に向いていた。この道具を使うと、女性はよく魚が獲れた。Eiríksson（1968）参照。
(61)　“Sjómennskan er atvinna sem bæði kynin hafa og geta stundað” 1994, 66-69.
(62)　Óla 1972.
(63)　Andrésdóttir 1924.
(64)　Skúlason 1984.
(65)　近隣の農場ゲルティは、彼女がグズムンドゥル・アウスグリムソンのために漁をしていた場所。グズニーが住んでいた農場は、ボールンガルヴィークの近くのケプラヴィークと呼ばれる場所だった。
(66)　G. Magnússon 1982.
(67)　同上
(68)　彼女のフルネームはグズルン・アンナ・マグヌスドッティル。
(69)　G. Magnússon 1982, 70.
(70)　同上
(71)　この遠隔基地に関する情報は以下を参照。“Selatangar II,” Ferlir, n.d., accessed September 22, 2014, http://www.ferlir.is/?id=4203; “Selatangar—með Jóni Guðmundsyni,” Ferlir, accessed September 22, 2014, http://www.ferlir.is/?id=3329.
(72)　これは一般的な慣習だったが、法律や条件は長いあいだに変わった。Magnúsdóttir 1985.
(73)　Gunnarsson 1983, 19.
(74)　Sigurðardóttir 1985; Magnúsdóttir 1985.
(75)　Hermannsson 1976, 318-19.

(76) Hermannsson 1977, 105-7.
(77) Magnúsdóttir 1979, 17.
(78) Ferrer 2012.
(79) Yngvadóttir 1987.
(80) Clausen 1938.
(81) “Sjómennskan er atvinna sem bæði kynin hafa og geta stundað” 1994, 66-69.
(82) Skúlason 1984; “Sjómennskan er atvinna sem bæði kynin hafa og geta stundað” 1994.
(83) Valdimarsdóttir 1997; “Sjómennskan er atvinna sem bæði kynin hafa og geta stundað” 1994, 24, 66-69.
(84) Skúlason 1984.
(85) Sigurðardóttir 1985.

第2章

(1) Sigurðardóttir 1985.
(2) Yngvadóttir 1987.
(3) Skúlason 1984.
(4) たとえばスコットランドでは、ナデル・クラインの説明によると、女性が陸で水産業に携わっていた「遺産」は史料や展示品によって明らかだが、漁船で働いていた女性はいない。Nadel-Klein（2000）参照。
(5) Íslendingabók.
(6) Magnúsdóttir 1984.
(7) Sigfússon 1933, 246-50.
(8) 同上
(9) Íslendingabók. イーサフォルドは北ムーラシスラ郡のホフスソウクン教区に位置するヒャッリと呼ばれる農場で暮らしていたとされる。
(10) Sigfússon 1933, 246-50.
(11) Sigurðardóttir 1985; Magnúsdóttir 1984.
(12) Sigurðardóttir 1983.
(13) 同上
(14) Skúlason 1984.
(15) Hermannsson 1976; Skúlason 1984.
(16) 現在のエイイルススタジルの町と同じ郡の出身。
(17) Sigurðardóttir 1985; Pétursson 1965; Íslendingabók.
(18) Skúlason 1974, 229.
(19) Björnsdóttir 1948.
(20) G. Jónsson 1949.
(21) 彼女は兄マグヌスとボルガルフィヨルズル・エイストリ近くのグレッティンガネスで暮らした。
(22) Óla 1949.
(23) 同上
(24) この件については Pálsson（1991, 90-91）を参照。
(25) Skúlason 1984, 7-31.
(26) エイヤフィヨルズル地域にある。
(27) Magnúsdóttir 1984, 28-30.
(28) Helgadóttir 1995.
(29) H. Jónsson 1949, 39.
(30) 同上、Magnúsdóttir 1984.
(31) Magnúsdóttir 1984, 30; Petersen 1964.
(32) “Bergsættarkonurnar voru fisknar” 1984; Sigurðardóttir 1983; H. Jónsson 1949; Helgadóttir 1995; Sigurðardóttir 1985.
(33) アイスランドの漁業における夢の一般的な役割に関しては、Pálsson（1991, 115-122）を参照。
(34) Jósepsson and Steindórsson 1984; Á. B. Magnússon 1989.
(35) Eiríksson 1977.
(36) Skúlason 1988, 237.
(37) Magnúsdóttir 1984, 31-32; Skúlason 1976.
(38) Skúlason 1976.
(39) 同上 170-80.
(40) Gunnlaugsson（1993）参照。
(41) Skúlason 1976, 170-80.
(42) アザラシに関するアイスランドの見解や信念については Einarsson（2011, 35-48）を参照。
(43) Skúlason 1988, 242; Magnúsdóttir 1984, 31-32; Skúlason 1976, 170-89; Skúlason 1974, 52-64.
(44) Skúlason 1959, 59.
(45) Eiríksson 1965.
(46) Skúlason 1981, 17.
(47) Skúlason 1984, 15.
(48) Júlíusson 1985, 108; Skúlason 1976.
(49) Skúlason 1984.
(50) 同上 7-31.
(51) エッゲルトは多くのシーズンをオッドビャルナルスケルの船で過ごした。
(52) Valdimarsdóttir 1997; Hermannsson 1977, 79; Skúlason 1984, 7-31; “Íslenskar konur eru góðir

sjómenn" 2000; "Sjómennskan er atvinna sem bæði kynin hafa og geta stundað" 1994.

(53) Valdimarsdóttir 1997; Hermannsson 1977, 79, 250-55; Skúlason 1984, 7-31; "Íslenskar konur eru góðir sjómenn" 2000; "Sjómennskan er atvinna sem bæði kynin hafa og geta stundað" 1994, 66-69; Yngvadóttir 1987; I. Jónsdóttir 1922.

(54) 彼女はゴイルヴェリャバイル出身のヤコブ牧師の船で船長になった。

(55) Magnúsdóttir (1988) によれば、1817 年冬のことだった。

(56) Magnúsdóttir 1979, 30-33.

(57) ソウルン・ソルステインスドッティルはヨウンスドッティルとしても知られ、母親の名と思われるグズルナルドッティルもよく使っていた。フロウザウ地域のブリーミルスヴェッリル農場で暮らしていた。Magnúsdóttir 1984.

(58) "Þetta má enginn vita nema guð og ekki guð. Er eins gott að Jónsi þekkir ekki stafi." http://timarit.is/view_page_init.jsp?pageId=4814784.

(59) Gunnlaugsson and Guttormsson 1994, 255.

(60) Hermannsson 1976, 209; Sigurðardóttir 1985; Magnúsdóttir 1984.

(61) グズルンはムーラスヴェイト地区のフィヨルズルと呼ばれる農場に住んでいた。

(62) Skúlason 1976, 104-11; Hermannsson 1977, 250-55; Skúlason 1984, 10; Valdimarsdóttir 1997.

(63) この日付については議論がある。Hermannsson (1977, 254) は 1887 年のこととしているが、Skúlason (1976, 109) は 1884 年の 10 月 22 日のこととしている。

(64) Skúlason 1984, 10; Hermannsson 1977, 250-55; Skúlason 1976, 104-11; I. Jónsdóttir 1922; Valdimarsdóttir 1997.

(65) Hermannsson 1977, 250-55; Hermannsson 1976, 326.

(66) ヘルガはロイズセイヤル諸島出身で、資料によってはグズルンとも呼ばれているシグリーズルはフレムリ・ランゲイ島の出身だった。

(67) Skúlason 1988; Júlíusson 1985, 108; Skúlason 1976; Skúlason 1984, 11.

(68) ユリアナ・エイナルスドッティルはフレムリ・ランゲイのユリアナと呼ばれていたが、生まれたのはビルセイで 1896 年 4 月 5 日のことだった。Skúlason 1984.

(69) Skúlason 1984.

(70) 同上

(71) Magnúsdóttir 1985.

(72) エルサ・スヴェインスドッティルはストズヴァルフィヨルズルのアウルバイルに住んだ。Sigurðardóttir (1985) 参照。

(73) Skaptason 1967, 119-21.

(74) B. Jónsson 1941 [1893].

(75) Magnúsdóttir 1984, 57.

(76) 例として、子どもがいないか、ひとりしかいなかった多くの海の女たちのごく一例を挙げる。グズロイグ・ソルヴァルズドッティルは、1600 年代、57 歳でもまだ漁をしていた。結婚はせず、ひとり娘のグズルンは若くして亡くなった。ストックセイリのスリーズル船長には、ソルディスという娘がひとりいたが、3 歳で亡くなった。ハルドウラ船長は一度も結婚せず、子どももいなかった。1800 年代はじめに漁をしていたストックセイリのサイビョルグ、ソウルン、クリスティンのブランズドッティル姉妹は結婚せず、子どももいなかった。エヴリ・ランゲイ島で暮らしていたシグリーズルとヘルガのギスラドッティル姉妹のうち、シグリーズルには子どもがなく、ヘルガのひとり息子ギスリ・ヨウンソンは 13 歳で亡くなった。山を裸足で走っていたヘルガ・シーグルザルドッティルも、結婚したことも子どもを持ったこともない。泥酔した姿を神様に見られていないよう願ったソウルン・ソルステインドッティル船長も、子どもはいなかった。アザラシ猟師のロウサも結婚はしなかったが、息子アウグストは成人した。

(77) Skúlason 1976, 170-80.

(78) Pálsson 2000; Pálsson and Helgason 1995; Dowling 2011, 143.

(79) Dowling 2011, 158; Power 2005, 98.

(80) Skúlason 1984, 36.

(81) 2014 年 10 月 15 日にシアトルのワシントン大学で行なわれたアストリッド・オギルヴィーによる「1600 年から 1900 年ごろのアイスランドの気候、海氷、漁業の変動」という講演。

第 3 章

(1) M. Magnússon 1985, 49-50; Vasey 1996, 155.

(2) M. Magnússon 1985, 67.
(3) Magnúsdóttir 1979.
(4) 同上
(5) Pálsson and Durrenberger 1983, 521.
(6) Magnúsdóttir 1984; Magnúsdóttir 1988.
(7) Skúlason 1972, 98.
(8) "Sjókonur ófáar á Íslandi" 1984.
(9) Eggerz 1950.
(10) Skúlason 1988; Skúlason 1976; Júlíusson 1985, 108; Skúlason 1984, 11.
(11) Skúlason 1984.
(12) Skúlason 1976, 104-11.
(13) 同上 170-80.
(14) Skúlason 1984.
(15) Magnúsdóttir 1984.
(16) 実家はディーラフィヨルズルのミーラルにあった。
(17) Sigurðardóttir 1985; およびグズニーの子孫から聞いた情報。このような意味づけがされていった際のジェンダーの役割については S. G. Magnússon (2010, 196-97) を参照。
(18) このように変わっていったことの詳細な説明と分析については、M. Magnússon (1985) を参照。
(19) Gústafsdóttir, Matthíasdóttir, and Einarsdóttir 2010.「近代性」の複雑さ、女性の許容可能な役割、およびこの期間のアイスランドにおける教育については Halldórsdóttir (2011) も参照のこと。
(20) "Sjómennskan er atvinna sem bæði kynin hafa og geta stundað" 1994.
(21) Gunnlaugsson and Guttormsson 1994, 252.
(22) M. Magnússon 1985.
(23) Magnúsdóttir 1988.
(24) "Sjómennskan er atvinna sem bæði kynin hafa og geta stundað" 1994; Magnúsdóttir 1988, 79.
(25) Karlsdóttir 2009, 68.
(26) "Sjókonur ófáar á Íslandi" 1984.
(27) Magnúsdóttir 1988, 82-83.
(28) "Sjómennskan er atvinna sem bæði kynin hafa og geta stundað" 1994.
(29) 同上
(30) Skúlason 1988, 17-18.
(31) Sigurðardóttir 1985.
(32) 姉妹のうち、海に行かなかったのはエーリンだけで、彼女は13歳で亡くなっている。
(33) Skúlason 1984.
(34) 娘の名はグズルン・パウルスドッティルで、当時、クラウセン夫人として知られていた。
(35) Skúlason 1959, 28-36; Skúlason 1962, 112-14; Skúlason 1984, 11; Hermannsson 1977, 24, 124, 130-35; Valdimarsdóttir 1997.
(36) Garðarsdóttir 2002.
(37) 同上 19; S. G. Magnússon 2010, 100.
(38) 1900年以降、出生率は下がっているものの、アイスランドの合計特殊出生率は他の北欧諸国と比較すれば依然として高い。T. Einarsdóttir (2005, 183) 参照。
(39) Vasey 1996, 156; Hagstofa Íslands 2014.
(40) S. G. Magnússon 2010, 187-97.
(41) Þórunn María Örnólfsdóttir (2014) はナショナリズムと個人主義がこの時代の女性にどう影響したかを修士論文で論じている。
(42) Magnúsdóttir 1984. "Sjómennskan er atvinna sem bæði kynin hafa og geta stundað" (1994) も参照のこと。
(43) Skúlason はこの出来事が起きたのは1833年と記録しているが、Hermannsson は1834年としている。
(44) Hermannsson 1977, 52.
(45) Egilsdóttir 2004, 72-73.
(46) Sigfússon 1933, 246-50.
(47) Helgadóttir 1995, 59-76. この記述の初出は Gísli Konráðsson 著 *Söguþættir eftir Gísla Konráðsson* (2, bindi, Ísland, 1850-1860)。
(48) Helgadóttir 1995, 63.
(49) "Húsið, sem flestir skoða" 1972.
(50) G. Magnússon 1982.
(51) Björnsdóttir 1948.
(52) Sigurðardóttir 1985.
(53) S. Jónsson 2013.
(54) Helgadóttir 1995.
(55) "Húsið, sem flestir skoða" 1972.
(56) 英語名の the School of Navigation(航海学校)と the School of Marine Engineering (船舶機関士学校) は、より大きなテクニカル・カレッジとの関係に応じて "college" と "school" に変わったが、混乱を避けるため、本書ではどちらも School (学校) とした。

(57)　Hansen 2013a.
(58)　同上
(59)　Nadel-Klein 2000.
(60)　Pálsson 1991, 93; Magnúsdóttir 1984, 84.
(61)　Helgadóttir 1995, 15; Magnúsdóttir 1984, 84; “Sjókonur ófáar á Íslandi” 1984.
(62)　Magnúsdóttir 1979.
(63)　“Sjómannslíf, sjómannslíf” 2008.
(64)　Eiríksson 1968.
(65)　人類学者の Gísli Pálsson（1991, 93）は、アイスランドの漁業史の議論に女性を含めた数少ない人物のひとり。漁業をする女性は、かつてのアイスランドでは「一般的」だったと記している。
(66)　Hermannsson 1977.
(67)　Skúlason 1972, 107.
(68)　“Tvítug stúlka stóð upp frá saumavélinni” 1975.
(69)　Willson 2013.
(70)　“Sjómennskan er atvinna sem bæði kynin hafa og geta stundað” 1994.
(71)　“Íslenskar konur eru góðir sjómenn” 2000.
(72)　近年、アイスランドは同性婚を承認したことや、同性愛者であることを公表している人物を世界ではじめて首相に選出したことに反映されているように、同性愛を受け入れるようになったが、農村部は相変わらず保守的なまま。ただ、現在これも変わりつつある。
(73)　“Íslenskar konur eru góðir sjómenn” 2000.
(74)　アイスランドにおける譲渡可能個別漁獲割当制度の発展と制定に関しては、Durrenberger and Pálsson（1987）を参照。アイスランドの 2008 年の経済危機が地方のコミュニティに及ぼす影響については、Willson and Gunnlaugsdóttir（2014）を参照。

第 4 章

(1)　Willson 2013.
(2)　Pálsson 2000, 27.
(3)　G. Gíslason 1999.
(4)　B. Guðmundsson 2011.
(5)　“Húsið, sem flestir skoða” 1972.
(6)　Bjarnason 1978, 177-78.
(7)　Skúlason 1984.
(8)　Hermannsson 1977, 274; Sigurðardóttir 1985. 正確な場所は、ラウトラル近くのムーラスヴェイトのリトラネス。本書で用いたバージョンがもっとも一般的だが、ほかにも別のバージョンを見つけた。そのバージョンでは、彼女の名前はグズビョルグ・ヨウンスドッティルで、夫のヨウン・ヨウンソンと一緒にアザラシ猟をしていた。彼らは農場から海に行き、網で多くのアザラシを捕獲した。帰り道、妻は産気づいたが、赤ん坊が生まれる前に岸に着いた。すると夫はこう言った。「船を上げてくれ。俺はアザラシを引き上げるから」（これが、舟を引きずり上げろということか、それともただ岸に上がれということかは不明）。妻は赤ん坊を産み、夫がアザラシの処理（肉を捌くなど）を終えるころには、彼女はすでに立ち上がり、自分でへその緒を切って、エプロンに赤ん坊を包んで、歩いて帰宅していた。そして少し横になったあと、牛の乳を搾りに行った。Skúlason（1984, 33-35）参照。
(9)　Skúlason 1950, 47-49; Hermannsson 1977, 218-19; Valdimarsdóttir 1997; Skúlason 1984, 33-35; Skúlason 1972, 203-4. グンロイグルとシグリーズルの娘のうち少なくともふたり、スリーズルとマリアは、母親のあとを継いで海の女になっている。スリーズルは同じ遠隔基地から長く漁に出ていた。マリアはのちに父親が盲目になったときに父の仕事を引き継いだと思われる。
(10)　Magnúsdóttir 1984, 20-30.
(11)　Skúlason 1950, 30; Skúlason 1984, 33-35.
(12)　Sigurðardóttir 1985.
(13)　Björnsdóttir 1948.
(14)　同上 .; Sigurðardóttir 1985.
(15)　Björnsdóttir 1948; Sigurðardóttir 1985.
(16)　Björnsdóttir 1948, 28.
(17)　同僚のヘルガ・トリグヴァドッティルとわたしは、詳細な数字とデータを得たおかげで、わずか数年間の具体的な比較分析をすることができた。それは、もっと長い期間にわたる海の女たちへのインタビューからも裏づけられた。興味深いことに、男性の数字も、女性の場合ほど明確ではないものの、同様の低下を示している。2007 年のアイスランド海事局のデータによると、その年、海上で働く女性の大半は 20 代で、27 歳から 38 歳の女性では大きく減少し（男性も同様に少し減少している）、その後、50 代になるまでふたたび女性が増加する。その後、男女

ともに大きく減少するが、なかには60代まで続ける人もいる。
(18) Skúlason 1976, 104-11.
(19) Eiríksson 1967.
(20) Yngvadóttir 1987, 72-74.
(21) Magnúsdóttir 1984; Yngvadóttir 1987.
(22) Magnúsdóttir 1984, 20-21; Sigurðardóttir 1985.
(23) Sigurðardóttir 1985.
(24) Valdimarsdóttir 1997; Hermannsson 1977, 79; Skúlason 1984, 7-31; "Sjómennskan er atvinna sem bæði kynin hafa og geta stundað" 1994; "Íslenskar konur eru góðir sjómenn" 2000.
(25) Magnúsdóttir 1979.
(26) 同上
(27) Sigurðardóttir 1985.
(28) 同上
(29) アイスランドにおける女性の権利運動についての完全な記述は、Kristmundsdóttir（1997）を参照。
(30) "Við getum ef við viljum" 1985.

第5章

(1) Magnúsdóttir 1984.
(2) Magnúsdóttir 1988.
(3) Willson 2013. 2007年に甲板員として働く女性の割合は55.3%で、2011年には63.2%に上昇した。調理係を含む「サービス職」として働く女性の割合は、2007年には30%だったが、2011年には21%に減少。統計データはヘルガ・トリグヴァドッティルの編集による（アイスランド海事局2012）。
(4) "Bergsættarkonurnar voru fisknar" 1984; Magnúsdóttir 1984.
(5) "Þetta fer eftir því hvað konan getur og vill leggja á sig" 1994.
(6) Magnúsdóttir 1984.
(7) 多くのトロール船では漁網の曳航は約6時間続くが、ロブスター漁船の場合は一般的に4時間ほどしか続かない。
(8) ソウルン・マグヌスドッティルが1975年にインタビューした女性たちも同じことを言っていた。Magnúsdóttir（1984）参照。
(9) 1980年代初頭の文章で、Magnúsdóttir（1988, 57）は、無線技師になるためにテストを受けた24人の女性と、海上で働いていた10人の女性（うち4人は漁船に乗っていた女性）を知っていると記している。"Sjómennskan er atvinna sem bæði kynin hafa og geta stundað"（1994）、Magnúsdóttir（1985）、"Íslenskar konur eru góðir sjómenn"（2000）も参照。
(10) Magnúsdóttir 1988. http://www.fjarskiptahandbokin.is/index.php?option=com_content&task=category&sectionid=12&id=105&Itemid=153 も参照。
(11) R.Jónsdóttir 1981, 28-29.
(12) Magnúsdóttir 1984, 56.
(13) Magnúsdóttir 1988.
(14) Magnúsdóttir 1984, 82; R. Jónsdóttir 1981, 31. 1979年の二人目の卒業生はソウルン・ソウルスドッティル。Magnúsdóttir 1984, 56; Magnúsdóttir 1985, 15.
(15) R. Jónsdóttir 1981, 31.
(16) Magnúsdóttir 1984, 82.
(17) Kristmundsdóttir 1997.
(18) 2011年3月は計20人のうち女性1人。2011年5月は計20人のうち女性3人。2011年11月は計12人のうち女性3人。2012年3月は計9人のうち女性1人。
(19) Pálsson 1991, 112-14.
(20) "Íslenskar konur eru góðir sjómenn" 2000.
(21) Magnúsdóttir 1988.
(22) "Í eina tíð reru konur á sjó á móti körlum" 1971.
(23) Bergþórsdóttir 2001, 32-34.
(24) Magnúsdóttir 1985; Willson 2013.
(25) 学生は、より大型の船や種類の異なる船の船長資格を得ることができるため、複数回卒業したと記録される。その場合、より高い卒業のレベルで一度だけ数えることとした。2014年に追加の資格を得るために戻ってきたインガ・ファニーのような船員は含まれていない。
(26) Bergþórsdóttir 2001, 32-34.
(27) 同上
(28) これは彼女の本名ではない。
(29) Gunnarsdóttir 2013.
(30) 同上
(31) 同上

(32) 同上

第 6 章

(1) “Þetta fer eftir því hvað konan getur og vill leggja á sig” 1994.
(2) “Húsið, sem flestir skoða” 1972.
(3) Kristfinnsson 2011; Þorsteinson, Þorkelsson, Davíðsson, Pálsson, and Ásmundsson 1935-36.
(4) Bjarnason 1978, 263.
(5) Hansen 2013a.
(6) Magnúsdóttir 1988.
(7) Baigent 2005.
(8) “Þetta fer eftir því hvað konan getur og vill leggja á sig” 1994.
(9) “Sjókonur ófáar á Íslandi” 1984.
(10) Hansen 2013b.
(11) Sveinbjarnardóttir 1987, 51-55.
(12) “Sjómannslíf, sjómannslíf draumur hins djarfa manns . . . Konur eru jú líka menn!” 2008.
(13) Hansen 2013b.
(14) “Sjómannslíf, sjómannslíf draumur hins djarfa manns . . . Konur eru jú líka menn!” 2008.
(15) Bergþórsdóttir 2001, 32-34.
(16) Gunnarsdóttir 2013.
(17) BBC News,「なぜアイスランドはビールを禁止したのか」http://www.bbc.com/news/magazine-31622038.
(18) Gunnarsdóttir 2013.
(19) Bergþórsdóttir 2001.
(20) Oslund (2011) を参照。
(21) アイスランドの地方コミュニティに対するこれらの漁業権政策の社会的および経済的影響については Benediktsson and Karlsdóttir (2011)、Einarsson (2011)、Pálsson (1991)、Pálsson and Durrenberger (1996) を参照。

第 7 章

(1) Þ. Gíslason 1986, 21-26.
(2) Einarsson 2011, 274.
(3) Willson 2013.
(4) Pinkerton 2014, 110.
(5) Durrenberger and Pálsson 1987.
(6) Mcguire 2014, 128.
(7) 同上 126.
(8) 漁業権制度に対して海の女たちはたいがい反感を抱いていたが、ヴェストマン諸島だけは例外だった。ヴェストマン諸島はまた、アイスランドで唯一、最大のクヴォウティ保有者が女性である。これらの島々は、アイスランド本土とは歴史と社会の両方において多くの点で異なるので、関係性はないかもしれないが、興味深くはある。
(9) Skaptadóttir 2000.
(10) Proppé 2002, cited in Karlsdóttir 2009, 70.
(11) 同上 71.
(12) ここで注意しておきたいのは、アイスランドではさまざまな形態の「企業城下町」という概念は新しいものではないということだ。1900 年代、デンマークの商人は、船員や農民が商品を販売したり製品を購入したりする方法や場所を管理していたからだ。ホプンでは、協同組合運動 (kaupfélögin) とつながりのある協同組合が、商品を購入できる水産加工場、さらには農場の動物を処理する屠殺場さえも管理していた。詳細については、Gunnlaugsdóttir (2008, 25) を参照。
(13) Benediktsson and Karlsdóttir 2011. 同様の統合は、クヴォウティ漁業権および譲渡可能個別漁獲割当制度と同様の漁業規制制度の下で起きている。Neis and Williams (1997, 54) 参照。
(14) Benediktsson and Karlsdóttir (2011, 231) に引用されている。
(15) Mcguire 2014, 127.
(16) Pálsson 1991, 1993; Pálsson and Helgason 1995.
(17) 2007 年にはレイキャヴィークの大型トロール漁船で 54 人の女性が漁に従事し、2011 年には 62 人に増えた。このデータはヘルガ・トリグヴァドッティルが Siglingastofnun, Lögskráninga-grunnur sjómanna (アイスランド海事局の船員登録) 2007-2011 年を用いて編集した。
(18) Árnason 2008.
(19) この論争については Lowe and Carothers (2008) 参照。
(20) Pálsson 1991, 112.
(21) Hansen 2013a, 16.
(22) S. Jónsson 2013.
(23) Willson and Gunnlaugsdóttir 2014.

(24) Skaptadóttir 2000.

(25) "Lög um breytingu á lögum um aðbúnað, hollustuhætti og öryggi á vinnustöðum, nr. 46/1980."

(26) Hafstein 2000; Hagstofa Íslands 2012; Skaptadóttir 2000.

(27) Þórðarson and Viðarsson 2014, 2.

(28) Willson 2013.

(29) Gústafsdóttir, Matthíasdóttir, and Einarsdóttir（2010）参照。

(30) Kristmundsdóttir 1997.

(31) Heijnen 2007.

(32) Þórðarson and Viðarsson 2014.

(33) このデータはヘルガ・トリグヴァドッティルがSiglingastofnun, Lögskráningagrunnur sjómanna（アイスランド海事局の船員登録、2012）を用いて編集した。

(34) Þórðarson and Viðarsson 2014, 4.

(35) 同上 3.

(36) Pálsdóttir n.d.

付録A　歴史上の海の女たち

本書に登場する海の女たちのうち、1900年以前に生まれた人物を挙げた。似ている名前や同じ名前が多いため、読者が参照できるようにしたものである。生年がわかる場合はそれも記した。20世紀に生まれた人たちについては、プライバシーを守るためと、数が多すぎることもあって、ここには含めていない。名前はアイスランドのやりかたに従い、ファーストネームのアルファベット順とした。

アンナ・ビョルンスドッティル（Anna Björnsdóttir）
北アイスランドのダルヴィークに近いシズリ・ガルズホルンの農場で育ち、1700年代後半から1800年代はじめまで、父親のもとで船に乗っていた。父親は乗組員を容赦なく働かせることで知られ、アンナの臨月が近づいても、もっと強く漕げと命じていた。

アンナ・ハウコナルドッティル（Anna Hákonardóttir）
1820年、ドリトヴィークで船が転覆したとき、グズルン・ヨウンスドッティルとともに溺死した。

オイズル・デュープウーガ（Audur Djúpúdga）
874年ごろ、ヘブリディーズ諸島からアイスランドへ「自分の船を指揮して」やってくると、ブレイザフィヨルズルの東、ダーリルに落ち着いた。

ビョルグ・エイナルスドッティル（Björg Einarsdóttir）（1716-1789）
北アイスランドのラウトラストロンドの辺鄙な農場で育ち、海では力持ちとしても知られたが、すぐれた詩を作ることでとくに有名だった。40代で放浪者となり、詩と交換に食べ物や宿を与えられていた。

ボウトヒルドゥル（Bóthildur）
サガの時代の奴隷女。船を力強く漕ぎ、敵をうまく欺いて、サガの英雄ギスリの命を救った。

ブランスルーズル・ベノウニスドッティル（Brandthrúdur Benónýsdóttir）（1831生）
東アイスランドのボルガルフィヨルズル・エイストリで一目置かれていた海の女。とくに天気を読む技術にたけていた。詩人でもあり、生涯のほとんどを兄マグヌスと過ごした。

ディルレイヴ・エイナルスドッティル（Dýrleif Einarsdóttir）（1870生）
北アイスランドのスカーガフィヨルズルで暮らした。夫が障害を負ったあと、何十年間も漁で家族全員を養った。息子たちに海の技術を教え、家族で漁の仕事を続けた。

エーリン・オウラフスドッティル（Elín Ólafsdóttir）
力持ちで海での腕もよいと評判だった。1833年、マグヌス・マグヌソン船長の船に乗っているとき、ブレイザフィヨルズルで溺死した人たちのひとり。

グズビョルグ・ヨウンスドッティル（Gudbjörg Jónsdóttir）
1800年代半ば、夫のアウルニ（別の文書ではヨウン）・ヨウンソンと海で働いているあいだに産気づき、陸にたどり着いて野原で出産した。夫婦はブレイザフィヨルズルの北、ムーラスヴェイトで暮らしていた。

グズロイグ・グンロイグスドッティル（Gudlaug Gunnlaugsdóttir）
1900 年代はじめにブレイザフィヨルズルのビャルナルエイヤル諸島から漁に出ていた 5 人姉妹のひとり。当時、島民の多くが島から出ていき、漁が変わりつつあった時代だ。

グズロイグ・ソルヴァルズドッティル（Gudlaug Thorvaldsdóttir）
1683 年ごろストックセイリ地域で生まれ、10 代のころから父親と海に出ていた。12 歳ごろ男から性的暴行を受け、父親が訴えて勝訴したことで有名になる。ただし、その件が完全に解決したのは彼女が 20 歳になったときだ。彼女はその後も父親と漁を続けた。

グズニー・ハーガリン（Gudný Hagalín）（1878-1952）
10 代のころからフラーテイ島で父親と漁に出ていたが、やがて叔母からおてんばな行動をやめるよう言われた。現代の海の女インガ・ファニーの曾祖母でもある。

グズニー・パウルスドッティル（Gudný Pálsdóttir）
パウル・エイナルソン船長の娘で、1809 年に船がドリトヴィークで転覆したとき一命を取りとめた。

グズニー・シグリーズル・マグヌスドッティル（Gudný Sigrídur Magnúsdóttir）
1800 年代後半、西部フィヨルドで農場労働者として働いていた海の女。漁の腕はもちろん、山を走って登ったり、険しい崖を巧みに歩いたりすることでも知られていた。詩人マグヌス・マグヌソンとはよき友人同士。

グズリーズル・ピエトゥルスドッティル（Gudrídur Pétursdóttir）（1793-1869）
ブレイザフィヨルズル地域で慕われていた海の女で、夫と漁をするときはたいてい舵を取った。海で働いているあいだに詩を作る能力もあった。彼女と夫については、さまざまな噂が語られていたようだ。

グズルン・エイナルスドッティル（Gudrún Einarsdóttir）（1814-1911）
ブレイザフィヨルズル地域およびドリトヴィークで長年にわたって漁をし、何度も危険な目に遭っている。娘もグズルン・トルヴァドッティルという海の女。

グズルン・エイヨウルフスドッティル（Gudrún Eyjólfsdóttir）
1819 年、ブレイザフィヨルズルで嵐に遭って溺死した。

グズルン・ヨウンスドッティル（Gudrún Jónsdóttir）
スリーズル・エイナルスドッティル船長が成年してからの 1800 年代はじめから半ばにかけて、同じ時代をストックセイリで暮らした。暴力を振るう夫からスリーズルのもとに逃れた。スリーズルは彼女を保護し、仕事（おそらくは海の仕事）を与え、彼女の権利を守るべく裁判を起こす手伝いをした。

グズルン・ヨウンスドッティル（Gudrún Jónsdóttir）
未亡人で、スリーズル・ヨウンスドッティルから海の仕事を勧められたが、ドリトヴィークにて 1820 年、シーズン最初の漁で溺死。

グズルン・ヨウンスドッティル（Gudrún Jónsdóttir）（1822-1906）
ブレイザフィヨルズル地域のフィヨルズルで暮らし、生涯のほとんどの期間、海で働き続けた。7 人の子を産んだ

が、何人かは海で死んだ。舵取りの名手として知られる。

グズルン・ピエトゥルスドッティル（Gudrún Pétursdóttir）（1793-1869）
若いころ農場労働者として雇われ、仲間から海の技術を学ぶ。のちに夫とともに漁に出ると、海の知識が豊富な彼女のほうが、ほぼつねに舵を取った。

グズルン / ステイヌン・ソルステインスドッティル（Gudrún / Steinunn Thorsteinsdóttir）
姉と妹。1833 年、マグヌス・マグヌソン船長の船に乗っていたところ、ブレイザフィヨルズルで船が転覆し、ふたりとも溺死。

グズルン・トルヴァドッティル（Gudrún Torfadóttir）（1851-1953）
オッドビャルナルスケル島やブレイザフィヨルズルのほかの地域から長く漁に出ていた。四代目のグズルンが生まれて家族一緒に暮らしていたときも、漁で母や子を支えた。海の女グズルン・エイナルスドッティルの娘。

ハルドウラ・オウラフスドッティル（Halldóra Ólafsdóttir）
ブレイザフィヨルズル地域でよく知られた船長で、1750 年ごろ漁をしていた。とくに、女性乗組員ばかりを雇ったことや、寛大さ、海で人を救助したこと、兄弟と漁を競ったこと（たいてい彼女が勝った）で知られる。

ヘルガ・ギスラドッティル（Helga Gísladóttir）
ヘルガとシグリーズルの姉妹はロイズセイヤル諸島の出身で、二〇世紀に変わる前後、ブレイザフィヨルズル地域でふたりともすぐれた海の女として知られていた。

ヘルガ・シーグルザルドッティル（Helga Sigurdardóttir）（1823 ごろ -1912）
東アイスランド、ニャルズヴィークの海の女、農民。頑健で、寒いときでも素足で山を走り回った。

ホーンディック・グンナあるいはグズルン（Hrólfsvalla-Gunna or Gudrún）
1700 年代、北アイスランドのオウラフスフィヨルズルとスカーガフィヨルズル地域で暮らした。力持ちで、男性用ズボンを穿いていたことで知られる。魔力を持っているとも見られていた。

インギビョルグ・ヨウンスドッティル（Ingibjörg Jónsdóttir）（1792-1862）
ストックセイリのスリーズルとは親戚で、のちに義理の姉妹になる（歴史家ソウルン・マグヌスドッティルの祖先でもある）。スリーズルとはしばらく一緒に暮らし、8 年間ともに漁をした。ふたりが若く甲板員として働いていたころ、乗組員一〇人のうち 5 人は女性だった。ふたりとも嵐で死にかけたことがある。インギビョルグはのちに 9 人の子を産み、孫の何人かはスリーズルが養子にしている。

インギビョルグ・ヨウンスドッティル（Ingibjörg Jónsdóttir）（1848-1929）
ブレイザフィヨルズル地域の農場労働者、海の女。海の女マリア・トウマスドッティルの孫娘で、マリア・トウマスドッティルはハルドウラ・オウラフスドッティル船長の姪だった。

インギビョルグ・シーグルザルドッティル（Ingibjörg Sigurdardóttir）
1800 年代後半にダルヴィークで暮らし、陸でも海でもよく働くことで知られていた。6 人の子どもたちをひとりで育てられたのは、漁があったからだという。

イーサフォルド・ルーノウルフスドッティル（Ísafold Runólfsdóttir）（1829-1900 初頭）
東アイスランドのヴォプナフィヨルズル近くで暮らし、海でも陸でも驚異的な力持ちとして、また、その知性や、どんな状況でもみずからのために声を上げることでも知られていた。

ウニナ・グンロイグスドッティル（Jónína Gunnlaugsdóttir）（1940 没）
5 人姉妹のひとり。1900 年代はじめ、ブレイザフィヨルズル地域で舵取りの名手として知られていた。ビャルナルエイヤル諸島の最後の女性船長と考えられている。人びとがこの地域から出ていったあと、最後まで残っていた島民のひとりだからである。

ユリアナ・エイナルスドッティル（Júlíana Einarsdóttir）（1896 ごろ -1990）
ブレイザフィヨルズルのフレムリ・ランゲイで長く暮らし、帆の扱いや舵取りのうまさで知られていた。

カトリン・ウーナドッティル（Katrín Unadóttir）（1878 生）
若いころから南アイスランドで漁をしていた。家族のほかの女性たちも海で働いていたらしい。あるとき、海に出ようとしたものの、必要な漁師用コートを持っていなかったが、波間に漂うコートを見つけ、船に乗せてもらえた。

クリスティン・ブランズドッティル（Kristín Brandsdóttir）（1786-1828）
ストックセイリの農場労働者、海の女。1828 年 5 月 5 日の海難事故で 9 人の乗組員とともに溺死した。全員の遺体が一緒に打ち上げられたため、共同葬儀が執り行なわれた。ふたりの姉、サイビョルグ（1761-1803）とソウルン（1772-1839）も海で働いていた。サイビョルグは病死し、もっとも長く働いたソウルンは、少なくとも 1880 年代まで父親と海に出ていた。この家族の場合、男の子は弱いので海へは行かず、女の子は強くてよく働くので父親と海に出ていたと考えられている。

クリスティン・エイナルスドッティル（Kristín Einarsdóttir）
1800 年代はじめ、ブレイザフィヨルズル地域で漁をしていた。スリーズル・ヨウンスドッティルのガールフレンドと見られていた。

クリスティン・ヨウンスドッティル（Kristín Jónsdóttir）
1820 年、ドリトヴィークで船の転覆事故が起きたとき、溺死した人たちのひとり。

クリスティン・オウラフスドッティル（Kristín Ólafsdóttir）（1855-1900 半ば）
スティッキスホウルムルで生まれ、若いころから農場や海で働き、漁のおかげでのちに生活を向上させることができた。1935 年、引退した海の女の名誉を讃える〈デンマーク王子ヴァルデマーおよび王女メアリー基金賞〉を受賞。

リリヤ・グンロイグスドッティル（Lilja Gunnlaugsdóttir）
1900 年代はじめにブレイザフィヨルズルのビャルナルエイヤル諸島から漁に出ていた 5 人姉妹のひとり。当時、島民の多くが島から出ていき、漁が変わりつつあった。

マルグリエト・アウルナドッティル（Margrét Árnadóttir）
1800 年代、農場を管理し、ブレイザフィヨルズルのヘイマエイ島から漁に出ていた。周囲から慕われ、漁や管理の腕を買われていたが、料理はあまり得意ではなかったようだ。

マルグリエト・ヨウンスドッティル（Margrét Jónsdóttir）
海の女で農場労働者。1840 年、ブレイザフィヨルズルでの転覆事故で一命を取りとめた。

マリア・オウラフスドッティル（María Ólafsdóttir）
ブレイザフィヨルズルのロイズセイヤル諸島の出身。1833 年、夫のマグヌス・マグヌソン船長とともに溺死。

マリア・パウルスドッティル（María Pálsdóttir）
1833 年、ブレイザフィヨルズルでマグヌス・マグヌソン船長とともに溺死した人たちのひとり。

マリア・トウマスドッティル（María Tómasdóttir）（1769 生）
ハルドウラ・オウラフスドッティル船長の姪、つまりハルドウラの兄トウマスの娘。海の技術にすぐれ、頑健なことで有名だった。

ランヴェイグ・ヨウンスドッティル（Rannveig Jónsdóttir）（1584-1654）
ストックセイリに近いハウエイリの出身で、船の所有者。貧しい人たちへの寛容さと親切さで知られていた。

ロウサムンダ・シグムンズドッティル（Rósamunda Sigmundsdóttir）（1868-1942）
ブレイザフィヨルズル地域の海の女で、とくにアザラシ猟の技術、そしてジョークや歌のうまさでも知られていた。

サロメ・グンロイグスドッティル（Salóme Gunnlaugsdóttir）
1900 年代はじめにブレイザフィヨルズルのビャルナルエイヤル諸島から漁に出ていた 5 人姉妹のひとり。当時、島民の多くが島から出ていき、漁が変わりつつあった。

セプテムボルグ・グンロイグスドッティル（Septemborg Gunnlaugsdóttir）（1883-1967）
1900 年代はじめにブレイザフィヨルズルのビャルナルエイヤル諸島から漁に出ていた 5 人姉妹のひとり。当時、島民の多くが島から出ていき、漁が変わりつつあった。

シグリーズル・ギスラドッティル（Sigrídur Gísladóttir）（1929 没）
ヘルガとシグリーズルの姉妹はロイズセイヤル諸島の出身で、二〇世紀に変わる前後、ブレイザフィヨルズル地域でふたりともすぐれた海の女として知られていた。

シグリーズル・グズムンズドッティル（Sigrídur Gudmundsdóttir）
1820 年、ドリトヴィークで船の転覆事故が起きたとき、一命を取りとめた人たちのひとり。

シグリーズル・グズムンズドッティル（Sigrídur Gudmundsdóttir）
20 世紀に変わる前後、ブレイザフィヨルズル地域で漁に携わり、天気を読む能力がすぐれていたことで知られる。

シグリーズル・オウラフスドッティル（Sigrídur Ólafsdóttir）
1749 年ごろ、ブレイザフィヨルズルで夫と海に出ているときに産気づき、もし無事に赤ん坊が産まれたら、周囲から慕われていた男の名にちなんでビャルニと名づけることを誓い、岩礁にたどり着いてすぐ赤ん坊を産んだ。

ソウルン・ギスラドティル（Thórunn Gísladóttir）（1847-1937）
レイキャヴィークの南、レイキャネスで暮らし、若くして漁を始める。二〇歳のとき兄が瀕死状態になったため、兄の仕事を受け継ぎ、兄と同じ分け前を家族に持ち帰った。その春には船のキャプテンになり、船長として働いた。

ソウルン・ソルステインスドッティル（Thórunn Thorsteinsdóttir）（1795-1872）
ヨウンスドッティルあるいはグズルナルドッティルとしても知られる。こちらは母親から名前をもらった母称と思われる。ブレイザフィヨルズル地域のオウラフスヴィークで 30 年以上も船長を務め、すぐれた海の女として知られていた。

スリーズル・エイナルスドッティル（Thurídur Einarsdóttir）（1777-1863）
アイスランドの海の女たちのなかで、これまでもっともよく知られた人物。強盗事件を解決した功績や、本人の死後まもなく、1 冊の本になりそうなほど長い記事が書かれたことでも広く知られている。生涯のほとんどをストックセイリで過ごし、60 年にわたって海の仕事に携わり、捕獲量の多さと、ひとりの乗組員も失わなかったことで有名になった。

スリーズル・ヨウンスドッティル（Thurídur Jónsdóttir）
1800 年代はじめ、ブレイザフィヨルズルのバッラルアウで、そしてドリトヴィークから、何シーズンにもわたって漁に出ていた。ほかの女性たちにも海で働くよう勧め、詩も書いた。愛するドリトヴィークを謳ったその詩は今も残っている。

スリーズル・スンダフィッリル（Thurídur Sundafyllir）
中世、ノルウェーから船を指揮してやってくると、西部フィヨルドのボールンガルヴィークに入植した。魚をフィヨルドにおびき寄せる能力で知られる。

付録B　漁師として登録している女性の年齢　2007年～2011年

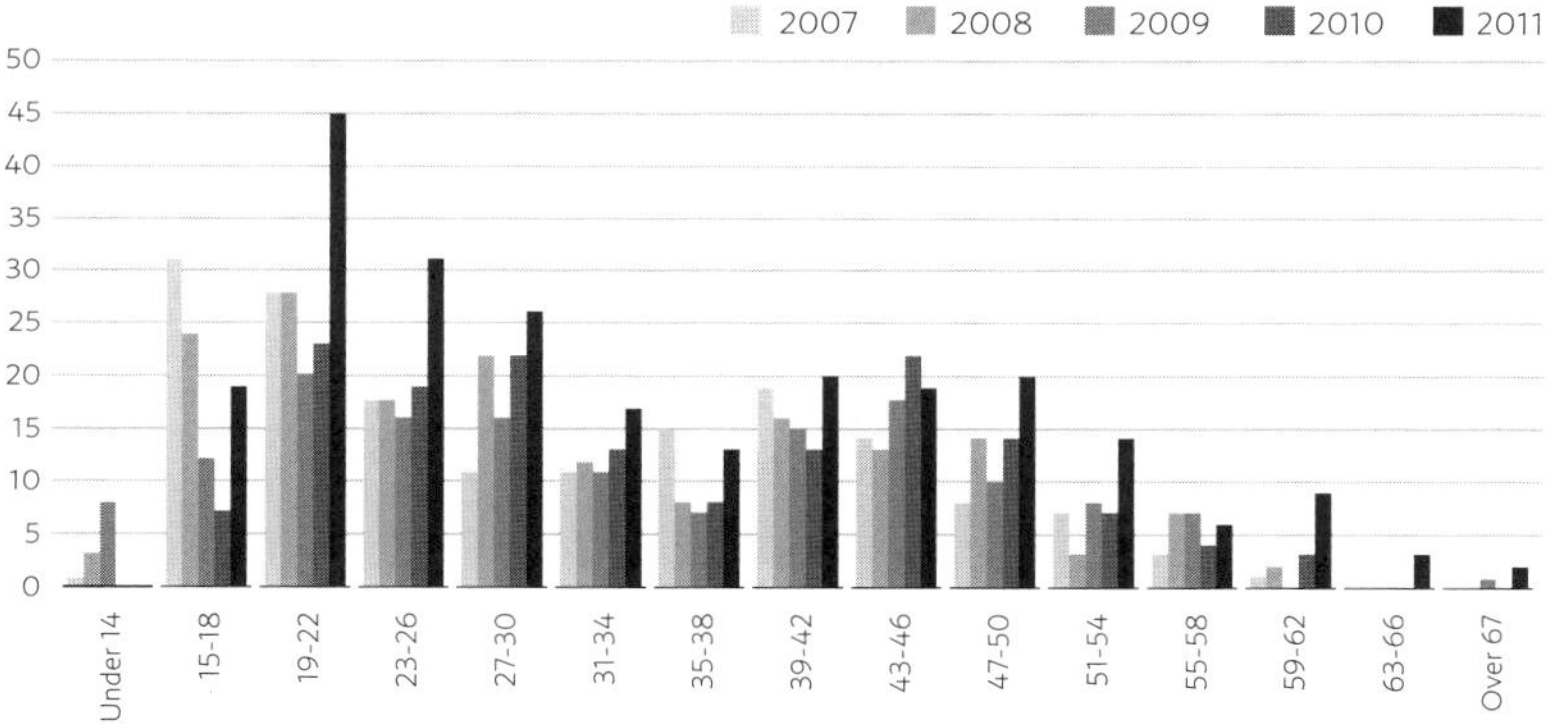

出典：アイスランド海事局2012年　データの編集はヘルガ・トリグヴァドッティルによる。

付録C　女性漁師の数　1998年～2011年

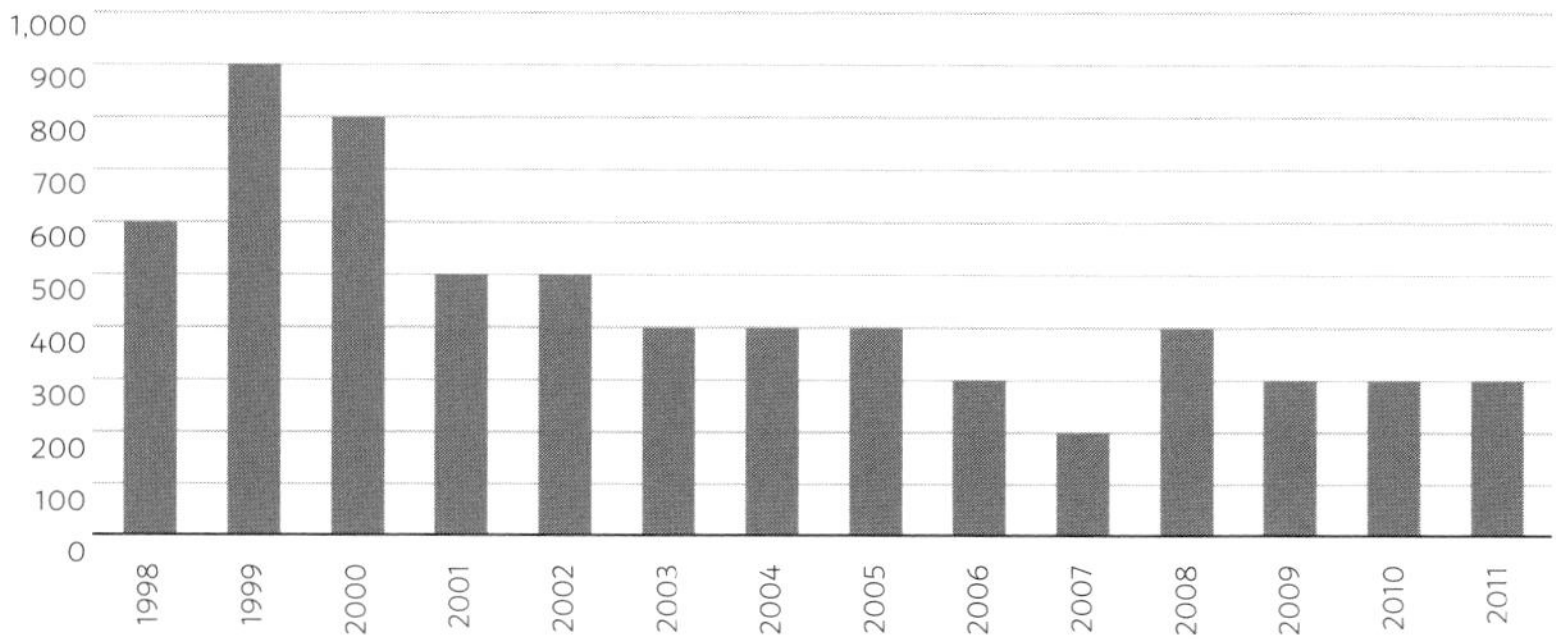

出典：アイスランド統計局2013年　アイスランド海事局2012年　船員登録簿2012年

［著者］マーガレット・ウィルソン　Margaret Willson

ワシントン大学、人類学科・スカンディナヴィア学科兼任准教授。近年は小さなコミュニティ、ジェンダーを主軸として北極圏や北欧の調査を行っている。単著に、本書と *Dance Lest We All Fall Down: Breaking Cycles of Poverty in Brazil and Beyond*（University of Washington Press 2010）がある。本書はワシントン州ノンフィクション大賞2017の最終選考作。アイスランドではこの書籍をもとにして博物館での企画展が行われた。

［訳者］向井和美（むかい・かずみ）

翻訳家。早稲田大学第一文学部卒業。著書に『読書会という幸福』（岩波新書）、訳書に『プリズン・ブック・クラブ』、『100の思考実験』、『アウシュヴィッツの歯科医』（以上、紀伊國屋書店）、『内向的な人こそ強い人』（新潮社）、『哲学の女王たち』（晶文社）などがある。

アイスランド 海の女の人類学

2022 年 10 月 20 日　第 1 刷印刷
2022 年 10 月 28 日　第 1 刷発行

著　者　　マーガレット・ウィルソン
訳　者　　向井和美
発行者　　清水一人
発行所　　青土社
101-0051　東京都千代田区神田神保町 1-29　市瀬ビル
電話　03-3291-9831（編集部）　03-3294-7829（営業部）
振替　00190-7-192955

装　幀　　松田行正
印刷・製本　双文社印刷
組　版　　フレックスアート

ISBN978-4-7917-7510-1　Printed in Japan